ポール・リクールの哲学

PAUL RICŒUR
ポール・リクールの哲学
人間の善き生と想像力
SAKURAI ISSEI
櫻井一成
水声社

目次

第Ⅰ部　人間の生

凡例

- 外国語文献から引用するさいの訳文は（特に断りのない限り）筆者自身によるものであるが、既存の日本語訳を適宜参照している。
- 本文の説明のなかで引用を行なう場合、「 」で括った。
- 本文の説明において、読解の容易さを意図して適宜〈 〉を補った。
- 訳文のなかで〔 〕で括った部分は、筆者が意味を補った箇所である。なお、〔……〕は省略を示す。
- 原文における強調のイタリック体は、訳文では傍点で表記した。
- 本文の説明において、語句を強調する場合も傍点で表記した。
- 原文における〝 〟は、訳文では「 」に置き換えた。
- 原文が二段落以上にわたる場合、訳文では段落の変わり目を「／」で示した。
- そのほか特別な処理を行なった場合は、そのつど説明を行なった。
- 引用元を示すさい、略号を用いている場合と略号を用いていない場合がある。略号を用いない場合は引用元を筆者名、刊行年、頁の順で記載した。外国語文献に関して既存の翻訳がある場合、原文の頁をアラビア数字、邦訳の頁を漢数字で示した。たとえば次の通り。［櫻井（1981）40］、［Sakurai（1981）99 九九］。
- リクール、アーレント、マッキンタイアの著作からの引用については略号を用いた。略号については、巻末の「文献略号一覧」を参照のこと。
- カントからの引用はマイナー社の哲学叢書版（PhB 版）を底本とし、引用に際しては PhB 版の頁数、アカデミー版の巻数と頁数、岩波全集版の頁を記した。たとえば次の通り。［169: VII 251 二〇五］。それぞれの著作が日独の全集のどの巻に収録されているかについては、「文献略号一覧」に記した。
- フロイトからの引用はフィッシャー社から刊行された全集を底本とし、巻数と頁数を記した。岩波書店版のフロイト全集の頁数も併記している。フロイトの著作の刊行形態（『単行本』か「論文」か）は、ラプランシュとポンタリスの『精神分析用語辞典』に従っている。それぞれの著作が日独の全集のどの巻に収録されているかについては、「文献略号一覧」に記した。

序論

1　本書の主題

本書は、二十世紀フランスの哲学者ポール・リクール（Paul Ricœur）の思索を統合的に理解する試みである。

リクールは一九一三年に生まれ、二〇〇五年にこの世を去った。彼はその長い生涯を通じて倦むことなく著作を発表し続け、その量は膨大である。論じた主題も、自由、身体、悪、無意識、聖書、神話、隠喩、時間、物語、歴史、フィクション、アイデンティティ、イデオロギー、法、正義など多岐にわたる。そして一つの主題を論じるさい、リクールは時代を問わず「さまざまな学問分野の研究を縦横無尽に参照し、博引旁証の限りを尽くして考察した」［越門（2016）iv］。西欧の哲学史を自家薬籠中のものとしつつ、前世紀に勃興した反省哲学、現象学、解釈学の方法を基軸にして、同時代の精神分析、構造主義、分析哲学、アナール学派、脳神経科学、リベラリズムとの積極的な対話を進めるなかで、その著作群は生み出されたのである。リクールの哲学的思索の広大無辺ぶりは、彼の名前を知る多くの者が認めるところであろう（リクール研究と呼びうる著作のなかで、その事実に言及していないものは存在しないとすら言ってよいのかもしれない)。ただし、それは裏を返せばリクールの哲学はとらえどころがないということでもある。いったいリクールとは何を主張した人なのか? 我々はなぜリクールの著作を読むべきなのか? なるほど、このような問いは乱暴かもしれない。それでもあえてそのように尋ねるとき、我々はリクールほどその答えに窮する思想家はなかなか他に見当たらないという事実に思い至る。このとらえどころのなさは、リクール哲学の意義や魅力の伝わりにくさと無関係ではないだろう。そしてその伝わりにくさは、時間の経過とともにリクールの著作が忘れ去られていく原因となる。本書は乱暴な問いを進んで引き受けることにより、リクール哲学の個性と現代的意義をできるだけ多くの人に開き示したいと考えている。

リクール哲学を、無数の建築が立ち並び、さまざまな街区からなる大都市にたとえることができる。全体の設計図は存在せず、時間の経過とともに拡張を重ねてきた都市である。リクール研究とは、この都市の地図を描き、その歩き方を紹介することに相当するだろう。このとき、広大無辺な都市の全容を把握しようとして、縮尺の小さな地図で全体を俯瞰するというのは一つの方法である。たとえばリクールの著作を時系列で枚挙し、それぞれの主題を並列的に紹介していく。このような紹介により、読者は自分がどの著作から読みはじめるべきかを知ることができるようになる。ただし、特定の著作のなかでリクールがどのような論証を展開しているのかを知ることはできない。当然、著作の単位を超えた論証のつながりも見えてこない。哲学とはあらゆる理解に検討の余地のあることを認め、妥当な説明を求めて自問自答を繰り返していく営みであり、哲学の研究はそれ自身が哲学的な営みであるとするならば、リクール哲学の研究はリクールと問いを共有し、その論証の妥当性を批判的に検討していくことを必要とするはずである。縮尺が小さい地図は実際に歩き回ることには適さず、それによってリクール哲学を理解することはできない。それゆえ地図の縮尺を上げ、入り組んだ街路のつながりを把握できるようにする必要がある。たとえば一冊の著作に詳細な注解や解説を与えるというアプローチはこれにあたるだろう。そしてこの作業をひたすら積み重ねていくことにより、リクール哲学の全容が解明されることになるかもしれない。だが、きわめて詳細な地図を何枚も渡されたとして、そのことが都市を訪れる人間にとっての助けになるだろうか。これは街区同士のつながりや都市のめぐり方は自分自身で発見しろ、リクールとは何を主張した人で、なぜリクールを読むべきなのかという問いに対する答えは自分で発見しろと言っているのに等しい。縮尺が大きすぎれば、リクール哲学の理解はかなわない。では、どのようなアプローチをとればよいのか。

おそらく地図は二種類必要だろう。縮尺の小さな地図に求められるのは、もろもろの街区を結びつける幹線ルートを把握できるようにすることである（少なくともそれだけの縮尺の大きさは必要である）。もともとこのルートは、地図作成者兼ガイドが都市を歩き回るなかで浮かび上がってきたもので、実は他にもルートは存在している。ただしそれはガイドにとって都市の魅力をよく伝えていると思われるお気に入りのルートであり、彼はそれを他の人々に紹介しようというのである。さらに彼は、幹線ルートとの接続が失われない限りにおいて、縮尺の大きな地図で各地区の入り組んだ街路を紹介し、訪問者とともに街路を歩く（ときに地図が間違っていることもあるかもしれない）。このような方針のもとでガイドと共に歩くとき、はじめて旅人は都市を理解できたという感覚を得ることができるのではないだろうか。

比喩はこれくらいにしておこう。結局、本書が試みるのは、リクールの著作群を貫く主題を設定し、その主題との関連のなかで諸々の著作を読み解くことである。一連の著作によって組織された一つの体系としてリクール哲学を把握する視点を提示し、そのような視点から諸々の著作の論述を繋ぎ合わせていくと言ってもよい。本書にとってその主題とは〈人間の善き生と想像力〉という主題である。本書はこのような主題のもと、リクールの哲学的思索の統合的理解を試みる。この主題を問題として表現するなら〈人間が善く生きるうえで想像力はどのような役割を果たしうるのか〉という問いになるだろう。この問いに答えるためには、人間とはどのような存在であるのか、人間にとっての善き生とはどのような生であるのか、想像力はどのような能力で、何をなしうるのか、という問いにも答えを与えていかなくてはならない。本書は一連の問いに対する答えを求めて諸々の著作を参照し、リクールの思索を構造化された論証として再構成することを目指す。

ところで、このような主題の設定が既に示唆しているように、リクールには〈人間が善く生きるうえで想像力はどのような役割を果たしうるのか〉という問題を論じた単一の著作が存在しているわけではない。「善き生」や「想像力」という概念は倫理学や美学の中心的概念であるから、これらの概念にリクールが関心を抱いていなかったというのは考えられないことだし、リクールの著作にそれらに関する厚みのある論述を期待しても不当ではあるまい。だが、人間の善き生と想像力を結びつけて考えるということについては、それがたんに私の着想であるわけではなく、リクール自身の着想でもあるということを明確にしておく必要があるだろう。リクール自身が〈人間の善き生と想像力〉という主題で一冊の本を書いていてもおかしくなかった。リクールの思索の歩みを概観し、本書の主題が、諸々の著作を包括しうるリクール哲学に内在的な主題であることを確認しておくことにしたい。

2 リクールの思索の歩み——自己の解釈学

リクールは一九五〇年に、博士論文を基にした実質的なデビュー作である『意志的なものと非意志的なもの』を出版している。「意志する」ことの本質を現象学的に記述しようとしたこの著作は、『意志の哲学』の第一巻として位置づけられ、続く第二巻は『有限性と罪責性』というタイトルで一九六〇年に刊行された（なお第二巻は『過ちをおかすものとしての人間』と『悪の象徴系』という二分冊で同時に売り出され、引用の際は分冊単位で参照先を記すのがリクール研究における慣例となっている）。リクールの構想では、さらに第三巻として『意志の詩学』が続く予定であったが、実際にこの巻が公にされることはなく、『意志の哲学』はけっきょく未完のまま終わることになる。

二つの著作のタイトルを瞥見するだけでも、『意志の哲学』のなかで、リクールが人間をどのような存在としてとらえていたのか大体の見当がつく。すなわち「非意志的なもの」、「有限性」、「罪責性」、「過ち」、「悪」という言葉からは、リクールが人間をさまざまな制約に取り囲まれた不自由な存在として、また善き生を目指しつつも容易に己の意志に離反してしまう非合理的な存在として理解していたことが看取される。『意志の哲学』とは堅固な意志を持って生きることの重要性を訴えたり、世界認識の根源に自由意志のはたらきを認めたりするような著作ではなく、人間にとっての自由や幸福の困難さを論じた著作なのである。このことをふまえるなら、その第三巻である『意志の詩学』は、非力で非合理的な人間がみずからの生を善きものとなしうる可能性、またそのための方策を論じる著作として構想されていたと推測することができる。

しかし『意志の詩学』が刊行されることはなかった。『有限性と罪責性』のあと、実際にリクールが向かったのはフロイトの精神分析の研究である。すでに『意志的なものと非意志的なもの』のなかにフロイトへの言及が含まれているが、リクールは新たに一九六五年に『解釈について――フロイト試論』を、一九六九年に『諸解釈の葛藤』を発表する。後者は論文集であるが、構造主義の記号論に関する論文や象徴の解釈に関する論文と並んで、五本の精神分析論が収録されている。一九六〇年代に入ってから、リクールの関心が「解釈」に移行していることが窺えよう。

解釈学への傾斜は、『悪の象徴系』での考察を契機としていると言われることがある。すなわち「悪の問題にその象徴的表現を介してしか接近できないという事態は、意志し行為する主体の自己了解を探る反省哲学が多義的な象徴の〈解釈〉を通してしか成り立ちえないことを知らしめた」［杉村（1998）5］。悪の経験において見出されたのは、決意する自己が行為する自己に裏切られるという事態、あるいは反省する自己にとって行為する自己が謎になるという事態である。精神分析の研究もまた、謎としての自己を理解するという問題関心のもとで行なわれたと言ってよいだろう。ただしリクールは『意志的なもの』のなかで、人間が身体的実存であることを指摘し、「身体に由来する実存の本質的受動性」ゆえに、自己は不透明で、人間が「完成した意志によって意志する」ことはありえないと指摘している。この「身体的な非意志的なもの」の代表とされるのが「性格、無意識、生命」であり、その働きに「同意」することなしに人間が意志的に生きることはできない。ではいかにして無意識的なものを意識化し、理解するのか。「身体的な非意志的なもの」を理解する一技法として、精神分析はリクールの関心を引きつけた。それゆえ解釈への関心は、実は『意志的なものと非意志的なもの』にまで遡ることができる。『フロイト試論』の後、リクールの関心は「詩的作品」の解釈へと移行することになる。『生きた隠喩』（一九七二年）をはじめとして、一九七〇年代に発表された諸々の論文（そのいくつかは『テクストから行為へ』（一九八六年）という論文集に収録されている）は、詩的作品の解釈をめぐる思索が生み出した成果にほかならない。もともと解釈への関心は「自己理解」という倫理的主題と結びついていたが、次第に言語表現の解釈それ自体が関心の中心を占めるようになり、詩的作品の解釈学として独立した歩みを進めることになったと、とりあえずは言うことができる。

詩的作品として取り上げられるのは隠喩とフィクション物語である[1]。いずれの解釈を論じる場合でも、リクールが一貫して主張するのは、詩的言語の解釈が読者の現実理解や生き方に変容を引き起こすということである。たとえば七〇年代の解釈学関連の著作を収録した論文集が『テクストから行為へ』と題されていることが示すように、リクールは詩的作品の解釈がひたすら言語の次元にとどまるものではなく、人間の生に回帰することを強調する。この強調の背後に、テクストの「外部」を捨象する構造主義的なテクスト論との対決があることはよく知られているが、リクールの基本姿勢は『諸解釈の葛藤』から『時間と物語』（一九八三―五年）に至るまで変わることなく続いている。『時間と物語』では新たに読書行為論が援用され、また人間の時間経験という視点も加わって、フィクションの実存的意義に関する考察が深掘りされるようになる。自己の解釈から詩的作品の解釈へと移行したとはいえ、やはりそこでも自己理解や善く生きることへの倫理的関心は変わらずに保持されているのである。ここから我々は、リクール哲学の全体を〈謎としての自己の理解〉や、〈自己理解の変容〉を主題とした「自己の解釈学」として把握する視点を獲得することになる。

本書が「想像力」というとき、まず念頭においているのは詩的作品を解釈するさいに活動している想像力であり、その働きなしでは現実理解や自己理解の変容も生じえないと論じられているところの想像力である。これを解釈的想像力と呼ぶことにしよう。したがって正確に言うなら、本書の主題は〈人間の善き生と解釈的想像力〉

である。そして本書が企図するのは、詩的作品の解釈学を『意志の哲学』に再接続することであり、〈善く生きることを目指しつつも容易にそこから離反してしまう人間が、それでも幸福や自由をめざして生きるとき、詩的作品の解釈はどのような実存的意義をもちうるか〉という問いに答えを与えることである。それはリクールが構想していた『意志の詩学』を、リクールになりかわって具現化する試みであると言ってよいのかもしれない。

　ところで、こうしてリクールの思索の歩みを概観するとき、人間の不完全な合理性を基軸とした自由論から自己の不透明性に焦点を合わせた自己の解釈学へ、自己の解釈学から自己理解の変容に力点を置いた詩的作品の解釈学へと、著作の主題がしりとり式に移行していることが明らかとなる。ある主題を考察するなかでそれと関わる別の主題が発見され、新たな主題を考察するなかでまたそれと関わる別の主題が発見されるという仕方でリクールの思索は進展してきた。これは詩的作品の解釈学以降の展開についてもあてはまることである。『時間と物語』はフィクション物語を論じるだけの書物ではなく、そこでは物語ることと人間の時間理解とのあいだの相即不離の関係性が剔抉され、また物語という言語媒体を共有していることを理由に、歴史の哲学が論じられている。それゆえフィクション物語論は『時間と物語』という著作の一部分を占めているにすぎない。そして、人間的時間と物語の相関をめぐる考察は「主体はみずからが、みずからについて、みずからに語る物語のうちに、みずからを認める」という「物語的アイデンティティ」概念の発見をもたらし、リクールは続く『他者のような自己自身』（一九九〇年）のなかで、物語的アイデンティティ概念を主題に考察を繰り広げることになる。一方、歴史の哲学への関心は、新たに『記憶、歴史、忘却』（二〇〇〇年）という著作を生み出している。

　いま注目すべきは、『時間と物語』では、物語ることを想像力が支えていると言われ――リクールは物語ることを「統合形象化」と呼びつつ、「生産的想像力」や「反省的判断力」がそれを可能にしていると論じている――、『他者のような自己自身』では「物語的アイデンティティ」の倫理的意義に思索が及んでいることである。我々はここに、解釈的想像力と善き生との新たな関わりを確認することができるだろう。すなわち物語る想像力と善く生きることとの結びつきである。したがって本書が「解釈的想像力」と言うとき、そこには詩的作品を解釈する想像力に加え、生を物語る想像力も含まれることになる。〈人間が善く生きるうえで想像力はどのような役割を果たしうるのか〉という問いは、〈生を物語ることは、不完全な合理性と不完全な能力しか持ちあわせていない人間が善く生きようとするとき、どのような機能を担いうるのか〉という問いを内含しているのであり、この問いに答えを与えるべく、本書は物語的アイデンティティ論の倫理的含蓄の闡明に従事することになる。

以上、〈人間の善き生と想像力〉という主題がリクール哲学――とりわけ『意志的なものと非意志的なもの』から『他者のような自己自身』に至るまでのリクール哲学――を包括的にとらえる視点を与えてくれることを確認してきた。詩的作品の解釈を論じる場合でも、人生物語の構築を論じる場合でも、リクールはつねにその実存的意義を念頭においている。しかし、そこで前期の『意志の哲学』で提示された人間理解が再説されることはない。それゆえその人間理解を前提としたとき、詩的作品の解釈学も、物語的アイデンティティ論も、それらを単独で読解しているだけでは見えてこない独自の意義を浮かび上がらせることになるはずである。〈人間の善き生と想像力〉という観点からリクール哲学を〈自己の解釈学〉として把握することは、たんに可能であるというにとどまらず、諸々の著作をよりよく理解するために必要不可欠な作業であると言えるだろう。

3　方法としての批判的再構成とその問題点

本書はリクール哲学のモノグラフであり、リクールの著作を一つの体系として再構成することを企図している。もちろんリクールの思索には通時的な変化が認められ、この変化は共時的な次元では矛盾する主張が体系内に共存していることを意味するから、論文内でも通時的変化やその背景について考察を加えることになるだろう。ただし、変化そのものを描き出すことが本書の目的であるわけではない。また本書は、リクール哲学の個性を明らかにするために他の哲学者たちの著作にもたびたび言及するが、概念史や学説史を物語ることが本書の主たる目標であるわけではない。さらに個性を明らかにするといっても、〈善く生きることと想像力〉という観点からリクール哲学を把握するため、メタ現象学的観点やメタ歴史学的観点からリクール哲学の特徴を記述するという作業は行なわれないことになる。統合的理解を名乗っているとしても、本書が提示するリクール哲学の理解はきわめて限定的なものである。以上のことを断ったうえで、ここでは本書の再構成の作業そのものが抱え込んでいる問題点について説明しておくことにしたい。

本書は、もともと独立した主題のもとで執筆された諸々の著作を、リクール哲学に内在的であるとはいえ、それとは別の主題のもとへと包摂することになる。それぞれの著作のなかでも〈善き生と想像力〉という主題に包摂できない部分は、余剰として捨象されることになるだろう。また、そもそも〈善き生と想像力〉という主題にすべての著作が包摂可能であるわけでもなく、リクールの思索を体系的に理解する視点は他にも存在しうる。実際、リクールの宗教哲学や歴史哲学は本書では後景に退くことになるが、これらの主題を軸にリクール哲学の統合的理解を試みることもできるはずである。したがって本書の再構成は一面的であり、主観性を逃れることができていない。たしかにこのような一面性は、一人の人間が他の人間の書いたものを理解し、ひいてはそれをまた別の人間に紹介しようというとき、避けて通ることができないものではあるだろう。だが、それでもリクールの論述のスタイルと本書の論述のスタイルを対照するとき、本書の再構成は一面的であるどころか暴力的ですらあるという印象を与える可能性がある。以下、リクールの論述のスタイルについて説明しつつ、本書の暴力性に対する批判にあらかじめ応えておくことにしたい。

リクールの論述の特徴はなんといってもその長大さにある。『意志的なものと非意志的なもの』はフランス語のポケット版で六〇〇頁、日本語訳では全三巻で約九〇〇頁である。また『時間と物語』はポケット版で全三巻一二〇〇頁、日本語訳でも一二〇〇頁である。同様のことは『有限性と罪責性』、『フロイト試論』、『記憶、歴史、忘却』などの著作にもあてはまる。論述がこのように長大なものとなるのは、リクールが著作の主題に関連するテクストを網羅的に参照し、その読解を論述に含めているからである。たとえば『時間と物語』は時間の哲学、フィクションの哲学、歴史の哲学によって構成されているが、時間の哲学でいえば、アリストテレスの『自然学』、アウグスティヌスの『告白』、フッサールの『内的時間意識の現象学』、カントの『純粋理性批判』、ハイデガーの『存在と時間』などの読解が行なわれ、フィクションの哲学でいえば、アリストテレスの『詩学』、プロップの『昔話の形態学』、ジュネットの『物語のディスクール』、ブースの『フィクションの修辞学』、イーザーの『行為としての読書』、ヤウスの『挑発としての文学史』などの読解が行なわれ、歴史の哲学でいえば、ブローデルの『地中海』、ダントーの『物語としての歴史』、ホワイトの『メタヒストリー』、ヴェーヌの『歴史をどう書くか』などの読解が行なわれる。こうした参照は自説の補強や異説の論駁のためのものではなく、リクールはあたかも思想史の教師が毎回の授業で著作を一冊ずつ取り上げていくかのような仕方でさまざまな著作の紹介を行なう。それも参加する学生が著作を一読していることを前提とするような仕方で、である。そしてこのような読解の作業が重ねられるなか、リクール自身の主張や見解がときおり差し挟まれることになる。

一言でいえば、各著作におけるリクールの論述は、目的論的に構造化されているわけではない。それらは問題やパラドクスを提示し、みずからの主張や解決を述べ、論拠や証拠を組み立て、対立する異説を枚挙・反駁し、他の主題との接続を展望するといったスタイルで書かれてはいない。それゆえリクールの論述には、説明を尽くしてみずからの主張の正しさを読者に受け入れさせようという迫力ないし圧力が欠けている。もちろんこのような著述のスタイルは、否定的にのみとらえられるべきものではないだろう。たとえば杉村靖彦は次のように言っている。

> 「偉大なる読み手」と評されるリクールの著述は、つねに古今の多種多様なテクストの丁寧で精密な読解を媒介とする。読者は辛抱強く複雑な迂路をたどることを求められ、ようやく最後になってリクール自身の主張に辿りつく。このため、読者は衒学的で折衷的な著述家という印象を抱きがちである。〔……〕むしろそこにあるのは、他者の思想を自らの内へと招き入れる「歓待 hospitalité」の作法である。思索において他者を歓待するのは、教えを乞い、共に考え、最後には自らの責任で結論を下すためである。リクールの全ての

読解は、穏やかな調子の背後にこの緊迫したプロセスを隠している。そうして他者についての控え目で誠実な解説が、いつしかリクール自身のものでしかありえない肉声と化す。

［杉村（2016）175］

リクールはたしかに「偉大な読み手」である。私自身、リクールの著作の読解を通じて多くのことを教わったし、その読みの的確さに幾度となく感嘆している。しかし私はリクールが偉大な書き手であるとは思わない。たとえばその論述は、日常的なことばをもちいて哲学的問題を立ち上げ、読者を共に考えることから抜け出せなくしてしまうようなものではないし、明晰で緊密な論証をたどっていくうち、直観に反する結論を受け入れざるをえなくなっていることに気がつくというようなスリルを与えるものでもない。「他者の思想」との対話を通じてリクールが何を言わんとしているのかを理解するためには、読者自身が「他者の思想」との対話を予め済ませておく必要があるという点でも、また、リクール自身の思索を再構成するために、膨大なテクストから必要な論述を拾い上げていくことを読者に求めるという点でも、その論述のスタイルは不親切である。リクールが残したテクストは、リクールが自身の思索を深めるためには必要であったかもしれないが、リクールの著作を読む人間にとって、その論述は頭痛の種であり、ときに神経を逆なでしてくる。哲学にこの語がそぐうのかはともかく、リクールの著作はコストパフォーマンスが悪い。

あらゆる哲学の文章は、共有された問題の解決へと向けて目的論的に組み立てられた論証の形式で書かれるべきであるなどと主張するつもりはないが、すくなくとも私はそのような形式で本書を書き進めることにしたい。そのことによりリクールの思索の重要性や潜勢力が見やすいものとなると考えるからである。そしてこのような形式を基準に考えることが許されるなら、リクールの著作は、リクールがみずからに固有の思索を練り上げるための読書ノート、あるいはそれを下地に論文を完成させるべきところの研究ノートとしての位置づけを与えられることになる。傲慢との誹りを受けることを覚悟のうえで言えば、本書が企図するのは、リクールが残した研究ノートをもとに、私自身が一冊の著作を書きあげることなのである。

さらに、本書は圧縮された記述を解凍する、論理の空所を補充する、予想される反論に応答するといった作業を行なうことにより、リクールの思索を明快さと整合性を備えたものとして読者に提示することを目指す。ジャーゴンに頼って説明を端折ることはせず、できるだけ平易に、曖昧さを残すことなくリクールの言わんとしていることを伝えるようにしたい（それは私自身のためでもある）。この意味で、本書が行うのは批判的合理化の作業である。創造的かつ批判的な再構成が本書の目指すところであり、本書はリクールとともに、リクールのために、リクールよりもよく考えることにつとめる。

このようなアプローチがリクールの論述に対する暴力的な操作になりうることは自覚している。過剰解釈であるとか改変であるといった批判が本書には寄せられるかもしれない。ただ、暴力性を徹底して回避しようとするとき、リクール哲学の紹介はリクールのテクストを抜粋し、羅列して終わることになるだろう（取捨選択している時点で主観性を逃れえないが）。それは忠実であることや謙虚であることを意味するのかもしれない。しかしリクールの論述を縮約して反復してみせたところで、リクールが何を言ったかはわかっても、その哲学的な含蓄が十分に理解されるわけではない。特定の主張を理解するということは、問題の所在、論証の構造と妥当性、可能な異論、他の問題との連関などを理解することを同時に要求するはずだからである。コンテクストを与えられたとき、表現上は対立しているかに見える論述が、実は同じ意味を有していたというのはしばしば生じることである。他者の思想についての謙虚で忠実な研究は、研究対象への関心を共有しているというよろこびを読者に与え、テクストの読みどころを教えてくれるかもしれないが、当該の研究を読むことによって研究対象についての理解が深まることはないだろう。それゆえ私としては謙虚であるよりも傲慢であることを、また忠実であるよりも挑戦的であることを選びたいと思う（来るべき批判のことを考えると身がすくむ思いであるが、それでも私は論争を引き起こしたいのだ）。

解釈の典拠を必ず明らかにする、もともとの議論の文脈を無視して都合よく引用を行なわない、証拠を集めることにとどまらず反証の不在についても配慮する、といった規範をみずからに課したつもりだが、それでも本書には誤解や見落としが含まれているだろう。特定の視点からの再構成によって失われたものも少なくない。だが本書に含まれる誤解や、本書が切り捨ててしまったことがらについては、他の研究者たちからの批判や応答を待つことにしたい。本書は〈リクール研究〉という共同研究の一端を担うものとして構想されている。批判的再構成の作業を通じ、本書の議論それ自体が批判に開かれたものとなっているはずである。将来のリクール研究の定礎になりうるかどうかはわからないが、本書はリクール研究にとって有用な捨石にはなるだろう。

4　リクール哲学の現代的意義

本書は〈人間が善く生きるうえで想像力はどのような役割を果たしうるのか〉という問いに対するリクールの答えを提示することを通じて、リクールの思索を統合的に理解することを企図している。では、なぜ本書はそうした視点のもとで理解されたリクール哲学を一般の読者に紹介しようとしているのか。本書の試みには、たんにそれが可能だからやるという以上に、どのような意義があるというのか。

「善き生」や「想像力」という主題にかかわる諸々の哲学的探究のなかでも、リクールの思索が個性的な視点から独自の深みに達しているため、というのがその端的な答えとなるだろう。善く生きることや想像力の働きに関心を持つ人間にとって、リクール哲学は新たな視点や別様の理解を与えてくれるはずである。その具体的な内容については第一章以下の議論を通じて確認してもらうよりないが、ここでは本書の紹介するリクール哲学が重要な意義をもちうる文脈とはいったいどのような文脈であるのかを確認しておくことにしたい。

善く生きることが人間にとっての関心事になりうるのは、人間がみずからの生をより善いものに変えることができるから、すなわち自分で自分の生き方を決めることができるからである。人間はみずからの欲求や信念を反省し、それらに基づいて行為するかどうかを選択することができる。反省を可能にするのは「理性」という能力であり、この能力が人間と他の動物との種差を構成する。人間たるもの、情動にふりまわされることなく、理性の導きによって最も善い行為を採用することができなければならない。特定の行為を選択した理由を説明できてはじめて、人間は諸々の欲求の作用に還元されることなく、持続的な人格として自律的に生きているとみなすことができる。

法や教育や市場など、現代の諸制度はたしかに以上のような人間理解に立脚している。だが、リクールが生きた二十世紀は、理性的存在者としての人間という理解が自明性を失った時代であると言うことができるだろう。フロイトの精神分析を先駆としつつ、心理学の研究は理性による自律が幻想にすぎないことを暴き立ててきた。第一に、理性は情動や欲求をコントロールするだけの力を持ち合わせておらず、むしろ人間はそれらに振り回される存在である。第二に、理性はその本領とされる推論や計算という仕事さえも精確に遂行することができない。人間は想定されているよりもはるかに非合理的な存在者なのである。認知心理学に依拠した現代の法学や経済学は、このような人間の非合理性をふまえ、非合理性を補完するべく個人の行動にパターナリスティックに介入しうる制度の設計を提唱するようになっている。(2) 教育によって理性的存在者を作り出し、理性的存在者の自律を通じて共同体の秩序と繁栄を保持するというような統治モデルは過去のものになりつつあるのかもしれない。他方、人間の非合理性が強調されるなか、理想化された合理性基準に異議が唱えられるようにもなっている。すなわち、限られた時間・情報・計算能力しか持ち合わせていない人間にとって、現実的に適用可能な合理性の基準とはどのようなものか。進化論の知見も導入されつつ、現在進行形で合理性基準の見直しが行なわれている。(3) たとえば、そのような流れのなかで、プラトン以来非合理性の源泉とされてきた情動の働きは、むしろ合理性を有したものとしてとらえなおされつつある。(4)

心理学や進化論に依拠した二十世紀の人間学は古典的な人間理解を更新した。ただし、そうした議論において、人間の合理的行為がかなり狭い枠組みのなかでとらえられていることにも注意を向ける必要があるだろう。人間のあらゆる行為は何らかの善を目指していると言えるが、一般にこの善は「自己中心的厚生」として解釈され、合理性概念は自己利益の最大化と同一視される傾向にある。アマルティア・センの定式化によれば、「自己中心的厚生」は「(他者に対していかなる共感も反感ももたず、いかなる手続き的な関心も抱かず)もっぱらその人自身の消費や自分の生活が豊かであるためのほかの特徴にのみ依存している」[セン(2002)三六]。それゆえ、こうした厚生理解に基づく標準的な経済学理論では、他人のために犠牲を払うことや、自己利益を無視して手続きを重視することは非合理的なふるまいとみなされてしまう。たしかに、個々の行為の合理性の査定をするうえで善をこのように限定的に理解することは必要な処理であると言いうるが、それによって行為の動機が戯画的なまでに単純化され、「現実の意思決定における倫理の役割」が捨象されてしまっているのも事実である[セン(1987)三九]。合理性基準の見直しが進んでいるとはいえ、現在行なわれているのとは別の観点からの合理性概念の再検討もありうることを忘れるべきではない。

実際、我々が〈いかに生きるべきか〉を考えるとき、そこではどうすれば自己利益を最大化できるのかが考えられているわけではないだろう。むしろ自己利益を優先する生き方を選ぶのかどうかを含めて、自分自身の生き方が反省的にとらえ直されていると考えるべきである。(5) そしてこの場合、生の善さを査定する単一の基準というのは存在していない。さまざまな価値にひきつけられ、さまざまな義務を背負うなか、それらを勘案することを通じて人間は自身にとって最善と思われる生き方を選択しようとしている。この構想を支えるのはやはり理性のはたらきである。伝統的にそのはたらきは「フロネシス φρόνησις」と呼ばれてきた。周知のように、フロネシスはアリストテレスの倫理学の中心的概念である。フロネシス(実践的理性)と理論的理性のはたらきはどのように異なり、フロネシスが正しくはたらくための条件とはいかなるものか。また、生そのものの善さは他の諸善とどういった関係に立ち、どのようにして評価されるのか。こうしたことを明らかにするのがアリストテレス以来のフロネシス論の課題であったと言えるだろう。リクールの倫理的思索もフロネシス論の系譜に属する。リクールは『過ちをおかすものとしての人間』や『他者のような自己自身』のなかで、アリストテレス倫理学の枠組みを用いて人間の善き生を考察している。

ところで、アリストテレス倫理学のなかでは人間は本来的に理性的な存在者としてとらえられており、理性をはじめとする自身の諸能力を十全に発揮することにより、はじめて人間は善く生きることができると考えられている。そこでは非合理性や非力さ、あるいは善く生きることの困難さが、人間に関する基本的な事実とみなされてはいない。これは言い換えれば、人間が理性的な存在者となるのに必要なものについての考察がアリストテレスには欠けているということであり、現代の倫理学者アラスデア・マッキンタイア（彼自身、現代におけるアリストテレス倫理学の重要な継承者の一人である）は二〇〇〇年の著作のなかでこの点を指摘し、次のように述べている。

自力で卓越を勝ち得たと思っている人たちの物の見方、またそのような人を標準とみなしている人たちの物の見方を道徳哲学に導入した先駆者はアリストテレスであり、その点で彼はアダム・スミスや他の多くの思想家よりも先を行っている。それゆえアリストテレスは、艱難辛苦や依存に対する正当な認識を与え損なっているという点でも先駆者である。だがそれにもかかわらず、このような道徳哲学の瑕疵を修復しようとするとき、我々は驚くほどまでにアリストテレスの諸概念と議論に頼らざるをえないということが明らかになるだろうし、それは本書の議論が体現しているところでもある。

［DRA 7 九—一〇］

実はこの批判にはマッキンタイアの自己批判がこめられており、彼はこの著作であらたに「ヒトとヒト以外の知的な動物の種のメンバーが共通に備えている特徴」や「人間の傷つきやすさ vulnerability と障碍 disability」に注目することが、道徳哲学にとって重要な意味を持つことを強調している。すなわち人間にとっての善き生とは「依存的な理性的動物」にとっての善き生であり、その実現を支える諸能力（諸徳）をもらさず把握することが道徳哲学の課題となる。

このようなマッキンタイアの主張をふまえるとき、フロネシス論の伝統におけるリクールの倫理的思索の重要性が浮き彫りになる。すなわち、人間の非合理性や非力さを出発点に人間の善き生を考えようとしている点で、その思索はフロネシス論を新たな方向へと展開させている。マッキンタイアが言うように「哲学においては概して、議論をどこから始めるかによって、その探求の帰結も変わってくる」[DRA 4 四―五]。今後、人間理解の更新にともなって、フロネシス論の議論の枠組みも変容していくだろう。このときリクール哲学はその足がかりとなるはずである。まずはこのような点に、現代においてリクール哲学に注目すべき理由を見出すことができる。

ここでさらに、リクールがフロネシス論に物語的アイデンティティ論を接合させていることに注目しよう。この点においても、リクールはフロネシス論を新たな方向へ展開させていると言うことができる。だがこの展開は、フロネシス論にとってのみ意義を持つわけではない。現在、人文社会系の諸分野で物語的アイデンティティ概念が関心を集めており、リクールは「物語的アイデンティティ」概念の提唱者の一人とみなされている。しかし多くの場合、「*idem*」と「*ipse*」の区別を論じた『他者のような自己自身』の第五研究と第六研究が参照され、自己の存在論や認識論の文脈でリクールの思索が紹介されるにとどまっている。物語的アイデンティティの倫理的意義を論じた第七研究に注目が向かうことはなく、またそこでの人間理解が『意志の哲学』との関わりのなかで具体化されることもない。それゆえリクールの物語的アイデンティティ論とフロネシス論を結びつけることは、前者の地平の拡張にもつながるはずである。

最後に、リクールが物語ることを生産的想像力や反省的判断力の働きに結びつけていることを取り上げておきたい。リクールは『時間と物語』のなかで物語ることを「統合形象化」と呼び、そこではたらく人間の能力を、生産的想像力や反省的判断力といったカント美学の術語によって名指している。もし物語ることが善く生きることを支えるのだとしたら、物語的アイデンティティ論において、リクールはカント美学の枠組を倫理の領域へと拡張していることになるだろう。

ガーダマーは『真理と方法』(一九六〇年)のなかで、カントの「共通感覚」理解や「趣味」理解が伝統的な理解からは逸脱したものであることを指摘している。本来これらの概念が属するのは、アリストテレスのフロネシス論にはじまり、ストア派やヴィーコを経てベルクソンの良識論へといたる思索の系譜(人文主義的伝統)であり、そこでは道徳や政治を論じるさいにそれらの働きが引き合いに出されるのがならわしであった。しかしカント美学の中心概念として議論に登場するとき、「共通感覚」や「趣味」はそれらがもともと有していた倫理的内包を喪失することになる。この批判哲学によって中断された人文主義的伝統を再開することが、当該の著作におけるガーダマーの基本的関心にほかならない。そしてこのような関心はアーレントへと引き継がれ、彼女はカントの共通感覚論を政治の領域へと適用する。カント美学を再倫理化する試みとして、現在アーレントの政治哲学は多くの関心を集めているが、リクールが同様の試みを行なっていることはあまり知られていない。しかし、リクールはアーレントとは異なる仕方でフロネシス論を展開しており、カント美学の影響作用史を描き出すうえでリクールの物語的アイデンティティ論は看過できない重要性を有している。ポスト・カントのフロネシス論としてアーレント哲学とリクール哲学を対照させることは、両者の思索の個性を理解する上でも有意義だろう。

以上、本書が提示するリクールの哲学的思索が定位されるべき主要なトポスとして、フロネシス論（の再構築）、物語的アイデンティティ論（の射程の拡張）、カント美学の影響作用史の三点をあげてきた。もちろん、これ以外の文脈でもリクール哲学は意義と個性を有することができる。それがどのような文脈であるかは、本論のなかでそのつど説明することにしたい。

5　先行研究

本書は、先行研究を総覧し、空所や欠落を発見してその充填を図るというようなアプローチをとっていない。また、その解釈をめぐって研究者のあいだで論争が生じているような――たとえばアリストテレスの「カタルシス」概念やカントが言う感性と悟性の「共通の根」、あるいはライプニッツ哲学における「自発性」と「依存性」の並存のごとき――問題がリクール哲学に存在しているわけではなく、論争を終結させる解決案を本書が持ちあわせているわけでもない。本書の関心はもっぱらリクール哲学の統合的な理解に向けられている（その理解を提示することの哲学的意義については前項で述べた）。この理解は特定の主題のもとでの創造的かつ批判的な再構成を通じて獲得されるが、ここでは本書による再構成が結果的にどのような独自性を〈リクール研究〉としての本研究にもたらしているのかを説明しておくことにしよう。

まず、〈人間が善く生きるうえで想像力はどのような役割を果たしうるのか〉という問題設定そのものは、決して新奇なものではないことを断っておかねばならない。詩的作品の解釈学や物語的アイデンティティ論が『意志の哲学』とのつながりを保持していることは、リクール研究においては共有された認識である。とはいえ、『意志の哲学』の精読を通じてリクールの人間理解や幸福理解を詳らかにし、そのうえで解釈的想像力に期待される役割を特定するという作業は実際にはほとんど行なわれていない。これはリクールが取り組んでいる問題の幅広さを考えるならやむをえないことと言える。たとえば行為論や身体論は（狭義の）哲学の、善く生きることは倫理学の、詩的作品の解釈学は美学の主題である。個々の研究者にしてみれば、他の主題を背景に置きつつ、まずはみずからが帰属する学問分野に深く関わる主題からリクール哲学の研究を開始するのが自然なやり方だろう（私自身は美学の研究者である）。そしてその研究が一段落したとき、研究者の関心がリクール哲学の別の主題に向かうとは限らない。地と図を反転させ、これまで背景に置いていた主題を前景化させて研究を再開するのは、なかなか骨の折れる仕事である（そこには先述したリクールの論述のスタイルという困難も関わっているだろう）。実際、特定の主題をさらに深く掘り下げるという方向や、同一の主題をめぐる他の哲学者の著作を検討するという方向で研究を進める場合が多いのではないだろうか。そもそもリクールの著作を題材に論文を書く人間のすべてが、リクールの思想そのものに関心を持っているとは言えないのである。リクールの思索を統合的に理解しようという試みは、リクール研究のなかではむしろ稀少である。

しかし、稀少ではあれ確かにそのような研究は存在しているし、それはリクール研究のなかでも最も水準の高い研究である。奇しくもそれは日本人の手によるものであるが、本書は、リクールへの友愛の念に支えられつつおよそ二十年前に公刊されたその研究を引き継ぎ、発展させることを意図して書かれている。

その先駆的な研究とは、杉村靖彦の『ポール・リクールの思想――意味の探索』（一九九八年）である。杉村はこの著作で、「〈意味を贈与する言葉〉に照らされて自己を了解しようとする〈行為し受苦する人間〉への関心をリクールの思想に通底するものとして見定め、そこからかれのさまざまな種類の省察を統合的に理解しようとする」［杉村（1998）14］。杉村の試みが、〈非合理的で非力な人間にとっての善き生と解釈的想像力との関わり〉という観点からリクール哲学を把握しようとする本書の試みと重なることは明らかだろう。以下、杉村の著作と本書の違いを述べることにより、本書の幽けき独自性の所在を明らかにしておくことにしたい（リクールのそれぞれの著作に関する重要な先行研究については、本論のなかでそのつど言及する）。

杉村は上記の課題を遂行するさい、『有限性と罪責性』（一九六〇年）を考察の出発点に据え、悪の問題が詩的言語の解釈学の根底に存在していることを指摘する。「悪の問題との対決がリクールの哲学を動かす基本的状況となっており」［杉村（1998）197］、「解釈学においても悪‐救いの問題は依然としてリクールの重大な関心事なのである」［杉村（1998）196］。杉村にとって〈行為し受苦する人間〉のプロトタイプは、みずからの「悪」に苛まれる人間である。さらに〈意味を贈与する言葉〉に関して、杉村はフィクション物語論や隠喩論を経由したうえで、「神のことば」あるいは「ことばとしての神」にまで考察を推し進めている。たとえば第五章「リクールの哲学とキリスト教」では、「リクール解釈学の全体を鼓舞する〈詩的〉な言葉とは、〈意味を贈与する言葉〉であり、可能的な世界を開き人間の新たな実存可能性を指し示すものであった。そのような考えが無限に意味を与えることばとしての神という考えとつながりをもたないことはありえないのである」［杉村（1998）211］と言われ、「悪からの解放を主題として自己の〈死〉と存在の贈与という表現を持ち出すリクールの詩学が、彼のキリスト教についての思索ときわめて密接なつながりをもつこと」［杉村（1998）204］が指摘されている。

謎としての悪を議論の出発点に置くならば、考察が宗教的な主題に及ぶのは当然と言える（そもそも『有限性と罪責性』がそのような著作である）。悪の説明不可能性や克服困難性を強調すればするだけ、その解決は超越的な次元に求められるよりなくなるだろう。また「ことばとしての神」への注目は、杉村が宗教学を専門にしていることとも切り離して考えることができない。だが、超越的なものに救いを求めず、信仰を持たない人間はどうなるのか。そのような人間にとって、リクール哲学は出会う必要のないものなのだろうか。杉村が設定した枠組に対し、本書が議論の出発点とするのは『意志的なものと非意志的なもの』（一九五〇年）である。すなわち、身体的実存としての人間が抱え込まざるをえない非合理性を考察の端緒としている（これは私が美学－感性学を専門としていることと関係しているのかもしれない）。さらに本書は、既に『意志的なもの』の段階で「自己の解釈」がリクール哲学の主題として浮上しており、精神分析論はこの主題を考えるための場であったと考えている。こうした枠組のなかでは、「悪」は確かに人間の非合理性の極致ではあるかもしれないが、あくまで人間の非合理性の一種としてとらえられることになるだろう。本書は、杉村の著作と比べるならば、より日常的あるいは世俗的な次元において人間の〈行為と受苦〉をとらえようとする試みであると言ってよい。「意志の詩学」[6]や「存在の贈与」についても、本書はあくまで人間たちになしうること（人間が人間自身のためになしうること）は何であるのかという観点から考察を進めていく。本書が取り上げる「ことば」は詩的作品、すなわち隠喩とフィクション物語である。そして、人間的次元にとどまり続ける読解によって可視化されるリクールの思索の豊かさや深さは確かに存在しているというのが、本書の確信にほかならない。

次のようにまとめることができるだろう。杉村の研究では人間と神の関係が前景化し、人間と身体（あるいは人間と動物）の関係は後景に退く。実際そこには『意志的なもの』やフロイト論についての分析は含まれていない。他方、本書においては「依存的な理性的動物」としての人間が前景化し、リクールの神学的思索は後景に退く。本書では神や信仰を主題にしたリクールの著作は扱われない。ただし、このような枠組の相違は一方が正しく、他方がまちがっているというようなものではない。神でもなければ動物でもないということが、「人間」という概念の基底を構成していると考えられるからである。すなわち人間を理解しようというとき、我々は両者のうち、必ずいずれかとの対比を通じて人間を考えることになる（本書も人間の知性の限界を論じるとき、神との対比のなかで人間の知性をとらえることになる）。したがって杉村の研究と私の研究は対立的なものではなく、相補的なものであることを強調しておきたい。

6　本書の構成

本書は二部に分かれている。第Ⅰ部が扱うのは『意志の哲学』の思想圏であり、「身体的実存」としての人間の自由や幸福に関するリクールの考察を取り上げる。『意志的なものと非意志的なもの』（『意志の哲学』第一巻、一九五〇年）、『有限性と罪責性』（『意志の哲学』第二巻、一九六〇年）、『フロイト試論』（一九六五年）など、リクール前期の著作を中心に読解の作業を進めていく。人間の合理性の限界が議論の軸となるだろう。第Ⅱ部が扱うのは解釈的想像力をめぐる問題系であり、詩的作品の解釈学や物語的アイデンティティ論をとりあげる。『生きた隠喩』（一九七五年）、『時間と物語』（一九八三—五年）、『他者のような自己自身』（一九九〇年）など、リクール中後期の著作の読解を行い、限られた理性と時間しか持ち合わせていない人間が善く生きようとするさい、隠喩やフィクション物語の解釈、また人生物語の構築や読解がいかなる意義を持ちうるのかを究明する。

中後期の解釈学的思索が前期の実存論や人間学と連続していることは、リクール研究においては共有された認識である。ただしリクールが表立った説明を与えていないため、両者のあいだの論理的な連関は未だ十分に解明されていない（本来そこには豊かな論理のネットワークが存在しているはずである）。言い換えるなら、人間の善き生が解釈的想像力を求めざるをえない理由、あるいは、まさしく解釈的想像力こそが人間の善き生の探求を支えうる理由が詳らかにされていないのである。このとき問題であると思われるのは、そうした理由に関する理解が曖昧なままに詩的作品の解釈学や物語的アイデンティティ論が受容され、受容者の恣意的な解釈に基づいてリクールの論述が紹介されたり、利用されたりしている現状である。そこではリクールの主張の鋭さと深さは切り落とされてしまっている。

本書は、著作群の包括的かつ精緻な読解を通じ、解釈的想像力の倫理的機能に関するリクールの思索をテクスト内在的に、また明晰判明に復元することを試みる。既に述べたように、それは〈リクールとともに、リクールよりもよく考える〉ことを指針とした批判的合理化の作業である。そのうえで再構成されたリクールの思索を、フロネシス論の系譜、物語的アイデンティティ論の展開、近代美学の影響作用史という三つの文脈に定位することにより、リクール哲学の現代的意義と歴史的意義を明らかにすることが本書の最終的な目的である。

第一章では、『意志的なものと非意志的なもの』の読解を通じて、リクールが人間の自由や善き生をどのように理解していたのかを明らかにする。リクールの意志論の重要な特徴は、それが人間を「身体的実存」としてとらえている点に求められる。リクールにとって人間の自由とは「受肉した自由」であり、このことが意味するのは「身体的な非意志的なもの」に「同意」することなしに意志的な行為は不可能であるということ、そして身体の不透明性、また与えられた時間と理性の有限性ゆえに人間の自由（同意）は不完全なものにとどまり続けるということである。善き生をめぐるリクールの思索は「倫理とは自己と自己固有の身体との和解、そして自己とあらゆる非意志的な力との和解に他ならない」という一節に集約されるだろう。章の後半では、意志的行為の前提となる「熟慮」の作業に注目し、行為とそれについての反省を繰り返すことを通じて、時間をかけて身体に潜在する自己を理解することが、リクールにとっての熟慮にほかならないことを明らかにする。なおこうした熟慮についての理解は、第六章と第七章において「物語」という観点から再論されることになるだろう。また第三章では、自由や善き生への遅々とした歩みを辛抱することができない人間の性急さが、人間を情念の悪へと追いやることが浮き彫りにされる。

第二章では、リクールのフロイト論（精神分析論）を取り上げる。リクールは精神分析との対話を続けるなかで、身体的実存の自己理解をめぐる考察を鍛え上げていった。この章では〈無意識の心的状態〉という考え方が引き起こす倫理的問題と認識論的問題に対するリクールの応答を分析することにより、リクールの倫理学を掘り下げ、また「説明と理解」という主題に関するリクールの思索の変遷を追いかける。後者の主題に関して最終的に明らかになるのは、人間の善き生の探求（熟慮）が説明と理解の協働を必要とすること、そして両者の協働が

「物語」という形式のもとで可能になることである。この点で、第二章の議論は第六章と第七章の議論〈物語的アイデンティティ論〉へとつながっていくことになる。他方、倫理的問題に関して、精神分析論は治療的介入の正当性という問題に逢着することとなり、この問題はイデオロギー批判の主題と合流することになる。それゆえ第二章の議論は、イデオロギー批判の可能性を論じる第四章と第五章の議論にもつながっている。

第三章では、リクールの悪論の分析を行なう。リクールにとって「悪」とは、自己自身が謎になるという非合理性の極致であるが、他方で「人は悪に至るのではない、人は悪から出発するのである」という言葉が示すように、悪の自覚は人間の自由と等根源的な事態としてとらえられている。章の前半では、悪しき生から善き生へと向かおうとする人間の運動に「道徳」の基盤を見出そうとするリクールの取り組みを紹介し、章の後半では、カントおよびリクールの情念論の読解を行なう。情念論の読解からまず明らかになるのは、情念の悪という否定的な事態の基底に人間の本来性を見出そうとするリクールの姿勢である。さらにその読解は、人間の幸福が形式的には多様な欲望の統合を必要とし、実質的には他者との共生を必要とすること、そしてそれゆえに人間にとって幸福の実現が困難であらざるをえないことを浮かび上がらせる。この点で第三章の議論は、第一章の議論を引き継ぎつつ、儘ならぬ現実の生を送るなかで善き生の構想を不断に再構築する「反省的判断力」の働きが主題化される第七章の議論につながっていく。

第四章では、第三章とは異なる観点から人間の生の悪さについて考える。第三章で取り上げたのは、有限の理性が動機の無限の多様性に対処しようとする際に生じる生の悪さであるが、第四章で取り上げるのは、みずからの生を悪しきものとして評価する理性の偏狭さや硬直性であり、ひとことで言えば〈問題としての良心〉ということになる。前半では、現代における反良心の思想の源流としてフロイトの超自我論の読解を行い、良心の作用を相対化するためのフロイトの戦略を紹介する。後半では、リクールのフロイト論とイデオロギー論を取り上げ、リクールがフロイトと同様にカント的な意味での「啓蒙」を重視していること、そして啓蒙の手段として「フィクション」に注目していることを明らかにする。この点をふまえ、本論の議論は第Ⅱ部「解釈的想像力」へと移行することになる。

第五章では、『生きた隠喩』や『時間と物語』などの著作を取り上げ、詩的作品の解釈学について論じる。リクールは詩的作品（隠喩とフィクション）が、我々の現実理解や自己理解の変容をもたらすことを主張しているが、このとき問題となるのは、なぜそのようなことが可能であり、詩的作品が持つ創造的機能の現実化に解釈行為はどのように関わっているのかということである。本章では解釈過程のダイナミクスやプロセスに注意を向けつつ、リクールの見解の批判的再構成を試みる。まず指摘されるのは、七〇年代のフィクション論と八〇年代の『時間と物語』とのあいだの通時的変化であり、後者において解釈過程に関するリクールの説明が整合性を獲得することである。そのうえで、リクールが詩的作品を「ディスクール」としてとらえ、その解釈をコミュニケーションとしてとらえていること、さらにフィクション作品の創造的機能を作者と読者のコミュニケーションが実現する機能としてとらえていることが明らかにされる。コミュニケーションとしての解釈の過程は、〈作者への信頼と美的な快への期待に基づいて、異質な物の見方の合理性や道徳性が維持されるように自分の認知を調整し、そのことを通じて現実や自己について新たな発見をしたり、みずからの世界観に対して批判的な距離を取ったりする機会を得る〉過程としてモデル化されることになるだろう。そして最後に隠喩論の読解から、リクール解釈学の重要な思想的源泉がカントの美的理念論であること、またリクールがそれを独自の仕方で読み替えていることが明らかにされ、この章の議論は閉じられることになる。

第六章では、物語ることと自己理解との関係を考える。前半では『時間と物語』の中心的概念である「統合形象化」概念の分析を行い、物語とはいかなる表象の形式であるのか、また物語という表象の形式になしうることは何であるのかを検討する。この作業は、ミンクやダントーなどの歴史物語論者の議論を参照するなかで行なわれる。他方、後半では『時間と物語』の結論部で導入された「物語的アイデンティティ」概念を主題化し、物語という視点がリクールのアイデンティティ理解にどのような発見をもたらしたのかを解明する。そのさいアーレントの『人間の条件』を分析の手がかりとして取り上げる。アーレントの「行為」論を経由することで明らかにされるのは、身体的実存としての人間が他者との共生を志向するさい、どうしてもその人生は事前の構想とは異なる方向へと進んでいかざるをえないということ、それゆえ行為や出来事の意味を正しく理解するには物語が必要とされるということである。過去理解の共有を通じて他者との未来の共生を準備するという意味で、物語は自己と他者、過去と未来を媒介する役割を担う。さらにこの章では、『時間と物語』と『他者のような自己自身』のあいだでアイデンティティ論の枠組に変化が生じていることが指摘され、「自己性 *ipse*」と「同一性 *idem*」という概念をもちいてリクールが何を主張しようとしていたのかが分析される。そのなかでアーレントとリクールのアイデンティティ論の相違についても考察が及ぶことになるだろう。

第七章では、第六章に続いて『他者のような自己自身』を取り上げ、物語的アイデンティティ概念の倫理的含意のさらなる闡明につとめる。そのためにまずこの章では、アーレントの政治的判断力論とマッキンタイアの自己物語説の読解が行なわれる。この作業により浮かび上がるのは、リクールがマッキンタイアの「物語的探求」概念に依拠しつつ、それを〈フロネシス＝反省的判断力論〉として再構築していること、そしてアーレントが切り開いた〈フロネシス＝反省的判断力論〉の射程を物語的アイデンティティ論の展開を通じて拡張させていることである。リクールは生に関する人間の理解が解釈学的循環のなかで獲得され、善き生に関する人間の探求が反省的判断力の不断の行使によって支えられていることを主張する。このように考えることにより、リクールはアーレントとマッキンタイアの着想を統合し、アーレントとは異なる仕方でカントの美的判断力論を倫理の領域へと適用したと考えることができる。

第Ⅰ部

人間の生

第一章　意志論——意志することは創造することではない

序　『意志的なものと非意志的なもの』

『意志的なものと非意志的なもの』は、もともとリクールの博士論文（副論文はフッサール『イデーン』第一巻の仏訳）として書かれ、博士号取得と同年の一九五〇年に『意志の哲学』の第一巻として公刊された。この著作において目指されるのは、「意志する vouloir」ことの本質を明らかにすることである。そしてリクールはそのための作業を「意味の解明」としてとらえ、「純粋記述」や「形相論」などの語で言い表す。すなわちリクールは、我々が「意志する」という語を用いて経験を記述することを可能にしているところの「意志」概念に関する先行理解を分析することにより、意志的な行為とはどのような行為であり、行為が意志的であるためには何が必要であるのかを解明しようとしている。

「純粋記述」や「形相論」はフッサール現象学に由来する言葉であり、リクール自身もそのことを明言したうえで、みずからのアプローチを「現象学」の名で語っている。「志向性」概念を用いて意志作用を分析しているところなど、たしかに本著作はフッサールの強い影響下にあると言ってよい。とはいえ、フッサール自身は、「形相学的還元」からさらに「現象学的還元」を行ない、「純粋意識」の内部において「本質直観」を得ることを求めているという点に注意する必要があるだろう。この点において、リクールの方法は厳密に言えばフッサール的ではない。(1) 純粋意識を問題とせず、日常性を成り立たせている先行理解を分節化しようとしている点において、『意志的なもの』はハイデガーの言う「解釈学」に通じる側面を有しており、その方法は解釈学的現象学のそれであると言うのが妥当である。

さて、『意志的なもの』は形相論の内容に沿うかたちで三部構成をとっている。つまり「意志する」ことが「決意する décider」こと、「行動する agir」こと、「同意する consentir」ことに分節されるのに応じて、リクールはそれぞれに著作の一部を割り当てている。簡単に言えば、決意することはみずからがなすべき行為を企投することを、行動することは決意を実在的なものにする(空虚な企投を充実する)ためにみずからの身体を動かすことを、同意することは自分には企てることも動かすこともできない必然性(非意志的なもの)を受け入れることを意味している。このような分節に、すでにリクールの意志論の根幹にかかわる特徴があらわれていると考えることができるだろう。すなわち、非意志的なものへの「同意」という契機に対する注目である。

非意志的なものとして念頭におかれているのは物質的自然である。それゆえ、意志することが同意を必要とするということは、物質的自然を理解し、それを受け入れることなしに人間の意志の自由はありえないということを意味している(『意志的なもの』の英訳のタイトルは Freedom and Nature である)。人間の自由は無制約的なものではなく、たとえば人間は自然のうちで働いている諸法則を変更することはできないし、因果律に従った物事の展開についても、つねにその流れに干渉することができるとは限らない。人間はさまざまな非意志的なものに取り囲まれており、それらを無視した行為の企投は実現不可能である。

このとき忘れてはならないのは、人間の身体もまた物質的自然にほかならないということである。たしかに身体は、意志する主体に所有される道具として、その目的の実現を可能にする。身体はその運動が機械的かつ決定論的に説明されるような単なる「物体」ではない（リクールは現象学の伝統にのっとりつつ、主体の統治を受ける身体を「主体身体」と呼び、他の諸物体との水平的な関係に置かれている物体としての身体を「客体身体」と呼んでいる）[2]。しかし、人間が自然に参加し、みずからの目的を自然のうちに実現させることができるのは、身体が自然だからである。つまり意志作用の手段でもあり、自然でもあるという両義性を有した身体の運動こそが、意志作用と外的自然を媒介し、自然を人間化する。そして身体が自然である以上、それは固有の必然性や自律性を有しており、意志の主体は非意志的なものとしてのみずからの身体に「同意」しなければならない。「主体身体」は意志作用の単なる道具ではないのである。

以上のような事情から、『意志的なもの』は意志的行為の形相論的分析と身体的実存にとっての自由の分析という二つの側面を併せ持つことになる。そしてこのような特徴ゆえに、リクールの意志論は形相論にも生理学にも還元できない独自の地平を切り開くことになる。

1　決意、企投、計画

「私はXを信じる」、「私はXを欲する」、「私はXを意志する」などの思惟作用（＝判断）は、対象へと向かう思惟の遠心的運動であり、リクールはこのような運動をフッサールにならって「志向性」と呼ぶ。志向性は、「空虚に指示された」「中立的な意味」と、確認、願望、命令、決意などの作用（＝態度）によって構成される。「中立的な意味」とは、たとえば〈雨が降ること〉のように、絶対的不定法もしくは「que」で始まる従属節によって表現される出来事や行為の構造、すなわち命題である。ただし、この中性的な意味は抽象によってのみ具体的な諸作用から切り離される。一方、諸々の判断はこの空虚な意味の「充足のされ方 manière d'être remplie」［VI 69七八］の違いによって区別され、大きく二つの種類に分けられる。すなわち「存在判断」と「実践的判断」である。存在判断であれば、実在する物の現前ないし準現前がこの空虚を充実し、実践的判断であればこれからなされる私や他者の身体活動が空虚な意味を充実することになる。

決意とは、実践的判断に分類される思惟作用である。リクールによれば、決意という志向性はそれが「①断定的に、②自分自身の行為を指示する」点で、命令や願望などの実践的判断から区別される[3]。まず決意は、その断言的な性格において、逃げ腰の仕方で目指す弱い意欲や、漠然とした願い、ためらいがちな命令とは異なっている。さらに、決意の対象とは〈私〉が何らかの行為を遂行することであり、決意においてその行為は〈私〉が必ずなすべき行為――そのようにして指示されている〈私〉の行為のことをリクールは「企投 projet」と呼ぶ――として指示されている。

こうした意味で、決意という志向性はその充足条件に決意する者自身を自己言及的に含み込むことになる。言い換えれば、決意するさい、決意する者は未来の行為に対して再帰的かつ構成的に責任を持つこととなり[4]、またこれと同時に決意する者は未来の行為者を現在の自己と数的に同一の存在者として措定することになる。この点についてリクールは次のように述べている。

> 企投と自分の行為とのあいだのこの関係は、決意に、あらゆる実践的判断の中での例外的地位を与える。決意は、なされるべき行為についての私の思念のうちで、その行為者として私を措定するのである。したがって、実存において決意ははかりしれない重要性を持つ。企投し何かをなすとき、私は私を投げ出し、私を作っているのである。［VI 72 八三］

引用では、企投に基づいて行為することが〈自己制作〉としてとらえている[5]。それは我々が決意を通じて、現在から未来まで持続する同一の存在者として自己自身を構築し、また特定の行為を成し遂げた存在者として未来の自己理解を先取りしているからだろう。〈七時までに家に帰る〉とか〈日曜日までに原稿を完成させる〉というような場合、決意を自己制作としてとらえるのはいかにも大仰だが、安定した夫婦生活を維持することや博士論文を完成させることは、確かに行為主体のアイデンティティに深く関わっている。些細であってもある企投は必ず他の企投と関係しており、我々は長期的な目標や生の構想との関わりのなかで様々な行為を企投している。自分の行為を自分で決める自由は、自分のあり方（生き方）を自分で決める自由につながっているのである。そして自己制作に成功したとき人間は自由であるが、何らかの事情で企投したとおりに行為することができなかったとき、自己制作は失敗し、自己は未完成と評価されることになる。

ところで「決意」に関する純粋記述に即して言えば、行為が意志的であるために、行為はたんに欲求によって因果的に引き起こされているのではなく、その遂行が行為主体によってあらかじめ是認され、選択されている必要がある。このとき選択において、主体はみずからになしえないことを選択することができない。自分にできないことの実現を求めるとき、それは決意ではなく願望ということになるだろう。それゆえ主体は選択に先だってみずからの欲求や能力、現実の状況などを把握し、行為の実行可能性を検討しておく必要がある。

『意志的なもの』で問題とされるのは、自然のなかでの自由の可能性であった。意志作用は様々な自然の必然性＝非意志的なものに取り囲まれており、それらと整合的な関係に立つことによってのみ自由は可能となる。リクールはこのような事態を「許可とは、禁止という障壁の合間を縫って走る狭き道にほかならない」［VI 80 九四］という隠喩で言い表している。意志作用は非意志的なものとの折衝を必要とし、折衝を通じてはじめて可能な行為の道筋が明らかになるということだ。さらにリクールはこの折衝について、「コギトはみずからが根差している固有の環境を受け入れ、それと対話することによって生きる。自我の働きは同時に参加である」［VI 37 三三］とも説明している。「参加」とは、「主体身体」の運動を通じて現実の秩序に介入し、また現実の秩序を用いることで、みずからの目的を現実の秩序のうちに実現せしめることを意味しているだろう。「人間の活動と世界の秩序が、意志による運動という仲介によって、一つの同じ実存の生地のうちにねりこまれる」［VI 80 九三］というのは、環境への参加について言われた隠喩である。他方「対話」とは、環境への参加可能性（介入の余地）が模索されることであり、我々はこの過程を熟慮と呼ぶことができる。環境のどこがどのように利用可能か、またいかなる運動によってどのように世界を変化させることができるのかという観点から、主体は熟慮を行なう。このときリクールは、能力の感情は可能的なものに「内実 consistance」〔VI 80 九三〕を与えてくれると述べている。許可と禁止からなる「狭き道」の詳細は、行為主体の能力と環境との相関のなかで具体化されるということだろう。以上をふまえつつ、熟慮の作業について、リクールは次のように説明している。

まず、日付や期限、未来の状況についての素描を前もって手にしているという条件に従ってのみ、私は企投をなすことができるように思われる。それらは本質的に私の掌握を逃れた出来事なのであるから、私はそれらを予見するよりほかにない。私は、天体の運行や全体の秩序によってその大枠が決定された世界の隙間に、みずからの企投を収める。さらに、私の企投そのものが、様々な手段を用いる一つの行為〔＝目的〕を先取りしている。しかるに、ある手段を他の手段や目的に従属させることは、遷移や因果についての知識を前提とする。〔したがって〕目的とはそれを引き起こす原因を組み立てる規則として考えられた結果にほかならない。〔VI 74 八五―六〕

引用からは、熟慮に関して三つの説明を引き出すことができるように思われる。

まず、熟慮は来るべき世界の状況を予見しつつ、そこに介入する可能性を模索する。事物の秩序は因果の秩序に従っているがゆえに予見可能であるが、一方でそうであるがゆえに、意志作用は因果の秩序を無視して思うままに行動することはできない。

第二に、熟慮は時間（日付や期限）を考慮にいれなければならない。予見とは〈いつ〉何が起きるのかを前もって知ることであり、企投とは将来の〈ある時点において〉みずからがなすべき行為を決めることである。外界で生起する出来事の時点とみずからの行為の時点との関係が理解されていなければ、現実の秩序に介入したり、それを利用したりすることはできないだろう。このことが時間の考慮を必要とする理由である。時間の計測は「天体の運行」に基づいて行なわれ、時間の進行に主体は同意するほかない。この公共的な時間の存在は、自己の意志的行為と他者の意志的行為の関係づけを考えるうえでも大きな意味を持っているはずである。

第三に、リクールは、目的とは原因としての諸手段を通じて引き起こされるべき結果であると論じている。ここから熟慮が、目的を現実化するための手段＝原因を発見し、それらを組み立てることであり、主たる企投に従属する下位の企投を配置して、目的－手段連関を構造化していく作業であることがわかる。企投（projet）の別の語義に基づいて、熟慮とは目標実現のための〈計画 projet〉を立てる作業であると言うことができるだろう。計画とは現在の状態と目標とされる状態とを結びつける行程を示すものであり、計画を立てる者は「遷移や因果についての知識」を動員することによって、目的達成までの道筋を構想する。リクールはこうした作業について次のように述べている。

> 企投から企投へと、私は死せる時間の上を跳んでゆく。私は先行する時点へと引き返す。私は最も関心のある未来の行為の軸線をデッサンし、空隙を埋め、目的を〔現実には〕その目的に先行する手段に先立って定置し、漸次的充填もしくは付加などによって単純な企投のうちに二次的な企投を挿入していく。これこそが、現在の前方に時間を組織する人間の合目的性の方式なのである。不連続性 discontinuité と可逆性 réversibilité は空虚に指示されたこの時間の法則であり、その時間においては行為の最も注意すべき期日同士のあいだの実践的関係だけが示されている。
>
> ［VI 73-4 八四―五］

さきに「人間の活動と世界の秩序が、意志による運動という仲介によって、一つの同じ実存の生地のうちにねりこまれる」と述べたが、時間に関しても同様のことが生じていると言えるだろう。つまり計画の構想を通じて非意志的な時間が人間化されるということである（この論点については第六章二節一項で再論する）。

熟慮とは、外的現実の遷移や時間の進行、そしてみずからの能力を考慮に入れながら、目的を実現させるため為の計画を構想する目的論的な推論の作業であることが明らかとなった。こうした計画に基づく行為が意志的な行為の典型である。ただし、これまでの説明は熟慮の一面を記述しているにすぎない。というのも、この段階では「動機」の多数性が視野に収められていないからである。

2　熟慮の不完全性——状況の切迫性と状況への被投性

リクールによれば、決意することには、行為の動機を選ぶ「動機づけ」の過程が含まれる。動機づけとは「非意志的なものと意志的なものを接合する最初の機構である」［VI 24 一六］。なぜなら「動機」とは、身体からの働きかけとして、欲求や情動という形をとって意志作用に対して与えられるものでありつつ、意志作用はそれらを受け取ったうえで、いかなる動機に基づいて行為するかを選択しなければならないからである。[6] それゆえ「動機のない決意というものは、存在しない」［VI 93 一一四］。このとき動機としての採用／不採用を決めることができる限りにおいて、主体の行為はたんに非意志的なものによって引き起こされているわけではない。「動機は傾かせるが強いないincliner sans nécessiter」［VI 100 一二三］のである。言い換えれば、動機は「意志が意志自身をそれに基礎づける場合にのみその意志を基礎づけ、意志が意志みずからを決定する限りにおいてその意志を決定する」［VI 95 一一七］。したがって諸々の動機に先立たれつつも、特定の動機を行為がなされるべき理由として選択することにより、主体は自身の行為を意志的なものとすることができる。我々はこの動機選択に至るまでの過程についても、それを熟慮と呼ぶことができるだろう。

ところで、リクールは熟慮を「ためらい」と言い換えつつ、「ためらうことは様々な理由を渾然とした状態で手にしていることであり、熟慮することはこれらの理由を整え、解明することであり、選択することは一つの選好判断を理由に基づいて出現せしめることである」［VI 217 二八四］と述べている。注目すべきは、行為主体には「様々な」動機が与えられており、そのなかのどれを選択すればよいのか、行為主体は簡単に答えを出すことができないということである。いま熟慮とは〈所与の動機のなかで優先順序を決める（引用では「選好判断」と言われている）ために、様々な動機を比較したり、それらの関係性を把握したりすること〉を指しているが、その答えを出すことを行為主体は「ためらう」。たとえ実行可能性の度合いに違いがないとしても、行為主体は複数の動機のうち、どれを選択すればよいのか簡単に決めることができないのである。諸々の動機はつねに両立可能であるわけではなく、ある動機を選択することは他の動機を後回しにしたり、除外したりすることにつながる場合がある。だから計画を立て、行為を企投するためには、動機間で優先順序を決めておかなければならない（ただし逆のことも言いうる。つまり行為の実行可能性に関する判定は動機選択の重要な指標となりうる）。しかし「把捉された諸々の価値のあいだに、善についての探求を完全に停止させるような明白なヒエラルキーは存在しない」［VI 187 二四二］。どの動機を優先すればよいかを決める単一の原理は存在していないし、熟慮を終結させる最善の答えがただ一つ存在しているわけでもないのである。リクールは次のように論じている。

二つないしそれ以上の価値のあいだでの比較はつねに流動的で未完結であるし、新しい〔比較の〕観点を導入することもつねに可能であるし、どのヒエラルキーが顕在化するかは、「地平」がどのように確定されるか次第――すなわち、いかなる価値が影の中から意識の中心に引き出されるか次第――というところがある。全体の未完結性は、ヒエラルキーの不安定性を生み出す。ヒエラルキーの探求はつねに終わりのない過程なのである。［VI 190 二四七］

言われているのは、所与の動機のあいだでの比較においても人間は明確な答えを出すことが出来るわけではないということ、さらに、どのような集合のなかで動機を考慮するかによって比較の結果は変わってくるということである。言い換えるなら、文脈によって動機の優先順位は変化する。ある動機の集合（文脈）では優先順位が高い動機も、別の動機の集合（文脈）の中では優先順位が低くなるかもしれない。そして比較の対象となりうる動機が、熟慮の瞬間にすべて同時に把捉されることはありえないため、新たな動機からの働きかけを受けるたび、行為主体の選好判断は揺らぐことになる。

以上のことから帰結するのは、動機づけの過程には終わりが来ないということである。実際、リクールは「完成した意志によって意志する」［VI 165 二一二］というのは意識についての誤った記述であり、「意識が全面的に統一されて全面的に合理的になるなどということはありえない」［VI 224 二九三］、「全面的な動機づけは不可能と見える」［VI 428 六〇五］などと論じている。現実の行為は十分な熟慮に基づいて遂行されているわけではなく、行為が未来の自己への揺らぎない歩みとして遂行されることはありえないのである。

こうした熟慮の不完全性は、人間が身体的実存であることと切り離して考えることができない。たとえばリクールは次のように述べている。

人間は歴史的状況と身体的状況のうちにあり、また人間は始まりにいるのでも終わりにいるのでもなく、つねに中間に、物事の途中にいるのだから、人間は短い生涯のあいだ、制限された情報の枠組と、待ってはくれない切迫した状況のなかで選択しなければならないのである。［VI 224-5 二九四］

引用からは、人間の意志的行為に対する二つの制約を読み取ることができる。一つは状況への被投性であり、もう一つは状況の切迫性である。リクールによれば、これらの制約ゆえに熟慮はどうしても不完全なものとならざるをえない。状況の切迫性が意味するところから確認していくことにしよう。

「徹底して自我に依存していないのは、時間が流れるということである」［VI 197 二五六］と言われるように、リクールにとって時間の流れは非意志的なものである。時間の流れは待ってくれないのであり、この隠喩が意味しているのは、我々がそのうちに生きる自然や社会は、我々の意志作用からは独立した固有の論理に基づいて変化していくということだ。さきに、行為することは身体運動によって現実の秩序に介入することだと述べた。それは逆に言えば、介入のタイミングを逃せば主体は行為を成功させることができないということである。熟慮しているあいだにも時間は流れるのであって、どこかで熟慮を切り上げて行動を開始しなければ、人間は結局なにも成し遂げることができない。しかも身体的実存としての人間に与えられている時間は有限である。人間は成長し、年老い、いつか死ぬ。さまざまな期限の存在が、熟慮が不完全なままに我々を行為へと押しやる。

また他方で、いくら時間をかけても完全な計画を立てることはできない。計画はどうしても不正確である。というのも「世界は、そしてもっとも小さな対象であっても、一度に与えられるものではなく、いかなる対象もいま働いている知覚からはあふれでるのであって、汲み尽くすことができない」［VI 200 二六一］からである。そして現実の豊かさが必ず計画の詳細さを上回るため、実際の現実を前にして、どのように予定の行為を成し遂げるかを、我々はそのつど即興的に判断しなければならない。さらに、人間の身体は一度に複数の行動をとることができない。「あれもこれも」すべて同時に行なうことはできず、「あれかこれか」という仕方で優先順位をつけなければ物事に対処することができない。たとえ価値としては両立可能であるとしても、諸価値に基づいた複数の行為が運動として両立しない場合は無数に存在している。以上をふまえ、リクールは「不正確さ inexactitude、即興性 improvisation、不公平さ partialité といったもの、これらは行為することが企投の形成に課する拘束である」［VI 191 二四八］と述べている。

続いて状況への被投性であるが、我々はこれを「身体的な非意志的なもの」という観点から説明することができる〈被投性の理解はこれにとどまるものではなく、先述した〈時間内存在であり社会内存在であるがゆえの切迫性〉は人間の被投性と相関した事態でもあるだろう。ここでは身体への被投性に注目して説明を進める〉。身体的な非意志的なものとは、意志作用が「同意する consentir」か「耐え忍ぶ souffrir」よりない［VI 433 六一四］、身体が課してくる制約のことであり、「それに対して距離を取ったり、動機として評価したり、従順な能力として動かしたりすることができない」、「絶対的受動性」である［VI 473 六七二］。現在の文脈に合わせて言えば、たとえ動機として最善ではなく、合理性において劣っているとしても、人間はその動機に基づいて行為せざるをえない場合があるということだろう。それらに同意しなければ、つねに熟慮は行為に裏切られることになる。注目したいのは、リクールが「性格、無意識、生命は、非意志的なもの、すくなくとも身体的な非意志的なものの新たな王国の三首脳である」［VI 429 六〇七］と述べ、身体的な非意志的なものとして性格、無意識、生命を主題化していることである。

まず、そもそも「選択し、努力することを可能にするのは生命である」［VI 429 六〇七］。ただしこの生命は主体が意志したものではなく、他の人たちによって意志され、生み出されたものである。それゆえ「私は生命を、自分が何かを開始するよりも前に、すでに始まってしまっているものとして経験する」［VI 552 七七九］。さらに有機体としての成長をとめることはできず、〈私〉はすでにある「年代」まで成長してしまった。「年代」は「私を特定の生活形式から締め出す禁止」でありつつ、「私を特定の方向へと向かわせ、特定の視点から、価値と能力を一定の幅のうちで開示する」［VI 540 七六三］。

つぎに、身体は自己自身に対して透明であろうとする思考の努力を挫折させる「思考には隠されている自発性」や「不可解な昏さ obscurité impénétrable」としての無意識を内含している。たとえば習慣は「意志的行為をいつも驚かせ、ときにそれを妨害する」［VI 477 六七四］身体の自動運動である。また、意志作用による検討の俎上にのぼらなかった欲求やそれによって棄却された欲求、あるいは未だそれがいかなる欲求であるかを把握できていないような欲求が、主体を動かしているということもありうる（フロイト的な無意識については第二章一節で改めて取り上げる。現在の議論において無意識はフロイト的な無意識に限定されているわけではない）。

第三に「私の性格は、私に固有な側面からのみある価値に出会うことを余儀なくさせる」［VI 463 六五五］。〈私〉は「私が同意せざるをえない、変化を拒絶する存在の仕方――欲し、意志し、運動する仕方」［VI 467 六六一］や「みずからが湧き出る仕方」としての「性格」とともにある。性格は私のものでありつつも、私が選んだものではなく、作り直しがきかない生得的な「本性」ないし「運命」であるかのようにして、主体の行動を制約してくる。

性格が典型的にそうであるように、生命も無意識も「運命」として主体の行為を特定の方向へと導く。裏を返せば、多様で渾然とした諸動機を前にして、主体はその一つ一つについて比較考量を行なっているわけではない。主体はすでに何らかの価値との関係を生きてしまっている。こうした意味で人間の熟慮はどうしても一面的であり、「不公平」であらざるをえない。しかし、看過すべきでないのはこうした制約の積極的な側面である。すなわち、我々にとって、可能な選択や進むべき方向は熟慮に先だって枠づけされており、だからこそ優先順位の問題に明確な答えを出すことができないとしても、我々は世界の「流れ」に取り残されることなく行為することができている。リクールはこのような意志作用に先行する秩序づけや総合の働きを取り出すために、「身体的な非意志的なもの」として性格、無意識、生命を主題化していると考えることができるだろう。言い換えるなら、我々がそれに同意する限りにおいて、「身体的な非意志的なもの」は〈身体的な意志的なもの〉になりうるのである。

平たく言えば〈いちいち考えるまでもなく、体が勝手に動いてくれる〉ということだ。このことは習慣的行為を考えればすぐに理解できるだろう。リクールは習慣を「意識の有用な自然化」[VI 386 五三〇] と呼んでいる。我々は頭を使って経路を組み立てることなく、毎朝会社や学校に向かうことができているし、はじめはよくわからなかったオンライン授業の準備も今ではおしゃべりをしながら済ませることができる。リクールは、習慣は「意志的行為をいつも驚かせ、ときにそれを妨害する」と言っていた。文章の構成からも明らかなように、この驚きは妨害による驚きではない。それは熟慮するまでもなく、身体が適切な行為へと導いてくれたという肯定的な驚きである。「習慣は時間と反復を利用して身体の非反省的な使用を無限に拡大させ」[VI 359-60 四九四―五]、その結果、我々は自動運動や自動思考に「好きなように活動させ、それらの明敏さに我が身をゆだねる」[VI 381 五二三] ことができるようになる(ただしそれは我々が生きる環境に変化が生じない限りにおいてのことである)。

これまでの議論を〈自己制作〉の観点からとらえ直すならば、次のように言うことができるだろう。いかなる自己を制作するべきか、我々はその完成イメージを事前に確定することはできないし、制作の工程も予定通りにはいかず、完成イメージも変化していく。そして、そもそも我々はありうべき自己のかたちをゼロから選び取ることはできない。だからリクールは「意志することは創造することではない」[VI 605 八五七]と結論する。ここで言われる「創造」とは無からの創造を指しているだろう。自己制作は一定の材料や素材が与えられているなかで行なわれるよりなく、人間は好きなように材料や素材を調達することはできない。しかし重要なのは、所与の素材や材料のうちに自己のかたちが潜在していることである。それゆえに我々は何をすればよいか途方に暮れることなく制作の作業を進めることができる。リクールが「古いものを見出し、みずからを既にそこにある者として見出すことがなければ、私は新しいものを意志することができない」[VI 431 六一二]、あるいは「自由はみずからが作ったのではないものを受け入れることによってみずからを作る」[VI 603 八五四]と述べるとき、そこではまさに上記のようなことが考えられているに違いない。身体に潜在する〈私〉を発見し、それに同意することこそ人間の自由と善き生の起点である。リクールによれば「倫理とは自己と自己固有の身体との和解、そして自己とあらゆる非意志的な力との和解に他ならない」[VI 501 七〇七]。

3　流されながら熟慮する——自己理解の深化と企投の判明化

前節では、身体的実存である人間にとって熟慮が不完全であらざるをえない理由を論じた。では人間にとって熟慮は無意味ということになるのだろうか。いま考えるべきは、たとえ身体のおかげで〈私〉は流れのなかで溺れずに済んでいるのだとしても、それだけでは人間は自由とは言えないことである。熟慮を通じて未来の行為や自己を構想し、構想が現実化するときに人間は自由でありうる。それゆえ必要なのは、身体に潜在する自己に関する理解に基づきつつ、あらためて未来の行為や自己を構想することである。そしてこのとき、自己理解の作業は熟慮へと転化することになるだろう。リクールは「同意」について次のように述べている。

同意することとは、必然性を認めるというよりは、必然性を採用することである。それは既に決定されているものに対して「然り」と述べる。それは自然の敵意を自己に転化させ、必然性を自由に転化させる。同意は必然性へと向かう自由の漸近的な歩みである。［VI 433 六一四］

引用で言われる自然の必然性を、外的なものと内的（身体的）なものに区別することができる。後者に焦点を合わせるなら、言われているのは、生命としての〈私〉、無意識としての〈私〉、性格としての〈私〉を理解し、それに同意することが自己制作の自由に結びつくということである。自分は既にどのような存在であり、これまで何を求めて生きてきたのかを理解することが、目指すべき未来の自己の姿を浮かび上がらせる。我々は「身体的な必然的なもの」に同意することで、〈私〉が過去から未来へと継続していくことを承認するという言い方をすることもできるだろう。この意味で、熟慮は自己理解を必要とし、自己理解は熟慮の働きを担うことになる。

ただし、引用の「漸近的な歩み」という語に注意しなければならない。必然性に対する自由の歩みが漸近的であるとは、我々は「身体的な非意志的なもの」を即座に理解することはできず、それについての理解は徐々に深まっていくということを意味している。「私の性格がそのものとして見出されることはなく、性格は動機や能力に見合った意志の運動と一体化している」［VI 462 六五四］こと、また無意識的なものの作用が、意識に直接知られることがないために〈無意識的〉と呼ばれることをふまえるなら、潜在する〈私〉は内観によってではなく、行為の遂行とその反省を繰り返すなかではじめて理解されると考えるべきだろう。身体的必然性への同意が自由を可能にするのだとしても、人間にとっては同意それ自体が努力を要することなのである。

実際、リクールは「受肉した存在にとって自由は時間的なものである」［VI 178 二二九］と主張している。「時間的」であるとは、身体的な非意志的なものの理解には時間がかかるということを意味しているはずだ。リクールは次のようにも述べている。

自己の認識には時間が重要なのである。問い質される私の欲望は限りなく新たな側面を明らかにし、それらの側面は様々な観点からの検討や対照に差し出されることになる。時間だけがことがらを解明してくれる。さらに、それぞれの欲望一つ一つの不正確さに、全体の未完結性も付け加えなければならない。二つないしそれ以上の欲望のあいだの位置関係も渾然としており、それが決定されるためには時間が必要である。

［VI 188 二四三―四］

状況の切迫性や動機づけの複雑さをふまえるなら、自己認識にかかる時間を、行為が停止した熟慮の時間として考えることはできない。無限の時間が与えられているならば、自身や外的現実をつぶさに観察し、想像による試行を繰り返すことで、最善の選好判断を下すことができるのかもしれない。しかし人間にはそのような時間は与えられておらず、その知性も有限である。人間にとって、諸々の動機の存在とそれらの関係性を、事前に、一度に、すべて見通すことは不可能である。それゆえ人間は不完全な熟慮のまま行為へと押し流されてゆく。それでも、人間にはやってみてはじめてわかるということがある。行為し、成功や失敗を繰り返すなかで、人間は自分を取り囲む諸々の動機の大枠や特性を把握し、自分が優先すべき動機が何であるかを学ぶことができる。自分の能力の上限や、自覚していなかった欲望の存在についても知ることができるだろう。だから自己認識に必要とされる時間とは、行為と反省のサイクルを反復するための時間なのである。人間は行為を停止することによってではなく、行為し続けるなかで熟慮し、そうしたなかでどのように生きればよいのかについて、実現可能で安定した構想を手に入れ、構想と現実を次第に合致させることができるようになる。

ところで、行為の反省において、行為が事後的に意志的な行為として承認される場合もある。たとえば、前項でも取り上げた習慣的行為である。リクールは習慣的行為について、「その行為を遂行することがふさわしいような現実の状況、すくなくともその行為を遂行することが不可能ではないような現実の状況において、私はその行為をはっきりと企投することもできたであろうという意味で」［VI 61 六七］習慣的行為は意志的であると言う。あるいは「明確な意志が事後的にそれを承認し、それをたどり直すことができるならば」［VI 61 六七］、人間の行動は意志的行為の構造に対応するようになるとも言われる。これらの説明から理解されるのは、意志的行為において、決意や企投は必ずしも現実の行為に時間的に先行しているわけではないということである。すなわち「決意と行為との区別は、時間的なものというよりは、意味上のものなのである」〔VI 253 三四八〕。それゆえ我々は、ある行為がなされた動機とその動機が関係するより上位の目標、また現実の状況や行為主体の能力を把握し、動機の選択に合理性が認められるならば、事後的にその行為を意志的なものとみなすことができる。ただし、このことは行為が意志的であるために「決意」の契機は必要ないということを意味しない。意志的／非意志的という評価は、〈行為主体はその行為を選択しないこともできた〉という、選択や決意の契機（能力）が担保されていることを前提とするからである。仮に行為が意志的であることを否定し、自分の非合理性を認めることになる場合であっても、我々が一般に「決意」や「動機づけ」や「企投（計画）」という視点から過去の行為を構造的に把握していることに変わりはない。それゆえ「持続は純粋記述が定めた非時間的な関係に照らし合わせることによってのみ解明されうる」〔VI 178 二二九―三〇〕。第一節で、意志的行為には計画の立案が必要であると論じたが、我々は既になされた行為を評価する場合も、行為主体の計画を復元し、そこに行為を定位することによって意志的／非意志的という評価を下していることになるはずである（この点は第二章以降では「物語」という観点から説明されることになる）。

もう少し熟慮について掘り下げておくことにしたい。リクールは「動機の解明」は「注意の自由な眼差し」に依存しているとして、熟慮と「注意」を関係づけている。これまでの議論をふまえるなら、〈注意＝熟慮〉は二重の作業によって構成されることになるだろう。すなわち、既になされた行為を理解し評価する作業と、自己理解に基づいて新たに将来の行為を構想する作業である。分析と総合と言ってもよい。リクールが「注意は、混乱した諸相を切り分けてそれを違った諸価値に関係づけるという仕事と、散らばっている諸相を統合して、それを単一の価値に関係づけるという仕事を行なう。時間が動機づけを解明するというのは、注意が行なうこの二つの仕事を介してである」〔VI 204 二六六〕と言うとき、「二つの仕事」とは上記の二重の作業に対応しているだろう。

ただし、リクールは現実に行動しているさなかでの意志作用の働きにも「注意」という語を用いている。企投は現実の行動によって充実される必要があり、「私が何もなさない限り、私は全く何も意志していなかった」[VI 255 三五〇]ことになる。それゆえ行為を遂行するさい、意志作用は行動が計画から逸脱していないかどうか、環境の変化に対応しているかどうかといったことをモニタリングしなければならない。リクールがあらたに「注意」と呼んでいるのはこのモニタリングの働きのことである。たとえば「習慣的運動や自在に湧き起こる思考は、非意志的に産み出されるのではない。我々にとってそれらを産出しないということが不可能ではないからだ。それらは抑制不可能なものではないどころか、いわば視界の片隅でいともたやすく注意の監視下におかれる」[VI 381 五二三]と言われる。抑制可能であるという点において、習慣的運動は「反射」という非意志的な運動と区別されるが、抑制可能性の根拠となっているのは「監視し許可するありふれた意志」[VI 416 五七一]の働き、つまり注意の働きにほかならない。「注意は、その流れそのものは徹底して非意志的であるような持続を統御するわざである」[VI 198 二五八]。我々はこの「統御する」という語に、計画や環境に対する行動の適合性を監視し、行動を調整する注意の働きを読み取ることができるだろう。それは現在進行中の行為のなかで行なわれる熟慮であると言ってもよい。そしてこの〈注意＝熟慮〉と、「みずからの動機を維持したり変えたりしながら、みずからの企投を維持したり変えたりする一種のわざ」[VI 197 二五七]、すなわち行為と行為のあいだで行なわれる〈注意＝熟慮〉が連動することにより、人間はさまざまな非意志的なものと「和解」し、善き生へと近づいていくことができるようになるのである。

4 『意志の哲学』における想像力

熟慮に基づく企投（計画）がみずからの行動によって充足されたときに人間は自由であり、人間の意志的行為（自己制作）にとっては熟慮と現実の合致が必要である。この合致に関する評価は事後的に行なわれることになるが、我々はこの評価がうまく行くように企投（計画）を構想する。だが身体的実存であり、有限の時間と理性のみを与えられている人間にとって、熟慮（動機づけ）は諸々の制約により不十分なものとならざるをえない。人間は自分が本当に何をするべきなのかよくわからないままに行為し、生きている。しかも企投（計画）が明確化されていない以上、事後の評価の基準もあやふやで、行為前と行為後で評価の基準が変化している場合すらある。それゆえ評価は場当たり的なものとなり、合致の実現は偶然的になる。我々は自分が本当に善く生きているのか確信をもつことができないのである。

こうした状況において重要な意味を持つのが、身体的な非意志的なもの（生命、無意識、性格）への同意である。行為と熟慮のサイクル（構想→行為→評価／再構想→行為）を繰り返すなかで、人間は「私が同意せざるをえない、変化を拒絶する存在の仕方――欲し、意志し、運動する仕方」［VI 467 六六二］を理解するようになり、それに基づいて構想や評価を安定的に行なうことができるようになる。それゆえリクールは、身体的実存にとって「自己と自己固有の身体との和解」が善き生の条件であると考え、「自由はみずからが作ったのではないものを受け入れることによってみずからを作る」と主張する。同意の対象を〈身体に潜在する自己〉と考えることができるから、善く生きることを目指す人間にとって課題となるのは、自己と自己との和解ということになる。

企投（計画）と現実の合致、あるいは自己と自己との和解は、リクール哲学の基調をなす問題関心である。我々は第Ⅰ部の以下の部分で、この和解が困難である理由、また困難であるがゆえの帰結をさらに掘り下げていくことになる。そして第Ⅱ部では、困難の理由を念頭に置きつつ、自己と自己との和解に解釈的想像力――フィクション作品を解釈する想像力と物語る想像力――が重要な役割を果たしていることが明らかにされるだろう。

だが、誤解を生まないように言っておくなら、『意志的なもの』の内部にも想像力論は存在しており、想像力は重要な役割を与えられている。それにもかかわらず本書が『意志の哲学』の想像力論を主題化しないのは、そこで想像力に与えられている役割が、『意志の哲学』が描き出す〈善き生の困難〉という問題への対処とは異なるものだからである。

『意志的なもの』の議論によれば、想像力はまず、「身体の原初的な自発性」〔VI 128 一六一〕であり「身体からこみあげてくる欠如と衝動」〔VI 131 一六五〕でしかない「欲求という盲目的体験」〔VI 130 一六四〕に、「対象と手段の認識」〔VI 128 一六四〕を与える働きを担っている。我々は眼前に存在している対象によって欲求が引き起こされる場合、それが何に対する欲求であり、何によって充足されるのかを理解することができる。しかし欲求は、眼前に対象が存在しない場合でも身体から自発的に生じることがある。そうした場合でも、我々はそれが何に対する欲求であり、どうすれば充足されるのかを理解することができ、それに基づいて行為を企投することができるだろう。リクールによれば、このとき欲求に対象と手段の認識を与えてくれるのが想像力である。すなわち「知覚と同じように、想像力も欲求の潜在的な志向性を完成させることができる」〔VI 132 一六六〕。想像力は、盲目的な欲求を動機として理解することを可能にし、欲求と意志作用を媒介する役割を果たすのである。

リクールによれば、かつて実現された満足の経験が、こうした想像力の働きを可能にしている。それゆえ他方で想像力は、欲求の対象を不在の対象として描き出しつつ、対象の現前によって快が獲得されうることを我々に教示する機能を持つ。それは快への期待を生むのである。たとえばリクールは次のように言う。

> 想像力は、それが形象化し、描き出す〔対象の〕不在によって、〔意志を〕誘惑し幻惑するのである。想像力を介して、今度は欲求そのものが、ただ要求するのではなく誘惑し幻惑するようになる。想像された快が欲求から引き抜かれ、それ自体として追求され、量や持続や多様性などの面で果てしなく純化されるようになるのは、この幻惑のせいである。〔VI 138 一七五〕

想像力に関する記述が、否定的なニュアンスを含んでいることに注意する必要がある。そうしたニュアンスが含まれているのは、想像力によって快それ自体を追求する回路が開かれることにより、人間は「自立した至高の目的として仕立て上げられた快」〔VI 139 一七七〕それ自体に惹きつけられることになるからである。その結果、人間の欲望は「生物学的リズム」や「身体的な幸福」から切り離されて無限となり［VI 139 一七六］、人間は「無によってみずからを縛る」［VI 133 一六八］ことになる。つまり人間は「情念」という不自由さに落ち込んでいくことになるのである。(7)

以上のように、『意志の哲学』のなかでは、意志的行為を可能にする根本的な能力として、また人間を過誤に陥らせる危険な能力として想像力は議論に登場している。これに対して、想像力が善き生に関する探求を支える能力として議論に登場することはない。リクールは不在の対象を描き出す想像力の働きの延長線上に、「われわれを〈よそに〉移しかえる」［VI 132 一六七―八］想像力の働きがあることを認めているが、それは「贅沢な想像力」あるいは「美的な想像力」であると言われ、『意志的なもの』の考察の射程からは外されている。本書がむしろ注目するのはこの美的な想像力であり、その倫理的な機能である。それゆえ身体と意志作用を媒介する想像力の働きをさらに掘り下げることは別の機会に譲り、議論を先へと進めることにしたい。(8)

第二章　フロイト論——説明と理解

序　リクール哲学とフロイト精神分析

第一章では、意志的な行為を可能にする人間の熟慮が身体的な非意志的なものへの同意を必要とすること、ただしそれには時間がかかり、人間は行為とその反省を繰り返すなかで熟慮を続けていくことを明らかにした。本章では、身体的な非意志的なもののなかでも「無意識的なもの」を取り上げる。ただし本章で論じられる「無意識的なもの」とはフロイトの精神分析における無意識的なものである。フロイトの精神分析に登場する〈無意識の心的状態〉に対する同意の可能性をめぐって、リクールは倫理的問題と認識論的問題に直面した。本章ではこれらの問題へのリクールの応答を分析し、身体的実存としての人間の善き生や自由に関するリクールの思索をさらに掘り下げていく。

フロイトの精神分析はリクール哲学にとって特権的な地位を占めている。(1) 精神分析をめぐる考察は最初期の『意志的なものと非意志的なもの』（一九五〇年）のうちにすでに見出され、一九六五年には長大なフロイト論である『解釈について――フロイト試論』(以下『試論』)が発表されている。また一九六九年の論文集『諸解釈の葛藤』には五本の精神分析論が含まれているし、死後に公刊が始まった「著作と講演」シリーズの第一集(二〇〇八年)は「精神分析」をテーマとして、一九六六年から一九八八年までのおよそ二十年のあいだに書かれた十本の論文を収録している(2)。フロイトの心の理論や治療実践が長きにわたってリクールの関心を引き続けていたことは疑いようがない。リクールがこれだけの字数と時間を費やした思想家は他に見当たらない。

『意志的なもの』でフロイトの精神分析への参照がなされるのは、次のような文脈においてである。前章で見たように、リクールにとって「倫理とは自己と自己固有の身体との和解、そして自己とあらゆる非意志的な力との和解に他ならない」。身体の作用を把握してそれに同意すること、より具体的にいえば、身体に潜在する自己を理解することを通じて、可能な自己のありようを構想することなしに、人間は善く生きることができない。だがこの自己は不透明で曖昧な存在であり、その理解は容易ではない。〈意志する主体にとって身体としての自己は完全に見通せるものではなく、行為とそれについての反省を繰り返すなかで徐々に理解されていく〉というのが、『意志の哲学』の基本的主張である。こうした主張がフロイト精神分析のそれと通底していることは明らかだろう。フロイトは「自我は自分の家の主人ではない」と述べる一方、「自分のなかへと、自分の深みへと歩みを進め、まずは自分自身をよく知ることだ。そうすればなぜ自分が病気にならざるをえないかを理解し、場合によっては病気にならずに済むかもしれない」[GW-XII 11 五四]と説いている。リクール哲学がフロイト精神分析を参照するのは当然のことと言えるだろう。「和解」の特別な方法を論じた先駆者として、フロイトは『意志的なもの』の議論に登場する。

だが他方でリクールは、フロイトの精神分析に対して批判的な距離を取り続けている。精神分析が身体的な非意志的なものを独自の法則と概念によって解明する専門的な理論であるとして、リクールがその全体を手放しで承認することはない。そこで本章ではリクールのフロイト論をとりあげ、フロイトとの距離を手がかりに「自己の解釈学」に関する分析を進展させることを試みる。

リクールは精神分析との対話を続けるなかで、身体的実存の自己理解をめぐる思索を鍛え上げていった。批判のパースペクティヴは著作ごとに異なっているし、自己理解の問題系に包摂できない精神分析への関心も認められるが、リクールにとってフロイトの精神分析とは、身体的実存の自己理解に関する認識論的探究を行なう場——身体的実存の自己理解はどのような条件のもとで成立するのか、自己の認識と自然の認識はどのように異なるのか、自己理解の真理性はいかにして検証されるのかといった問題を考える場——であったと要約することができる。それゆえリクールのフロイト論を読むことは、おのずと認識論の観点から自己の解釈学の内実を再構成することに結びつく。以下では『意志的なもの』（一九五〇年）、『試論』（一九六五年）、「検証論文」（一九七七年）という三つの著作（時期）ごとに節をわけ、リクールのフロイト論を通時的にたどっていく。再構成の軸となるのは「説明と理解」という主題である。「説明」と「理解」の対比はディルタイ以来の「自然科学」と「精神科学」の対比を引き継ぐものであるが、フロイトの批判的読解を通じて、リクールは人間の自己理解や人生の理解がこの図式を用いてどのように記述されるのかを考え続けた。予告しておくなら、『意志的なもの』では自己理解を「説明」に一本化することへの抵抗が表明され、『試論』では自己理解の「理解」としての側面が強調され、「検証論文」では自己理解における「説明」と「理解」の協働が主張されるという流れになるだろう。

リクールによるフロイト受容というのは、それ自体が多面的かつ複雑であるということもあり、リクール研究において未だ開拓が進んでいない領域である。自己の解釈学との接続を念頭に置きつつフロイト論の概要を把握することの意義は、決して小さくないように思われる。なおフロイトの学説については第四章の二節と三節で詳しく取り上げている。本章の議論はそれだけで独立して読むことができるはずだが、フロイトに親しんでいない読者の場合、先に当該箇所を読んでおくことで本章の理解が容易になるかもしれない。

1 『意志的なもの』における精神分析論

『意志的なもの』で「非意志的なもの」を論じるさい、リクールは「無意識的なもの」に一節（五〇頁程度）を割り当てている。著作全体のなかで「無意識的なもの」に言及がなされるとき、そこには「抑圧」や「性欲動」とは無関係の習慣的行為なども含まれているが、当該の節で主題化されるのはもっぱらフロイトの精神分析である。リクールの精神分析論はここから発展し、深化していった。逆に言えば、この時点での考察はいわば胚のようなもので、いくつかの論点が未分化のまま圧縮されて論じられている。絡まった糸玉のような、という言い方をしてもよいかもしれない。いきおい以下の読解も入り組んで曲折したものとならざるをえないが、段階を踏んで分析を進めていくことにしたい。

（1）「無意識的なものの実在論」への抵抗――「高邁さ」と「自己蔑視」

リクールは節の冒頭部分で「私は精神分析の著作を読むことにより、意識についての狭隘な考え方に囚われているうちは理解することができない事実や過程が存在することを納得させられた。しかし他方で、私はフロイト主義の教義、とりわけこのウィーンの心理学者がその方法論と治療論のために作り上げた無意識的なものの実在論には納得がいかなかった」［VI 470-471 六六六―七］と述べている。この一節が示すように、精神分析に対するリクールの姿勢は両義的であり、矛盾を含んでいるように見える。リクールが反発する「無意識的なものの実在論 réalisme de l'inconscient」に焦点を合わせることにしよう。それはどのようなものであり、なぜリクールはその受け入れに抵抗を示すのか。

主体みずからが選択した動機に基づいて行為が遂行されるとき、その行為は意志的な行為である。フロイトの精神分析が暴露したのは、行為はその主体が考えているのとは異なる動機に基づいて遂行されている場合があるということであった[3]。すなわち、主体は無意識的なものによって行為へと導かれることがある。しかも主体は、無意識的なものがいかなるものであるのかを直接的な反省によって知ることはできず、それを知るためには精神分析という特別な方法（そして分析家という特別な人間）が必要となる。精神分析を経由するまで人間の自己理解は虚偽や誤解を含んでおり、人間に十全な意志的行為は不可能である。

「無意識的なものの実在論」に反対するとき、リクールは以上のような議論を全面的に否認しているわけではない。リクールの批判の矛先は、無意識を「物 chose」に還元してしまうような態度に向けられている。たとえばリクールは次のように言う。

もし無意識なものが純粋に「物」でしかなく、決定論の法則に従っている諸対象と同質の本性を有する「実在」なのだとすれば、意志や自由という上部構造が存在する余地などなくなり、人間は余すところなく決定論の支配下に置かれることになるだろう。フロイト主義者たちは、まさしくそのように人間の心的現象を解釈する。フロイトの全著作は意志と自由に対する猜疑心を漂わせている。［VI 501 七〇八］

引用では、仮に無意識的なものを「物」へと還元することができるとすれば、精神分析は人間から自由を取り上げることになると言われている。なぜか。「物」は「決定論の支配下に置かれる」。それゆえ無意識的なものが「物」であるとすれば、その動きは先行する諸原因によって機械的に決定されることになる。そして無意識的なものが人間を動かしているのだとすれば、人間の行為や意志作用もまた機械的に決定されていることになるだろう。人間の諸活動は意識のあずかり知らないところで既に定められており、人間の意志作用は、そうした因果の過程に随伴するそれ自身は何ら因果上の効力を持たない現象であるか、それ自身の働き方も既に決められていて、実際には選択の余地などないままに特定の行為を選択することを余儀なくされている。したがって人間は自由ではない。

ただ、このとき注意しなければならないのは、リクールは人間についての決定論的で機械論的な説明は不可能であるとか、間違っているとか述べているわけではないということである。リクールは「自由の主観的経験を経験的客観性の次元に翻訳しようとする試みを、後者における諸法則がことごとく打ち負かしてしまうというのは、自然なことであるし当然のことでもある」[VI 30 二四]と述べ、決定論的かつ機械論的な説明の正当性と強力さを認めている。[4] 意志の自発的な働きを考慮に入れず、物理学的な世界観のもとで人間のふるまいを機械論的に説明しようとすること――人間身体を「物」と見なして、その運動を説明しようとすること――それ自体が不当な営みとして批判されているわけではない。

それゆえリクールの批判は、まずは以下のような批判として解釈するべきである。すなわち〈本来、人間の自由を回復させる実践であるはずの精神分析は、無意識的なものを「物」へと還元することにより、人間の自由を否定するという自己矛盾に陥っている〉という批判である。注意深く読むならば、先の引用でもリクールの批判は直接的には「フロイト主義者たち」に向けられていた。フロイトの著作から自由への猜疑心だけを掬い取ったフロイト主義者たちと、フロイトその人は区別する必要があるということなのだろう。より詳しく言えば、フロイトの精神分析には自由を解消する還元的側面と自由を回復する治療的側面の二つの側面があり、両者を切り離してはならない。リクールは、それが自由の回復という「治療的機能」を果たしている限りにおいて、精神分析を承認するという姿勢を示す。「無意識的なもの」の節の末尾では、あらためて次のように言われている。

精神分析が善用されているか、それが限度を超えていないかということは、それが治療において果たしている役割によって決定される。胎内回帰やエディプス・コンプレックスなどの考えが、意識の拡張を妨げていた重荷から意識を解放するのだとすれば、意識がそうした考えを積極的に取り入れたり、自分のために考え出したりするのは善いことである。しかし治療の役割が認められないところでは、フロイト主義は有害な影響を及ぼしうるし、人を下劣にさえする。それはデカルトがいう「高邁さ」の対極としての低劣さや自己蔑視を内包しうる。だから我々は無意識的なものの実在論を拒絶し、そうした状態からみずからを解放しなくてはならなかったのである。［VI 509 七一八］

精神分析の機械論的説明が行為の責任を回避しようとする態度に結びつき、たとえば〈私の行為は自分ではコントロールできない無意識的なものによって引き起こされているから、私にはもうどうしようもない〉といった弁明を生み出すとき、精神分析は善用されていない。人間は改めて無意識的なものに同意し、新たに生を構想することによってみずからの自由を拡張することができるのにもかかわらず、精神分析は人間にそうした自己決定の権利を放棄させてしまっているからである。本来、精神分析は病気と向き合う機会を与えることで人間の意識を拡張し、善き生の実現へと向けて人を前進させる「高邁な」実践でなければならない。「分析家は患者の意識を解きほぐし、その流動性を取り戻させる。精神分析は精神による治癒である。真の分析家は、病んだ意識を振り回す暴君ではなく、回復されるべき自由に奉仕する従僕なのだ」［VI 501 七〇七］。

「無意識的なものの実在論」に対する抵抗を根底において生み出しているのは、精神分析と人間の自由とのあいだの紐帯を緩めまいとするリクールの姿勢であることが明らかとなった。リクールは決定論と人間の自由は両立するという見解に立ちつつ、行為の動機を選択し、生を構想する思惟の働きに人間の自由を見出そうとしている。無意識的なもの（身体的な非意志的なもの）の理解は、熟慮を深め、選択や構想が現実の行為と適合する可能性を高めるという意味で、人間の自由の拡張に結びつくと言うことができる。

とはいえ、精神分析の善用を主張することと、無意識的なものの実在を否定することは同じことではない。精神分析を善用することができるのは、それを悪用する可能性が存在しているからであり、そもそも無意識的なものの実在を認めることなしに、精神分析を善用することも悪用することもできないはずである。だとすると「無意識的なものの実在論」それ自体に抵抗を示すことにより、リクールは批判の的を外してしまっている可能性が浮上する。リクールが批判すべきは「無意識的なものの実在論」ではなく、自由の拡張という本来の目的を忘れた一部のフロイト主義者ということになるからだ。次項で確認するように、リクールは身体を「物」化する医学理論一般に対してその「善用」を要求しているものの、そこではたとえば神経伝達物質の実在に抵抗が表明されているわけではない。このとき、もし「無意識的なものの実在論」に対するリクールの批判が表現の不正確さ以上のものであるとするならば、そこには精神分析という医学的理論に特有の問題が関係していなければならない。そのような特殊性は認められるのだろうか。

目を向けるべきは、フロイトが言う無意識的なものとは、それ自身が場合によっては意識的なものでもありうる欲求や情動や思考などの心の状態にほかならないということである。つまり「無意識的なものの実在論」というのは、心的状態は「物」へと還元できるという見解なのである。より具体的に言うなら、それは〈自分はどのような欲望や情動を抱いているかという本人の自覚なしに、特定の個人において何らかの思考や欲求や情動が成立することは可能であり、そうした無意識の心的状態の力学が人間の行動を引き起こしている以上、それらもまた身体の物質的状態に還元することができるのでなければならない〉という考え方である。たとえばリクールは「無意識的なものの実在論」について、「無意識が欲し、想像し、思考すると認める実在論」［VI 482 六八二］という言い回しを用いている。もしそのようなことが認められるとすれば、そして無意識的な心的状態と意識的な心的状態が心的状態として同一であるとすれば[5]、意識的な心的状態もまた身体の物質的状態に還元することが可能になるだろう。言い換えるなら「無意識的なものの実在論」を認めるとき、精神分析を善用する可能性そのものが掘り崩されてしまうのである。おそらくこうした事情が「無意識的なものの実在論」それ自体に対するリクールの抵抗を生み出している。以上をふまえ、本節二項では身体を「物」化する医学的理論の善用をめぐる議論を確認し、本節三項で心的状態の「物」化に対するリクールの応答を取り上げることにしたい。

（2）還元と治療——医療としての精神分析

リクールは「無意識的なもの」の節を次のような文章で閉じている。

曖昧で昏いものに、あるいはいつでも恐るべきものへと転じうる隠されたものに同意する必要がある。しかしその同意は、決意する精神との逆説的な結びつきを保持していなければならない。

［VI 512 七二三］

「曖昧で昏い obscur」ことと「隠されている caché」ことは同じではない。人間の心的状態が曖昧であるとは、心的状態の理解は確定的ではなく、つねに修正される可能性があること、たとえば行為主体が自覚しているところの欲求が本当の欲求を正確に言い当てていない場合もあるということを指す。これに対し「隠されている」とは、ある心的概念がどのような状況におけるどのようなふるまいに対して用いられるのかを学んだとしても、それだけではいつになっても人間の心的状態を理解することはできないということを意味している。そしてその把握のためには精神分析という独自の自然主義的理論を経由しなければならない。これまで我々は、精神分析によって人間の自由が霧消してしまうのではないかというリクールの危惧を取り上げてきたが、いま引用の「恐るべきもの」という表現に、あらためてその危惧を確認することができるだろう。だが引用の終わりでリクールが認めているように、逆説的なことではあるが、身体的実存としての人間はそうした危険を冒すことよって自由を拡張することもできる。(6) リクールは次のようにも述べている。

〈私〉自身がふたたび〈私〉の主人になるためには、他者が私を客体として、すなわち因果説明の場として扱い、私の意識そのものを徴候として、無意識の諸力〔が生み出した〕〈結果－徴標〉としてとらえる必要があるのだ。

［VI 481-2 六八一］

「物」としての身体を他者に委ねることで自己の自由が拡大するという逆説。ただ、こうした逆説は精神分析にのみ認められるわけではない。治療的な実践を通じて、我々は日常的にこのような逆説に出会っている。たとえば会議のときに居眠りをしないようにコーヒーを飲むとか、不眠で仕事に集中できず、イライラしてばかりいるから睡眠導入剤を飲むことにするとか、脳の腫瘍のせいで記憶力が低下しているから手術で切除するなど、我々はみずからの生をより善いものにするべく、医学や生理学の知識を援用して「物」としての身体に日々介入している。これらの専門的知識がなければ、身体的な非意志的なものの作用は我々には隠されたままだろう。医療とは人間身体の機能を修復・改善する実践であり、そのさい身体を「物」へと還元して、その運動や変化を機械的に説明・予測する。こうした実践において「病気の身体というのは修理されるべき機械のようなもの」であり、「疲労や眠気や苦痛が身体を物の支配下に置く」［VI 435-6 六一七］。それゆえ我々はすでにつねに「物」化による自由の減衰の圧力にさらされているのであり、リクールによれば我々はこうしたなかで「客観性の目眩 vertige de l'objectivité」に襲われる。それは「人間の全面的な客体化」を通じて「私が自分自身の身体に対して負っている責任を放棄することへの誘惑」［VI 435 六一七］である。「物」への還元とそれに伴う「高邁さ」からの転落は、精神分析に固有の問題というわけではない。それは医療という、身体を客体化する専門知を参照することに伴う一般的な問題である。

『意志的なもの』という著作、とりわけ「無意識的なもの」の節が含まれるその第三部「同意」の議論が、こうした緊張関係を念頭に置きながら展開していることを指摘しておくべきだろう。それは「身体的必然性 nécessité corporelle」［VI 429 六〇七］に同意することなしに人間は自由になりえないが、身体的必然性に同意することは身体に関する決定論的で機械論的な説明を承認することであり、自由の消去を招来しかねないという緊張関係である。このときリクールは自然主義が意志作用抜きで人間のふるまいを説明しようとしていることを認めつつ、自身はあくまで人間の自由（意志作用）を前提としたうえで、身体的必然性への同意がどのような意味を持っているのかを記述しようとする。リクールが述べているのは「同意とは責任をとること、身に引き受けること、みずからのものにすること」［VI 435 六一〇］であり、単なる「必然性についての認識」［VI 431 六一一］や「避けられぬものについての思弁的な考察」［VI 435 六一七］からは区別されなければならないということである。これは裏を返せば、我々はみずからの意志的行為とのつながりが理解されている限りで、あるいはみずからの人生構想と何らかの関係を有している限りで、非意志的なものに対して同意することができる（ミトコンドリアＤＮＡや木星の衛星の運動に同意することはできない）ということでもあるだろう。身体的必然性の肯定が同意として成立するのは、善き生を構想し、みずからのなすべきことを選択するという過程のなかで、その肯定に何らかの効力をもたせようとする場合である。

以上をふまえるなら、精神分析に対するリクールの危惧は二重のものであることがわかる。第一に、精神分析は医療の一種であり、分析家は医者の一種である。それは人間を一時的に「物」へと還元することにより、意識には直接アクセスすることができない身体的な非意志的なものを明るみに出し、あらためて主体がそれに同意したり対処したりすることを可能にする。ただし人間はその過程において、「客観性の目眩」ゆえに「高邁さ」を失ってしまう危険性がある。第二に、精神分析の場合、そこでは心的状態そのものが「物」へと還元されてしまう。意識的か無意識的かを問わず、人間は心的状態の力学によって動かされていることにされるのである。その結果、意識による自己決定という契機は抹消され、意志作用は因果的効力を失うか、原因によってその働き方を決定されていると考えられるようになる。この点で、精神分析において「客観性の目眩」はより強烈であり、「善用」はたやすく「自己蔑視」に転落する。正確には、高邁さか自己蔑視かを選ぶ自由が人間から失われてしまうことになる。

（３）質料と形相の同一説

次の引用でリクールは「形相 forme」と「質料 matière」という対概念を用いて説明を行なっているが、この場合の「質料」を「物」と同義と解しても問題はないだろう。

> 意識の作用を抽象的な仕方で分解することによってのみ、意識のなかで隠されているものに居場所を与える

ことができるのではないだろうか。あらゆる思念を、形相ないし意識的な志向と、情動や記憶の質料に区別することによってこの分解は遂行される。〔……〕「形相」は質料を生気づけ、それに真の意味を与えるが、質料が「形相」から分離するとき、我々はこの質料を無意識的と呼ぶことができるだろう。しかし質料そのものの実体が存在するわけではない。というのも、つねに質料は――たとえば夢や神経症の症状など――それはそれで明白な意味を持つ何か別の「形相」のうちに身を隠しているからである。　［VI 490-1 六九四］

「形相」は「意味」と言い換えることができ、引用で言われているのは、質料を形相＝意味のもとに包摂することにより――それを〈何かとして〉知覚することにより――、我々はみずからに特定の心的状態を帰属させているということである。他方の「質料」について、リクールは積極的な規定を与えておらず、意味付与の根拠となる身体由来の「ある何ものか」、「印象」という言い換えで済ませている。とりあえず身体の物質的状態ないし生理的状態として、あるいはそれらが意識にあがってきたときの主観的な感じとして理解しておくことにしよう。このとき心的状態の「曖昧さ」は、質料が「終わりのない解釈に耐えうるような無尽蔵性、無限の潜在性」［VI 491 六九四］を有しているがゆえに生じる。ここには心身の連関をめぐる重要な現象学的問題が横たわっていると思われるのだが[7]、目下の分析にとってまず目を向けるべきは、質料と形相の対応関係である。無意識的なものが「物」として実在するとは、欲求や情動が無意識に追いやられて形相から切り離されたとき、それらが質料の次元で心的状態としての固有性を保持しながら潜在し続けているということを意味するのではないか。すなわち、それは質料と形相は一対一対応している（質料から形相を同定することができる）という考え方であり、質料の次元での心的状態の力学によって意志作用や行為を説明することができると考えるのが「無意識的なものの実在論」である。

「無意識的なものの実在論」を拒否するというのであれば、最終的にリクールはこうした形相と質料の同一説を論駁する必要があるだろう。形相は質料に還元できないこと、言い換えれば、意味（形相）の世界の変動を「物」（質料）の世界の変動によって説明したり予測したりすることはできないことを示さなければならない。だが『意志的なもの』にはそのような議論は認められない。先の引用でリクールが指摘しているのは、〈現在の患者の身体を観察ないし測定してみたところで、無意識の心的状態に対応する質料をそれ本来のすがたで把捉することはできない〉ということである。いま患者は神経症の症状に苦しんでいるが、症状は症状でそれに対応する質料を伴っており、その質料と無意識の心的状態の質料は同じものではない。症状は結果であり、無意識の心的状態は症状を生み出した原因である。つまりある心的状態の質料は、葛藤および妥協形成という力学的過程を通じて他の質料と組み合わさり、症状という形相に対応する質料へと姿を変えてしまっている。先の引用でリクールが「身を隠す」という表現を用いているのは、こうした変容を言い表すためだろう(8)。

無意識の心的状態を質料としてそのまま観察することはできず、それが本当に質料として存在しているのかどうかを確認できないというのは一種の不可知論である。だが不可知論によって「無意識的なものの実在論」は肯定もされなければ否定もされない。それどころか、観察不可能であるとしてもその実在が認められる場合もある。次の引用では、観察不可能でありながらもその実在が認められている別の「物」を引き合いに出すことにより、無意識の心的状態の実在が承認されているように思われる（ただしこれはリクールが積極的に提唱している考え方ではない）。

> 無意識的なものという考え方が持っている説明能力は、イオンや電子に関する物理学の仮説が持っている説明能力に比せられる。そしてこの説明能力に、無意識的なものの仮説が実践において成功を収めているという事実が加担する。すなわち精神分析は診断の技術にとどまるものではなく、回復の技術でもあり、治療が成功することは、実践上の成果の総体によって理論を確証することに等しい。 [VI 483 六八三]

無意識的なものがイオンや電子などの理論的存在者と並置されている。直接に観察することはできないものの、物理学の理論はイオンや電子という概念に定義を与え、それらの概念を駆使して自然現象を説明する。またそれらの存在を前提として現実に介入し、予想通りの変化を引き起こすこともできる。それゆえイオンや電子はその実在が認められている。同様に精神分析も「無意識」や「抑圧」という概念をもちいて人間の心身の動きを説明することができ、患者の神経症の治療を達成することができる。だとすれば、精神分析を科学的理論として認めることに問題はないし、無意識的なものの実在も認められてしかるべきである。引用に含まれているのはこうした議論であろう。

『試論』になると、リクールは〈治癒の達成は必ずしも無意識的なものの実在を確証するわけではない〉という科学哲学由来の精神分析批判を取り上げるようになる。だが『意志的なもの』のリクールは、まだそうした批判には出会っておらず、むしろ治癒の成功は理論の正当性を裏づけるものとして理解されているようである。それゆえ『意志的なもの』のリクールは、精神分析の科学的理論としての正当性を否定するには至っておらず、同時に人間の心的状態の「物」への還元可能性も棄却されないままにとどまっている。リクールは上記の引用の直後に、「自己蔑視」に陥ることなく「高邁さ」を保持するべきであるという倫理的主張を繰り返しているのだが、そのことはリクールが形相と質料の同一説を正面から論駁できていないことを示唆しているように思われる。

もし、そのまま形相と質料の同一性が認められ、無意識の心的状態、ひいては心的状態一般が「物」に還元できるのだとすれば、次のことが帰結するだろう。『意志的なもの』のリクールは、決定論が正しいとしても、人間の自由の成立する余地はあると考えている。たとえ原因によって決定されていない自発的な行動がありえないのだとしても、行為主体が熟慮し、選択した動機に基づいて実際に行為が遂行されているなら、そのとき行為主体は自由であると評価することができるからだ。またこのように考えるとき、自己決定や自発性としての自由という理解が消滅しているわけではない。というのも、人間の「心」はみずからの能力や身体的な非意志的なものの作用を理解し、それらと適合するような構想や計画を選択することができると考えられているからである。思惟の作用は原因によって決定されておらず、自発的で自律的であり、自分がいかなる動機に基づいて行為するかを自分で決めることができる。その選択に失敗すれば目的は達成されず、行為主体は自由に行為できなかったことになるが、次は同じ失敗をしないように別の動機や計画を選択することができるのである。ところが精神分析の「無意識的なものの実在論」に従うなら、行為主体が何を考え、何を選択するかは、質料＝「物」の次元で機械的に決定されており、主体が別の動機を選択する可能性は存在していないことになる。すなわち決定論と人間の自由は両立しないことになるのである。

(4)「動機」と「原因」——精神分析の混淆的な語り

「無意識的なものの実在論」を前にしたリクールの反発を、「客観性の目眩」によって「高邁さ」が失われてしまうことへの倫理的な反発として説明してきた。この反発と連動しつつ、『意志的なもの』の精神分析論では、それとは別の反発も表明されている。それは認識論的な反発である。この反発もまた、精神分析が心的状態を「物」化していることに起因しているのだが、『試論』以降の精神分析論とのつながりを把握するうえで重要な意味を持つから、最後にこの点について論じておくことにしよう。

自然の出来事を語る場合と人間の意志的な行為を語る場合とでは、語りの方式（言語ゲーム）が異なっているとされる。哲学史において両者の相違は、「説明」と「理解」の相違、あるいは「原因」と「理由（動機）」の相違として論じられてきた。リクールはこの対比に基づいて精神分析の語りの特殊性を指摘しようとしているが、「原因」と「理由（動機）」の対比はとりあえず以下のように図式化される。

動機とは主体を動かす力を持った心の状態であるが、それは主体の行為を決定するものではない。決定権はあくまで主体の側にある。すなわち動機とは、特定の行為を遂行する目的として主体によって選択されるものであり、選択された限りにおいて主体を動かす。（第一章でも見たように）「動機は、意志が意志自身をそれに基礎づける場合にのみその意志を基礎づけ、意志が意志みずからを決定する限りにおいてその意志を決定する」［VI 95–117］のである。それゆえ「動機」であれ「目的」であれ、それらの概念を用いた行為についての語りは、自分で自分のことを決められる自律した主体と、それに固有のパースペクティヴをつねに伴っていなければならない。意志する主体はさまざまな非意志的なものの働きかけを受けるなか、それらを知覚し、評価し、動機として選択する。それは主体の「心」が行なうことであり、人間のふるまいを行為としてとらえることは、それらを「心」との関わりのなかで把握することである。だから行為を理解するさい、我々は行為主体が何を知覚し[9]、どのように考え、どのような取捨選択をしたのかを把握しようとつとめる。他者の立場になって、その「心」の働きを再構成すると言ってもよい。リクールが「非意志的なものと意志的なものの関係を理解するためには、一人称としてとらえられたコギトが自然主義的態度からつねに取り戻されている必要がある」［VI 26 一八］と言うとき、そこではおよそ以上のようなことが考えられているはずである。

これに対し、固有のパースペクティヴを持ち、自己決定する心（コギト）の働きを前提しないのが、自然の出来事についての語りである。そこでは決定論的な想定のもと、「物」の運動や変化が諸原因の作用によって機械的に説明される。諸々の作用は客観的かつ量的に表現され、作用を独自の仕方で知覚し、評価する視点を想定することなしに説明が行なわれる。またそこでは、計算能力や測定能力の限界という問題さえクリアできるならば、現在の物理的状態に関するデータと自然法則に基づき、未来の状態や過去の状態を確定することができると考えられている。物事の進展を分岐させることができるような自発的な選択の契機は認められていない。こうした機械論的説明は人間のふるまいにも適用可能であり、そこでは人間の「心」の働きは捨象されるか還元され、たとえば神経伝達物質の作用によって身体状態の変化が説明されることになる。

一般に、またリクールが考えるに、これら二つの語りは一方を他方へと書き換えることができるような関係には立っていない。行為について語るなら決定論的な態度を持ち込むことはできないし、機械論的説明を試みるなら心の自律的な働きを前提することはできなくなる。ところがフロイトの精神分析は心的状態を機械論的説明のなかで用いる。リクールは精神分析がそうした混淆的な語りと相即不離の関係にあることを指摘して次のように述べている。

諸々の傍証を積み重ね、傍証の収斂を通じて隠れた原因へと向かうというのが精神分析の方法である。こうした見地を採用しさえすれば、心的現象を葛藤の拠点として、すなわち〔心の〕諸力が相互に対立し、抑制しあう拠点としてとらえることが可能となる。抑圧とは、この心的諸力の交錯という根本的な現象が最も顕著に認められるケースである。さらに言えば、心的諸力のうちのあるものを無意識のものとしてとらえること、つまり心的な力を〔意識に〕知られることなく作用するものとしてとらえることも等しく可能となる。もしこうした「自然主義的」ないし「因果論的」な視点を採用しないとすれば、精神分析的方法なるものが実践不可能となることは論を俟たない。それらの視点は分析における作業仮説そのものである。このことは最大限の注意を要する。すなわち「自然主義的」ないし「因果論的」な見方というのは、学説の〔内容の〕一部をなすのではなく、分析の方法それ自体を構成しているものなのである。これは生物学が身体を対象とする限りで生物学という〔固有の〕学として存立可能になるのと同じことだ。したがって我々は、ある見方とある方法を採用する限りで現出してくる諸事実と向き合っているのである。

[VI 477-8 六七六]

不自由を生み出している隠された原因の発見とそれへの介入は、医療的実践に共通のものである。だが精神分析の場合、それが取り上げる「物」が心的状態であることが他の医学にはないその特殊性を構成している。決定論の見地から心的状態を因果説明の説明項に用いることによってはじめて、精神分析という固有の医学が存立可能となるのである。たとえば〈意識化できないトラウマ的体験の記憶が無意識の情動を引き起こし、それが身体症状に転換する〉とか、〈自我欲動と性欲動の葛藤の結果、両者の妥協形成によって症状が生じる〉といった説明がそれにあたるだろう。ほかにもフロイトは「備給」、「固着」、「退行」などの概念を駆使しつつ、心的状態を説明項にして、症状や逸脱や夢の発生を機械的に説明してみせる。精神分析においては、心的状態がコギトによる自己決定という契機を欠いたまま、人間の行為の説明に用いられるのである。リクールは無意識的なものが人間を動かすことを「非意識的な動機づけ」と呼んでいるが、これは「動機は、意志が意志みずからを決定する限りにおいてその意志を決定する」という元々の定義からすれば、奇形的な表現であると言わざるをえないだろう。またリクールは、原因としての役割を与えられる心的状態について、それは「物理的自然のようなもの」であると言い、心的状態を利用した機械論的説明については「準－物理学的言語」などと呼んでいる［VI 498 七〇四］。これも曖昧な表現であるが、こうした「説明」と「理解」の二分法に収まらない表現を用いざるを得なくなるところに、我々はリクールの戸惑いを見てとることができるように思われる。

精神分析の特殊な説明方式は心的状態の「物」化と表裏一体であり、それは根本において形相と質料の同一説に支えられている。認識論的な文脈において「無意識的なものの実在論」がもたらす帰結は次のようなものになるだろう。「理解」とは特定の動機を採用した心の働きを再構成する作業であり、行為主体がいかなる熟慮に基づいて、どのような動機を選択したのかを明らかにする。このとき「無意識的なものの実在論」は、現実にその動機によって行為が引き起こされたのかどうかを「物」の次元で検証することができると主張するだろう。また動機の解明が正しかったとして、「無意識的なものの実在論」は、どうして人間の心がそのような働き方をしたのかをさらに遡って説明することができると主張するはずである。したがって、人間の心の働き方をより根本的に解明することができるのは「理解」ではなく「説明」であり、「理解」は「説明」へと還元されることになる。「無意識的なものの実在論」へのリクールの反発には、こうした帰結も関係しているはずである。

なお誤解のないように、また今後の議論のために整理しておくなら、現在の文脈において「説明」とは決定論的な想定のもとでの機械論的説明を指している。そしてリクールはこうした「説明」を「原因」と結びつけ、「理解」と「動機（理由）」の組み合わせと対比させている。しかし決定論的な想定のもとでの機械論的説明と、因果説明は必ずしも同じものではないことに注意する必要があるだろう。言い換えるなら、心的状態を因果説明の説明項に登場させることができるかどうかは、因果説明をどのようにとらえるかによって変わってくるのであり、たとえば因果性を反事実条件的依存性としてとらえ、因果説明の項に関しては存在論的な制約を設けないという立場もありうる。この場合、決定論を受け入れるかどうかにかかわらず、心的状態を因果説明の説明項に用いることが認められるようになるはずである。

この点に関して『意志的なもの』のリクールは、因果説明を決定論的かつ機械論的な説明とみなし、「物」だけが因果説明の説明項に登場することができると考えている（こうした見方はリクールだけに限らず、しばしば見られるものであると思う）。これにより「理解」と「説明」は水と油の関係に立つものとみなされるようになり、リクールは心的状態を原因としてとらえるという観点を採用することができなくなった。ところが七〇年以降になると、リクールは「説明」と「理解」の協働を主張するようになる。これはまさしくリクールが上記のようなとらえ方をやめることによって可能となったアイデアである。我々はこの点を本章第三節でとりあげることになるだろう。筆者の見立てでは、リクールの「説明」概念とその変化を整理する上で重要な役割を果たすのがマックス・ウェーバーのメタ歴史学であり、そのメタ歴史学については次節（第二節）でとりあげる。

以上、「無意識的なものの実在論」に対するリクールの反発を確認してきた。リクールは端々で違和感を表明しているが、その内容は心的状態は意識的でなければならないという持説の繰り返しにとどまっており、違和感は最終的に「高邁さ」の保持という倫理的主張へと横滑りしていく。リクール自身がみずからの応答に「微妙で、脆い」[VI 498 七〇四]、「苦しく、不確実」[VI 501 七〇八] といった表現を付け加えていることを考えてみても、『意志的なもの』では「無意識的なものの実在論」の反駁は成し遂げられていないと考えてよいだろう。[10] 本書では、これ以上その「おぼつかない」批判を詳しく検討するのは控えておくことにしたい。「無意識的なものの実在論」を乗り越えるためには、いずれにせよ心的状態の理解（意味の付与）に関する詳しい考察が必要であり、そうした主題が登場するのは『試論』においてである。しかもそこでは精神分析の科学的理論としての正当性が疑問に付され、それに伴って「無意識的なものの実在論」は精神分析論の中心的問題ではなくなっている。このあたりで『意志的なもの』を離れ、『試論』へと分析の場を移すことにしよう。

2 『試論』における精神分析論

一九六五年に公刊された『解釈について――フロイト試論』は、フランス語にして六〇〇頁程ある浩瀚な書物であり、全篇にわたってフロイトの精神分析が扱われている。著作の半分（第二篇）はフロイトの精神分析を通時的に概観する作業に充てられており、残りの半分（第一篇、第三篇）において、リクールはみずからの関心に引きつけて精神分析を論じている。基本的にこの関心というのは自己理解の認識論への関心ということになるが、本節ではリクール自身の見解を明らかにすることに主眼をおいて精神分析論の再構成を試みる。リクール版の精神分析ダイジェストにも注意を向け、リクールが「死の欲動」や「エディプス・コンプレックス」などの概念をどのように理解・評価しているのか、またその理解・評価は他の思想家たちとどのように異なっているのかを明らかにすることはそれ自体で重要な作業ではあるが、紙幅と能力の都合上ここでは断念せざるをえない。本節が扱うのは『試論』という著作のごく一部である。

『意志的なもの』で問題になったのは、精神分析における心的状態の「物」化であり、リクールは「高邁さ」という倫理的観点と、「動機」と「原因」の区別という認識論的観点から、精神分析に対する抵抗を表明していた。二つの観点は『試論』にも引き継がれているが、どちらかといえば倫理の問題は後景に退き、認識論に焦点が合わさっている。また『試論』では、①「始源論と目的論の弁証法」という定式化、②精神分析の「観察科学」としての身分の否定、③精神分析の解釈学的性格の強調、④「転移」という「技術」への注目といった論点が新たに登場している。順を追って見ていくことにしよう。

(1) 始源論と目的論の弁証法

『試論』の序において、フロイトはマルクスおよびニーチェと並べられている。三者に共通して見出されるのは

「意識を全体として『虚偽』意識とみなそうとする決意」であり、彼らはデカルト的な「事物についての疑い」から「意識についての疑い」へと懐疑の歩みを進めたと言われる［DI 43 三八］。つまり彼らは、存在は意識にとって不透明であり、我々の自己理解はつねに誤解や幻想を含んでいることを暴き立てた。三者はそれぞれの仕方で、主体を動かしているのが主体自身ではないこと、自由意志なるものが虚構にすぎないことを明らかにしたのである。

リクールはこうした「懐疑の解釈学」に「意味を回復させる解釈学」を対置し、自己の解釈学はこれら二つの解釈学の葛藤によって構成されると主張する。すなわち自己をよりよく理解するためには懐疑の解釈学の媒介が必要であり、懐疑が生じるとき、既にそこには真理や善き生へのコミットメントが認められる。フロイトについても「フロイトが求めるのは、疎外されていた意味をみずからのものとすることによって、被分析者がみずからの意識野を拡大し、より善く生きることができるようになること、そして少し自由になり、可能であれば少し幸福になることである」［DI 45 四〇］と言われ、精神分析が懐疑のための懐疑ではないことが指摘されている。二つの解釈学の弁証法的関係は、著作の後半では「始源論と目的論の弁証法 dialectique de l'archéologie et de la téléologie」として定式化されることになるが、『意志的なもの』で言われた精神分析の還元的側面が始源論に、治療的側面が目的論に対応すると考えることができる。目的論と弁証法的関係に置かれている限りにおいて始源論を肯定するというのも、『意志的なもの』から引き継がれている基本的姿勢である。

（2）精神分析は観察科学ではない

『試論』のリクールは、「精神分析は科学理論としてのもっとも基本的な要件さえ満たしていない」［DI 364 三八二］という科学哲学者たちの主張を取り上げつつ、「精神分析に対するこうした攻撃に対して、精神分析を観察科学の一種として位置づけようと目論むなら、抗弁の余地はないように思われる」［DI 366 三八三］と結論づけている。精神分析の説明は、複数の人間による、標準化されたデータに基づいた経験的検証を受けつけない。また

『意志的なもの』では治療効果が無意識的なものの実在の確証に結びつくと考えられていたが、『試論』ではこの点にも疑いの目が向けられるようになっている。アーネスト・ネーゲルの論考の要約として、リクールは次のように述べている。

いかなる条件において解釈は妥当なのか。整合しているからなのか、患者が受け入れるからなのか、患者に治癒をもたらすからなのか。しかし、その解釈はまず客観性を有していなければならないだろう。そして客観性のためには、入念に標準化された状況で集められた同一の研究材料に、複数の独立した研究者がアクセスできる必要がある。また競合する諸解釈を裁定する客観的手続きが存在していなければならないし、解釈は検証可能な予測を生み出すことができるのでなければならない。ところが、精神分析はこうした諸要件を満たすことができるような状態にはないのである。その材料は、分析家と被分析者とのあいだの特異な関係と切り離すことができない。比較の手続きや統計的調査が欠落しているために、解釈者の解釈によって事実が歪められているのではないかという疑いを取り除くことができない。そして治療効果に関する分析家の主張は、最も基本的な検証のルールも満たしていない。「以前－以後」というタイプの調査によって、回復率を厳密な仕方で確定できていないし、そもそも回復を定義することもできていない。精神分析による治療効果は、他の研究や治療法による効果と比較することができないし、自然治癒による回復率とさえ比較することができない。こうした理由で、治療の成功という基準は利用できないのである。 [DI 365 三八二―三]

科学的理論としての精神分析の問題点が多角的に指摘されているが、リクールはこうした批判を不当なものとは考えていない。『試論』では精神分析の自然科学としての身分が否定され[11]、同時に「無意識的なものの実在論」も喫緊の問題ではなくなっていると言えるだろう（ただし形相と質料の同一説そのものはまだ否定されていない）。だが他方で、〈治療効果は因果説明の正当性を保証しない〉という批判によって自然科学としての身分を否定されることは、精神分析にとって深刻な問題を引き起こす。症状に苦しむ患者がなぜ精神分析家のもとを訪れるべきであるのか、その理由を説明することができなくなるからである。それは理論的探求や治療実践を続けていく根拠が消失することに等しい。しかし、だとすればなぜリクールは精神分析を論じ続けるのか。とりあえず明らかなのは、リクールにとって、正当な自然科学として認められないことが、ただちに精神分析の死を意味するわけではないということである。むしろリクールは「無意識的なものを解釈学的編成へと即座に組み入れること」［DI 460 四八四］により、精神分析の解釈学的再構成を試みようとする。その内実を明らかにすることが、本節の読解の目標となるだろう。

まず注意しておくべきは、解釈学的再構成の試みにおいて、〈精神分析は機械論的な説明を経由することによって逆説的に人間の自由を拡張する〉ということを、リクールが忘れ去っているわけではないということである。実際リクールは、「動機と原因の純粋で単純な対比が、フロイト的語りによって提起された問題を解決することはない」、「それは動機－原因の二分法の外部にある混淆的な語りなのである」［DI 383 三九七］と指摘している。確かに『試論』では機械論や決定論といった言葉はあまり用いられず、次の引用に見られるように「エネルギー論 énergétique」という語が頻繁に用いられるようになっている。だがそのことはリクールが因果説明なしで解釈学的再構成を行おうとしていることを意味するわけではない。

> フロイトの著作ははじめから混淆的な語りとして、つまり両義的な語りとして現れている。一方ではエネルギー論に属する力の葛藤を語り、他方では解釈学に属する意味の関係を語るのだ。この目に見える両義性にはきちんとした根拠があること、混淆的な語りであることが精神分析の存在理由であること、私としてはこれらのことを証示したいと思う。［DI 77 七五］

こうした用語変更の背後には、心的状態のあいだの「力学」に関する説明にも用いることができ、また新たに注意が向けられるようになった「転移」に関する説明にも用いることができる言葉が必要になったという事情が関わっているように思われる。また、もしかするとそこには、正当な自然科学としての身分を失ったため、精神分析の説明を〈因果説明＝物理学的説明〉とは同一視しにくくなったという事情も関係しているのかもしれない。だがいずれにせよ、リクールは精神分析が身体的な非意志的なものに関する機械論的説明を経由する専門知であることを否定してはいないのである。瑣末な点に拘泥しているという印象を抱く向きもあろうかと思うが、この点はしばしば誤解され、批判を引き寄せているだけに強調しておく必要がある。[12] 以上の点を確認したうえで、項をあらためて解釈学的再構成についてより詳しく見ていくことにしよう。

(3) 精神分析と歴史学――ウェーバーのメタ歴史学との距離

『意志的なもの』で主題化された「説明」と「理解」の対比は『試論』にも引き継がれている。『意志的なもの』では、決定論的な想定のもとで心的状態を機械論的説明に用いる精神分析の語りの特殊性と、それに対する違和感が表明されていたが、あらたに『試論』では、精神分析と「理解」の実践との本質的なつながりが指摘されるようになっている。それは精神分析が基本的に人間の行為を合理性の観点から把握する実践であること、すなわち人間のふるまいの動機や理由を把握し、行為を目的‐手段連関に定位しようとする営為であることを意味している。そしてそのことを主張するさい、リクールは精神分析と「歴史学」との共通性を指摘する。たとえば「精神分析は観察科学ではない。なぜなら精神分析は一つの解釈であり、それは心理学よりもむしろ歴史学に比せられるべきなのである」[DI 364 三八二]、「分析経験は自然の説明よりも歴史の理解の方によく似ている」[DI 394 四〇六]、「精神分析の理論は、遺伝子理論や気体理論とではなく、歴史的動機づけの理論と比較すべきである」[DI 395 四〇七]などと言われるようになっている。

これらの記述から、「理解」という実践を哲学的に考えるうえで歴史学が重要なモデルになっていることがわかる。異なる時代、異なる社会に生きた人間たちが、いかなる動機や目的に基づいて活動していたのかを明らかにすることが歴史学の課題であるとすれば、精神分析もまた、その動機や目的が明白ではない活動について、その目的－手段連関を明らかにすることを課題としているということだろう。さらに歴史学との比較には、人間行為の目的－手段連関は多様かつ可変的であり、時代や社会が変わればそれらも変わってくるという認識が関わっているものと推測される。リクールは、自己についての具体的な理解は「それを客観化する表象、行為、作品、制度、史料によって媒介されなければならない」［DI 53-4 五〇］、「反省は、文化の世界に散逸している自身の記号を解読することによってみずからを取り戻さなければならない」［DI 57 五四］と述べている。人間の行為の理解は、人々がそこに埋め込まれている文化や社会を離れては与えられることがなく、その理解のためには文化や社会の全体を理解することが求められる。歴史学への言及には、そうした事態を指摘する意図が込められているはずである。

だが目的－手段連関の再構築という点で共通するのだとしても、上記の説明だけでは、精神分析は歴史学の方により似ていると言われる理由が十分に明らかにされていない。精神分析は因果説明を用いる点で自然科学にも似ており、文化内在的に目的－手段連関を解明する点で歴史学にも似ているということなら、後者の方により似ていると考える必然性は認められないだろう。それは単に、たとえエネルギー論的側面を持つとしても、精神分析を真正の自然科学として認めることはできないから、消極的な意味でそのように言われるということなのだろうか。あるいはそこには深い事情、たとえば歴史学もまた「混淆的な語り」を必要とするがゆえに、精神分析と歴史学にはさらなる共通性が認められるといった事情があるのだろうか。問いの答えを得るためには、リクールの歴史学理解を掘り下げる必要があるだろう。リクールの歴史学理解を把握するうえで手がかりとなりうるのは、次の一節である。

［マックス・ウェーバーによれば］〈典型〉とは特異なものに関する理解を可能にする知的な道具立てである。それ固有の領域において〈典型〉が果たしている役割を、観察科学における法則の役割と比較することは

できるが、〈典型〉の役割を法則の役割に還元することはできない。歴史学を科学と呼ぶことができるのは、自然科学において規則性が理解を与えてくれるように、歴史科学においては〈典型〉が理解を与えてくれるからである。しかし、歴史科学の問題領域と自然科学の問題領域は一致しない。精神分析における解釈の妥当性は、歴史学的解釈もしくは注釈学的解釈の妥当性と同じ種類の問題を招来する。

[DI 394 四〇六―七]

自然科学は不変的かつ普遍的な法則を探求し、その法則を利用して因果関係を説明する。歴史学もなぜそのような行為がなされたのかを明らかにしようとするが、引用ではそのさいに用いられるのが「典型」であると言われている。また引用では、因果説明の真偽は経験的検証が可能であるが、「典型」による行為理解（歴史的解釈）の妥当性は自然科学とは異なる仕方で検証されると言われ、精神分析の解釈は歴史学の解釈と同じ検証基準に従うと主張されている。このように言われると、当然「典型」の機能についてのより具体的な説明を期待するところであるが、実は『試論』において、リクールは解釈と「典型」の関係や、解釈の検証基準についてこれ以上の詳しい解説を与えているわけではない。とはいえ、行きがかり上これで議論を終えるわけにもいかないだろう。リクールの言わんとするところを復元するべく、「典型」概念が登場するウェーバーのテクストに直接当たってみることにしたい。

ウェーバーは一九〇四年の「社会科学と社会政策にかかわる認識の「客観性」」（「客観性論文」）で「理念型」の概念を定式化し、その後いくつかの論文のなかで「理念型」に関する議論を修正し、発展させている。[13]ウェーバーは「法則」と「典型」の対比をふまえつつ、自然科学の「法則」に対して、歴史科学や文化科学における固有の認識を可能にする手段として「理念型」を持ち出す。引用でリクールが言及している「典型」というのは、「理念型」を指すと考えて間違いない。ここでは一九一三年の論文「理解社会学のカテゴリー」（「カテゴリー論文」）をもとに、「理念型」概念に支えられたウェーバーのメタ歴史学を確認してみることにしよう。「カテゴリー論文」には次のような記述がある。

理解社会学にとって、「心理学」との関係は個々の場合でそれぞれ事情を異にしている。①客観的整合合理性 objektive Richtigkeitsrationalität は経験的行為に対する理念型として機能し、②目的合理性 Zweckrationalität は心理学的な意味で理解可能なものに対する理念型として機能し、③意味的に理解しうるものは理解不能な仕方で動機づけられた行為に対する理念型として機能する。これら理念型との比較を通じて、因果的に有意な非合理性（それぞれの場合でこの語の意味は異なっているが）が因果帰属という目的のために突き止められるのである。

［Weber（1913）436 三〇／番号は櫻井による］

ある行為を目的－手段連関のうちに定位し、当該の行為が手段として何らかの目的に適合していると判明した場合、我々はなぜその行為が遂行されたのかを理解する。理解の基本は目的－手段連関への包摂である。このとき「客観的整合合理性」とは、目的に対する行為の客観的適合性を意味しており、客観的に整合合理的な行為とは〈当該の行為の遂行を、特定の文化や社会のなかで生きるあらゆる人間に対して正当に期待することができるような行為〉を指している。ある集団に共通の目的を設定したとき、その目的を達成するうえで最適であり、現実的に遂行が可能な行為であると言い換えてもよいだろう。たとえば人間を一般に「経済人」ととらえ、その目的を効用の最大化に設定するなら、そこでは完備性や推移性や独立性などの基準を満たした選好に基づく選択が、客観的に整合合理的となる。[14] そして「経済人」を相手にする場合、我々は彼らが効用の最大化を目指し、それを可能にする選好に基づいて選択を行なうことを期待することができる。「経済人」である限り、みな同じ選択をするはずなのである。これに対し、目的合理的な行為とは主観的に目的合理的な行為であり、行為主体にとってみずからの目的の実現のために必要と判断された行為を指す。目的に対する手段（行為）の適合性は、行為を理解する第三者にとっても納得できるものでなければならないが、主観的に目的合理的な行為は必ずしも客観的に整合合理的な行為であるわけではない。実際、現実の人間は完全に合理的な選好に基づいて選択を行なっているわけではないだろう。

さて引用であるが、〈客観的整合合理性が経験的行為の理念型として機能する〉とは、合理的行為のモデルを設定することにより、モデルと現実の行為を比較することができるようになり、両者のあいだのズレを引き起こした阻害要因を突き止められるようになるということを意味している。その要因としてまず考えられるのは、行為主体に特有の目的－手段連関（計画）である。そしてモデルからすれば、この計画は非合理的なものとして評価される。次に〈主観的目的合理性が理解可能なものの理念型として機能する〉とは、行為主体に独自の計画を設定することにより、計画と実際の行為の過程を比較することができるようになり、両者のあいだのズレを引き起こした阻害要因を突き止められるようになるということを意味している[15]。そこでまず考えられる要因が「心理学的意味において理解しうるもの」としての「情動」である。非合理的な情動が人間の合理的な行為を妨げるというのは、日常においてしばしば確認されるところだろう。ただし、目的－手段連関に包摂できない（計画に基づかない）とはいえ、ある情動にはそれを動機とする行為が典型的に示す特徴や経過が認められ、現実の行為がこれと同じ特徴や経過をたどったとき、我々はその行為を特定の情動によって引き起こされたものとして理解することができる［Weber（1913）428［一〇］］。しかし、最終的に人間のふるまいを情動によるものとしても理解することができないとき、我々はそれを生理学的身体によって引き起こされたものとして把握することになる。これが「意味的に理解しうるものは理解不能な仕方で動機づけられた行為に対する理念型として機能する」ということの意味である。以上をまとめるなら、理念型をいくつかのレベルで設定することにより、「［行為の］過程の原因を、客観的であれ主観的であれ、一般に非合理的な要素に求めることが可能になる」［Weber（1913）432［一二］］ということになる。

なお、合理性（理念型実現）の阻害要因としての非合理性を明るみに出すというとき、そこに何か批判的な意味合いがこめられているわけではない。阻害要因への注目は、何らかの理念型から隔たっていることが、行為ならびに行為主体の個性の発見を可能にするという見方と連動している（本項のはじめに紹介した引用でも、リクールは「〈典型〉とは特異なものに関する理解を可能にする知的な道具立てである」と述べていたはずである）。もともと現実では無数の出来事が生起し、それらの原因も無数に存在している。そのなかで何に目を向け、どのような因果的説明を行なうかは説明者の関心に依存している。このとき出来事の生起を一般法則の例化としてとらえるというのは、ひとつの可能な説明である。ただし歴史学は出来事の法則への包摂を主たる作業としているわけではない。かといって歴史学はランダムに拾い上げた出来事とその原因を場当たり的に特定しているわけでもなく、それは注目に値する特異な出来事や行為に注目し、その発生の原因を解明するという作業にたずさわっている。ウェーバーに言わせれば、そうした有意な特異性とその原因への注目を可能ならしめているのが「客観的整合合理性」や「主観的目的合理性」などの「理念型」なのである。

では、「理念型」を軸としたメタ歴史学的考察と精神分析論はどのように結びつくのだろうか。実はウェーバー自身が同じ論文のなかで次のように言っている。

理解心理学研究のきわめて本質的な部分は、今のところ、まさに、全く、あるいは不十分にしか意識されておらず、それゆえこうした意味からして主観的に合理的に方向づけられたとは言えないが、それにもかかわらず事実上はきわめて客観的に「合理的」に理解しうる脈絡をたどっている諸連関を発見することにある。こうした性格を備えているいわゆる精神分析学の業績の一部にはここでは全く触れないとしても、たとえばニーチェのルサンチマン論のような理論構成も、外的・内的行動が持つ――理解しうる理由から「認められない」がゆえに、不十分にしかあるいは全く意識されていない――客観的合理性を、利害状況のプラグマから導き出すような解明を含んでいる。

［Weber (1913) 434 二五］

引用では、主観的には目的‐手段連関に定位されていないが、客観的には目的‐手段連関に定位しうる行為がとりあげられている。ルサンチマン論がとりあげているのはそうした行為であり、当人はもっぱら（何かの手段としてではなく）道徳的義務にしたがっているつもりであっても、実は道徳そのものが個人の弱さを覆い隠し、強者に復讐するための合理的連関にすぎないことをニーチェは明らかにした[16]。そこでは主観的には自覚されていなかった客観的な目的－手段関係の方が、行為の本当の目的を言い当てているとされる。注目すべきは、ウェーバーが精神分析をニーチェの系譜学と並べていることである。具体的にウェーバーがフロイトのどの著作を読んだのかははっきりしないが、とりあえず念頭に置かれているのは、〈当人はそのようなつもりはなくとも、人間の行為は実は性的欲望の充足に向けられている〉といった通俗的な理解であると考えることができる（直接的な言及が回避されていることが示唆するように、ここでのウェーバーの見解は通俗的な精神分析理解に基づいている可能性が高い）。というのも神経症の発症に焦点を合わせるなら、本来ウェーバーのような理解は成り立たないはずだからである。たしかに神経症は、その発症に性欲動の充足が関係しているとはいえ、反面でその充足は自我欲動によって妨害されてもいる。身体症状は妥協形成の産物であり、性的欲望の充足という目的に対する適合性で判定するなら症状は、非合理的な行動でしかない。そして症状という非合理的なふるまいがなぜ生起したのかを考えるとき、それはもはや「意味的に理解しうるもの」でもないわけだから、その原因は生理学的身体の次元に求められるよりないはずである。精神分析の場合、非合理的なふるまいの原因を求めて理念型の階梯を下降していった結果、そこで出会われるのは生理学的かつ心的なものであるという特殊性が認められるとはいえ、精神分析の無意識理解をルサンチマン論のモデルでとらえるというのは、精神分析についての誤解、あるいはその通俗的理解に基づいていると言わざるをえない。

これまでウェーバーのメタ歴史学的考察と精神分析論を確認してきた。それはリクールの歴史学理解や精神分析論について何を教えてくれるだろうか。言い換えるなら、ウェーバーに言及しつつ精神分析は「歴史の理解の方によく似ている」と指摘するとき、リクールはそれによってどこまでのことを言おうとしていたのだろうか。

先に確認したようにリクールは、精神分析は「一方ではエネルギー論に属する力の葛藤を語り、他方では解釈学に属する意味の関係を語る」と言い、「分析経験は自然の説明よりも歴史の理解の方によく似ている」と言っている。これら二つの対比を重ね合わせるなら、解釈学と歴史学を一括りにして、少なくとも両者は「理解」の実践に属していると判断することができる。このとき歴史学における「歴史的動機づけ」とは、行為を目的－手段連関に定位する試みであり、それはたとえば特定の文化でしばしば確認される目的－手段連関のパターン（典型）を発見し、そこに人間の行為を包摂することで、行為を意味づけようとする解釈実践を指している。こうした解釈実践を共有するがゆえに、リクールが精神分析を歴史学＝解釈学に結びつけているのは間違いない。我々は本項の冒頭でそのことを確認した。この類比が企図しているのは、〈精神分析は「心」を物化し、人間についての語りを「説明」に一本化しようとしている〉という見解に対し、その「理解」としての性格を強調し、「説明」への還元不可能性を指摘することであろう。以上が精神分析の解釈学的再構成の初手をなす。

しかし、解釈学的再構成は精神分析を「理解」に還元することではない。もしそうだとすれば、リクールは精神分析をウェーバーと同じ仕方（ルサンチマン論モデル）でとらえていることになるだろう。すなわち精神分析は〈行為を主体に自覚されていない目的－手段連関のもとに包摂する試み〉であり、そうした包摂を可能にする目的－手段連関を発見する試みということになる。またそこでは機械論的説明が登場する余地もなくなる。リクールは『試論』のなかで精神分析が力学的観点を欠いては存立しえないことを繰り返し主張しているわけだから、解釈学的再構成が「理解」への還元ではないことは明らかである。ここから導かれるのは、解釈学的再構成とは、精神分析を「理解」と「説明」の協働によって可能となる解釈実践としてとらえる試みであるということだ。

ウェーバーは、歴史学をまさにそうした実践としてとらえていた。ウェーバーのメタ歴史学に基づくなら、歴史学とは合理的行為の理念型を設定しつつ、合理性の阻害要因としての非合理性に注目することにより、個別的な行為や事象をその個別性を捨象することなく理解しようとする解釈実践である。人間の生の理解は、理念型からの逸脱の様態とその原因を把握することと切り離すことができず、非合理性が示唆する個性ゆえに、特定の行為や事象を語る歴史学的意義が生まれてくる。こうしたメタ歴史学をふまえるとき、精神分析と歴史学は、いずれも「理解」と「説明」の協働によって人間の生の具体相を把握しようとする試みであることが明らかとなるだろう。「理解」と「説明」を包括する解釈実践としての歴史学は、たしかに精神分析と「よく似ている」のである。

以上をふまえるなら、解釈学的再構成とは、「理解」と「説明」の協働を通じて人間の生の把握を目指す実践として精神分析をとらえようとすることであり、そのことを通じてリクールは、自己の解釈学それ自体をそのような実践としてとらえようとしていると考えることができる。『意志的なもの』において、リクールは身体的実存としての人間の生を意志的なものと非意志的なものが絡み合うなかで進展していく過程としてとらえ、人間の活動が完全に合理的なものにはなりえないことを論じていた。そうした人生を理解することは、「理解」と「説明」という二つの語りを必要とするに違いない。

この包括的な自己の解釈学は、エネルギー論と弁証法的関係に置かれている限りでの解釈学（歴史学）からは区別されるべきものだが、いまだ解決されていない問題は、ウェーバーに言及して歴史学と精神分析を結びつけるとき、リクールは歴史学ということで限定的な解釈学を念頭に置いていたのか、それとも包括的な解釈学を念頭に置いていたのかということである。前者の場合、ウェーバーのメタ歴史学は〈図らずも〉リクールの自己の解釈学の構想を先取りし、それを言い当てていた（「理解」と「説明」の協働に注目しつつも、『試論』のリクールはウェーバーがその機能を具体的に説明していることを見過ごしている）ということになるだろう。後者の場合、リクールはウェーバーのモデルに基づいて「理解」と「説明」の協働からなる解釈学を構想し、それと精神分析の共通性を指摘していることになる。どちらかと言えば、リクールはウェーバーのテクストを直接参照せず――したがって「理念型」の機能を十分に理解することなく――エネルギー論と対比される限りでの歴史学と精神分析の共通性を指摘するにとどまっているように思われるのだが、筆者はこの問題にはっきりとした答えを出せずにいる。とはいえ、この問題に答えを出せないことは深刻な瑕疵とはならないだろう。リクールが精神分析を「理解」と「説明」の協働としてとらえていることは確かだし、仮にリクールの自己の解釈学の構想とウェーバーのメタ歴史学のモデルが合致していることが、『試論』の段階では偶然にすぎないのだとしても、七〇年代に入ると、リクールは人間の生の理解が一般に「説明」と「理解」の協働によって可能となることを公然と主張するようになるからである。リクール哲学は本項で紹介されたウェーバーのメタ歴史学と同じ見方をとるようになる。

ところで、解釈学的再構成といっても精神分析が行なっていることそれ自体に何か変化が生じるわけではない。再構成によって変化するのは、理解や説明の妥当性を判定する基準である。先の引用でリクールが指摘していたように、精神分析の解釈は自然科学の説明とは異なる基準によってその真理性を評価されることになる。たしかに、もはや観察科学ならざる精神分析を「解釈学的編成へ組み入れる」というのだから、リクールは人間の自己理解が、科学に要求される類の検証作業によって正当化されていない理論に媒介されることを容認していることになるはずである。そしてこの容認は、『試論』において自己理解の歴史依存性や文化依存性が新たに主題化されていることと連動しているように思われる。たとえばリクールは自己理解を可能ならしめている知の枠組として、神話や宗教を取り上げる。それらは「観察科学」ではない。だがそれらを非科学性ゆえに否定するとしたら、我々の多くは自己理解を喪失することになるだろう。もし自己理解を与える媒体として神話や宗教を承認するのなら、その非科学性ゆえに精神分析（およびその因果説明）のことも否定するべきではない。リクールはこうした解釈学的態度を、「転移」あるいは「解釈学的循環」という概念によって言い表そうとしている。つづいて「転移」について見ていくことにしよう。

（4）転移あるいは解釈学的循環

神経症の患者は欲望や記憶を抑圧しており、それらが病気を引き起こしている。それゆえ抑圧された欲望や記憶を意識化し、あらためて抑圧とは別の処理を行なうことが治療の基本となる。しかし神経症の治療の場において、抑圧は治療に対する抵抗として現れる。抵抗が続く限り、分析家が意識化のために提示する解釈も患者に受け入れられることはない[17]。したがって現実の治療においては、抵抗を除去することが不可避の作業となる。フロイトによれば、抵抗の弱体化に寄与するのが「転移」であり、分析家は転移をうまく利用する必要がある。リクールはこうした転移の利用を患者の「心的エネルギー」の操作とみなし、次のように述べている。

解釈学とエネルギー論とのあいだの相関が、実践の次元において決定的な仕方で再登場する。すなわち、解釈の技術と抵抗への働きかけとのあいだの相関である。無意識的なものを意識へと「翻訳する」ことと、抵抗に由来する「抑止を解除する」ことは同じ一つの仕事である。解釈することと働きかけることは同時に行なわれる。それどころか反抵抗の戦略、すなわち〔操作の〕技術のために、解釈の技量をいさぎよく犠牲にしなければならないような場合すら存在している。[DI 428-9 四三六]

「転移」とは、過去にある人物を前にして発生した葛藤状況（それは抑圧を引き起こした状況でもある）が、現在の治療の場において分析家を前に反復的に発生する事態を指す。言い換えるなら、治療の場において患者は過去の葛藤状況を生き直し、分析家に対してアンビヴァレントな情動を向けてくる。この葛藤というのは性欲動と自我欲動の葛藤であるから、患者の情動は一面において性的な基盤を有した恋愛感情といった様相を呈する。リクールが「心的エネルギー」の操作ということで念頭においているのは、こうした恋愛感情を治療に役立てることである。分析家に対して恋愛感情が向けられている状態は「陽性転移」と呼ばれるが、この状態において、患者は分析家を権威として承認し、無意識的なものに関するその解釈の正しさを信じてみようという気になる。症状が改善し、その解釈の正当性が裏づけられれば、患者は分析家のことをさらに信用するようになるだろう。だが「陰性転移」の状態において、患者は解釈に耳を傾けず、分析家に反発する。したがって重要となるのは「転移における愛を満足させることなく利用すること」[DI 436 四四二]である。患者を「欲求不満や禁欲」の状態にとどめおくことで陽性転移を維持し、治療に対する患者の積極的姿勢を継続させる技術が求められる。(18) リクールはこうしたことをふまえ、精神分析は解釈の側面に還元することはできず、エネルギー論的側面を兼ね備えることになると説明する。精神分析のエネルギー論的側面は、機械論的説明と転移の利用という二つの側面によって構成されている。

転移を利用した治癒の達成は、精神分析の非科学性を露呈するものとして否定的にとらえられる傾向がある。たとえば、愛を失わないよう、患者は医師に気に入られるようにふるまっているだけであるとか、無意識的なものの意識化ではなく、愛に支えられた患者の自我の変容こそが治癒の原因であるといった批判が向けられる。だが科学的理論としての身分が問題にならなくなったとき、解釈学的観点からすると転移は否定的にのみとらえられる事態ではなくなる。実際リクールは「精神分析を解釈学的編成へと組み入れること」は、精神分析によって明らかにされる諸事実を「①解釈の規則によって、②分析の相互主観的状況によって、③転移の言語によって構築される総体」[DI 460 四八五]として把握することであると述べている。解釈学にとって、むしろ転移は避けることができない事態なのである。

精神分析に限定せず一般化するなら、上記の①と②が言っているのは〈人間の自己理解は、ある理論や学説に基づいてはじめて与えられ、また他者による承認を必要とする〉ということだろう。では③「転移の言語によって構築される」とはどういうことだろうか。記述が限定的で明確なことは言えないものの、「転移」に関するこれまでの説明をふまえるなら、我々が理論と他者を媒介して与えられる自己についての解釈を受け入れ、それをみずからの自己理解として同化するのは、理論や他者への信用が既に存在する場合であるということになるのではないか。そのように考えたうえでさらに注目すべきは、『試論』の冒頭と末尾でリクールが「宗教」に言及し、そこで「解釈学的循環」について論じていることである。より具体的には「理解するために信じ、信じるために理解する」[DI 548 五六七]という、「信じることと理解することのあいだの解釈学的循環」[DI 38 三二]と言われている。信仰が意味を開示し、意味が信仰を強化するという事態は、分析の場における陽性転移の状況と重なっている。それゆえ我々は、「転移の言語によって構築される」とは、解釈学的循環を言い表すものであると見なすことができる。それが意味するのは、我々の自己理解はある理論や学説を受け入れる限りで与えられる一方[19]、その理論を別の理論によって基礎づけたり正当化したりすることはできないということ、あるいは理論は理論自身によって基礎づけられるほかないということである。さまざまな宗教が提示する〈世界観〉のことを考えてみれば、そのことは直観的に理解されるのではないだろうか。理論（宗教）は価値や意味や説明を与え、独自の〈世界観〉のもとでの実践を可能にする。だが、あらゆる理論（宗教）の正しさを判定する究極的な基準が存在しているわけではなく、それぞれの理論（宗教）は、それが生み出す〈世界観〉の内部において諸実践が滞りなく行なわれているがゆえに虚偽とはみなされず、〈現実〉に妥当していると判定されている。その〈現実〉が、じつは理論それ自体が生み出したものであるということ、「循環」という語が指し示しているのはそうした事態のことだろう。解釈学的再構成により、リクールは精神分析を一つの〈世界観〉を生み出す、循環した理論としてとらえ直そうとしていると考えられる。

では〈世界観〉に基づく限り、どのような自己理解もその真理性に関して批判を受けつけないということになるのだろうか。精神分析の解釈学的再構成はこうした問いを引き寄せずにはいないはずである。ただし『試論』ではこの問題に関して具体的な議論が展開されていない以上、リクールの解答をいまこの場で検討することはできない。リクールがこの問題を主題化するのは「検証論文」においてであるから、分析の場を「検証論文」に移すことにしよう。

3 「検証論文」における精神分析論

フロイトの精神分析に対する関心は一九七〇年代も継続している。特に一九七七年には「フロイト精神分析における検証の問題」や「説明と理解」などの論文が発表され、また同年に日本を訪れたさい、リクールは「精神分析と解釈学」という講演も行なっている（のちに論文化）。これらの論文では、意志論の文脈のなかで認識論的問題に言及がなされるわけでも、フロイト総論のなかで認識論的問題に考察が及ぶわけでもなく、もっぱら認識論的関心に基づいてフロイトの精神分析が取り上げられている。そしてこれに並行して、精神分析の語りを「説明」と「理解」の協働としてとらえるにとどまらず、リクールは表立って人間の自己理解そのものを「説明」と「理解」の協働としてとらえるようになっている。本節では「検証論文」を軸にリクールの精神分析論の展開を見ていくことにしたい。解釈学的＝歴史学的理解に関して新たに「物語」という着想が導入されている点、また精神分析の解釈の真理性や治療的介入の正当性をいかにして保証するのかという問題が論じられている点が、特筆すべき変化である。

（1）説明と理解の協働と物語

「検証論文」のなかで、リクールは「動機」について、「動機とされるもの（たとえば嫉妬）は特定の出来事ではない。それは傾向性の一種であり、それに包摂されることによって特定の行為は理解可能なものとなる」［QP 64］、また「ある人が嫉妬から行為したと言うことは、その何らかの行為に関して、〔同じく嫉妬から行為した〕個人に繰り返し認められる、共通の特徴を引き合いに出すこと」［QP 64］であると述べている。[20] 諸々の動機概念はそれが引き起こす行為の特徴や成り行きに関して特有の図式を有しており、現実の行為がそうした図式に合致するとき、その行為は特定の動機によって引き起こされたものとして理解されるようになるということだろう。ただし人間の行為をいかなる動機に包摂するかは一義的に決まるわけではない。視点を変えたり、新たな特徴に注目したりすることにより、行為はその意味を変化させる。ルサンチマン論はそうした操作の典型であり、ウェーバーは精神分析をこれと同様の操作としてとらえていた。すなわち主観的な（自覚されている）目的－手段連関から客観的な目的－手段連関へと移し替えることにより、人間の行為を新たに意味づける実践である。「検証論文」のリクールはこうしたタイプの精神分析理解があることを把握し、それを次のように紹介している。

精神分析の理論を、〔理由と原因の〕区別に基づいて再定式化することができるだろうか。ある論者たちは、そのような再定式化は可能であると考え、（意図や動機など）行為に関する語彙を、我々が自分のしていることを自覚していない場合であっても拡張的に使用するのが精神分析であると理解した。こうした解釈に従うなら、精神分析は、日常言語において使用されているのと同じ概念を、「無意識」と特徴づけられる新たな領域で使用しているというだけで、我々の通常の概念体系そのものにはいかなる変化も及ぼさないということになる。したがって、たとえばフロイトが分析した鼠男については次のように言われる。「彼は父親に対する敵対感情を自覚することなく抱いていた」。敵意という語がその通常の意味で用いられているからこそ、このような発言は理解可能である。敵意の通常の意味とは、行為者が自分はそうした感情を抱いていると自認できるような状況において、人々が敵意ということで理解しているものである。何が違うかと言えば、「自覚することなく」「知らず知らずのうちに」「無意識のうちに」などの文言が用いられているという点だけである。

[QP 49-50]

引用における「論者たち」（念頭に置かれているのは日常言語学派である）は、本人には自覚されていない動機を〈無意識の動機〉としてとらえようとしている。このとき〈無意識の動機〉という言い方を正当化しているのは次のような理屈であろう。すなわち人間の心的状態は、特定の文脈でなされた行為を何らかの公共的な概念に包摂することによって理解されるのであり、行為主体の内面の私秘的な過程を観測することによって理解されるのではない。一人称的視点からの動機理解と三人称的視点からの動機理解は本質において異なるところがなく、ただそのいずれかが行為の特徴や文脈に関する情報を見落としていたり、動機語に関して無知であったりするために、二つの視点のあいだで理解に齟齬が生じる場合がある。〈無意識の動機〉とは、三人称的視点からの動機理解を行為者が自覚していないときに言われることである。

しかしフロイトにおいて、無意識的であることと無自覚的であることは同じではない。たしかに〈無自覚の嫉妬〉という心的状態はありうるとしても、〈無意識の嫉妬〉という概念に包摂される行為と〈無自覚の嫉妬〉という概念に包摂される行為は全く異なっているからだ。後者の行為は〈嫉妬〉という概念に包摂される行為と同一でありうる。だが前者はそうではない。とりわけ神経症に関して言えば、分析家の眼前にあるのはどのような動機にも直接包摂することができない非合理的な行動である。「検証論文」で、新たにリクールはこの非合理性による理解の不首尾を「不調和 incongruités」と言い換え、次のように述べている。

> 不調和を縮減する試みが、動機と原因を切り離すことを許さない。この試みは、動機の観点からの解釈を得るために、原因による説明を必要としているからである。〔……〕たとえば、ある情動が無意識のものであると述べることは、単に〈その情動は、他の状況であれば意識的なものとして生じていたかもしれない動機に似ている〉と述べるだけのことではなく、むしろそれは行為における不調和を説明するために、因果的に有意な要因として無意識の情動を〔語りに〕挿入することが可能であると述べること、そしてこの説明それ自体が、分析と切り離すことのできない作業――反芻処理――において因果的な効力を有した要因になると述べることなのである。　[QP 51-2]

引用では、精神分析は「理解」に一元化できるという考え方に対して、その不可能性が主張されている。『試論』と同様に、その理由は精神分析が「転移」を利用することと、機械論的説明を媒介することに求められているが、「検証論文」では行為理解における「不調和」の解消という認識論的観点から「説明」と「理解」の協働の必要性が指摘されていることが重要である。これにより非合理性を入口として、人間の行為理解には一般に「説明」と「理解」の協働が必要であると主張する道が開かれるからである。言い換えれば、この記述はリクールの精神分析論がウェーバーのメタ歴史学のモデルに近付いていることを窺わせる。そのことを確認する意味でも、いま目を向けるべきは「検証論文」と同年に書かれた「説明と理解」という論文である。少し長くなるが引用しよう。

日常言語の次元においてすでに、〔説明と理解という〕二つの言語ゲームが相互に関与しないというのは真実ではない。むしろ我々は、その下端には動機づけを欠いた因果性があり、その上端には因果性を欠いた動機づけがある一台の梯子を相手にしているのである。動機づけのない因果性というのは、強制という日常的経験に対応していよう（我々は機能障害を心的志向によってではなく、調子を狂わせている原因を明らかにすることによって説明する）。〔……〕我々はごく自然に次のようにたずねるだろう。「何が彼にこのようなことをさせたのか」、「彼がこのようなことをするように仕向けたのは何か」。フロイト的なタイプの無意識の動機は、その大半が経済論的な観点からの解釈に属しており、強制的な因果性にとても近い。他方、上端には、たいへん稀ではあるが純粋に合理的な動機づけが見出される。（たとえばチェスのように）知的なゲームや戦略的なモデルの場合、動機は理由となりうる。人間の事象はこの両端のあいだ、すなわち説明されることを求めるが理解は求めない因果性と、純粋に合理的な理解としての動機づけのあいだに位置づけられるだろう。／人間に固有の秩序はこれら両端のあいだにある。合理性において劣っている動機をより合理的な動機と比較したり、諸動機をいろいろな視点から評価したり、選好順に並べてみたり（アリストテレスにおける「選好」概念を参照せよ）、実践的推論の前提に採用してみたりすることにより、我々はつねにそのあいだを動いているのである。

[EC 190 三〇]

見られるように、引用では「説明」と「理解」の協働が、精神分析の文脈を超えて人間の行為の理解一般へと拡張されている。訳出に際して便宜的に梯子の両端を上下関係で表現したが、その上端には「因果性のない動機づけ」があり、下端には「動機づけのない因果性」があると言われている。「因果性のない動機づけ」とは、純粋に合理的な動機に基づいて人間の行為が遂行されることであり、そうした行為の例として、身体性を伴わず、もっぱら知性のはたらき（推論）によって行為が選択され遂行される、盤上の駒の移動や地図上の部隊の移動があげられている。他方「動機づけのない因果性」とは、人間の行為が原因によって機械的に引き起こされることであり、そうした行為の例として、その発生に人間の意志作用が関与していない身体の機能障害や病気があげられている。両端の行為は身体性あるいは知性を伴っていないという点でまさしく極端な例であり、それら——ビショップを移動させることや、あくびをすること——を「行為」と呼ぶことに、我々の多くは直観的な抵抗を覚えるのではないか。引用でリクールが言うように、人間の意志的な行為は知性と身体性の両面を備えており、必ず両端のあいだに位置づけられる。このときリクールは、動機の合理性の程度は知性の関与の程度に連動すると考えているようだ。たとえば喉の渇きや怒りに基づいて行為がなされる場合、知性の働きは欲求や情動に承認を与えることにとどまる。これに対し、特定の目的にもっとも適合する手段を比較衡量を通じて選択する場合や、複合的な目的－手段連関からなる計画を構想する場合、それらに基づく行為は知性の関与の程度が高く、より合理的と言える。そして梯子の下段にある行為が上段にある行為の遂行を阻害するとき（「調子が狂う」とき）、その行為はたんに合理性の程度が低いということにとどまらず、非合理的であると言われることになるだろう。たとえば、痩せて美貌を獲得するためにダイエットをするというのは主観的には合理的なふるまいであるが、それが金銭と時間の過剰な投資につながったり、肉体や精神の健康を害するところまでいったとき、ダイエットは包括的な目的－手段連関の調和を乱す、非合理的なふるまいとみなされることになる。もしダイエットそのものがうまくいっていないとすれば、今度は目的の達成を阻害している要因として、何らかの原因（たとえばストレスによる過食）が特定されることになるだろう。引用の冒頭で、人間の生の理解に関して「〔説明と理解という〕二つの言語ゲームが相互に関与しないというのは真実ではない」と主張するとき、リクールはおおよそ以上のようなことを念頭においていると考えられる。

なお、こうして「説明」と「理解」の協働が言われるとき、リクールはもはや原因に関して存在論的な制限を設けていないはずである。言い換えるなら、因果説明を導入することと決定論にコミットすることは同一視されておらず、自己の解釈学（歴史学）は心的状態を含むさまざまなものを因果説明の説明項に持ち込むことができるようになっている。表立って言表されることはないが、「説明」概念の変化がなければ、二つの言語ゲームの相補性という見方は成立しなかったように思われる。

ところで、人間の生についての語りが一般に「説明」と「理解」の協働を必要とするということは、裏を返せば人間の生は不調和（非合理性）に溢れているということでもある。我々の人生の構想があらゆる点で客観的整合合理性の理念型に合致することはないし、人生の全体が特定の計画にすっぽりと包摂されることもありえない。それは我々の人生の構想が身体的な非意志的なものや知性の不完全性、また他者の行為や計画によって絶えず阻害され続けるからである。人間の生はつねに儘ならない。それゆえ、何らかの公共的な概念なり図式に包摂することにより、人間の生の全体を立ちどころに理解するというのは不可能な相談である。また仮にそれができたとして、それは人生を典型的なものとして把握することにほかならず、生の個性を理解することにはつながらないだろう。だが、それでも人間の生を個人の生として理解しようとするとき、我々は人生を非意志的なものからの絶えざる干渉と、それに対する個人の応答が生み出す紆余曲折として把握することになる。それを現実の語りにおいて可能にするのが「説明」と「理解」の協働である。

このとき二つの言語ゲームの協働による人生の理解が、新たに「物語」という観点から論じられている点に、七〇年代の精神分析論のさらなる特徴を認めることができる。リクールは「精神分析と歴史科学は物語的理解という点でつながっている」［QP 60］と指摘し、次のように続ける。

まさに精神分析において、「不調和」を縮減するという課題に随伴して、理解可能な物語とはいかなる物語であるのかを明らかにするという問題がもちあがる。歴史が整合性を欠き、一貫せず、不完全で、部分的であるとすれば、歴史は我々が日常経験において人生行路と呼んでいるものによく似ているだろう。ひとつの全体としてとらえるなら、人生というのは奇妙で、綻んでいて、不完全で、断片的である。［QP 60］

「調和」や「整合性」や「完全性」というのは、生の成り行きが何らかの目的－手段連関（モデルや計画）に過不足なく包摂可能であることを意味していると考えてよいだろう。さまざまな非意志的なものの介入によって妨害されるため、現実の人間の生はどうしても不調和で、一貫せず、断片的である。先に我々は、そうした人生を一人の人間の生としてまとめつつ、その紆余曲折を明らかにするのが「説明」と「理解」の協働であると述べたが、ここではそれが「物語」という媒体の役割であると考えられている。たとえば「物語の語で組み立てられた自己理解の過程のうちに段階を追って因果説明が挿入される場合」に、「物語ることは説明となりうる」[QP 63]と言われる。これは物語という媒体を、「説明」と「理解」を統合する媒体としてとらえるという独自の物語論的な主張にほかならない。こうした見解は『時間と物語』(一九八三—五年)の物語論へとつながっていくものだ(ただし、そこでは物語を「典型」としてとらえる視点も同時に提示されている)。我々は第六章でリクールの物語論を詳しく取り上げる予定であるが、そこでまたこの論点に立ち返ることになるはずである。

(2) 治療的介入とその根拠

リクールは「検証論文」や「精神分析と解釈学」(一九七八年)という論文のなかで、精神分析が関与するのは「物的現実に匹敵する一貫性と抵抗性」を有した患者の「心的現実」であると述べている。[21]「心的現実」とは患者によって解釈され、意味づけられ、評価されている限りでの現実を指す。〈患者が生きる世界〉などと言うこともできるだろう。患者は自己や他者の行為、また身の周りの出来事について何らかの理解を有している。そしてその理解は、これまでの人生のあゆみや今後の人生の方向性に関する理解、道徳や社会規範に関する理解と一体化している。さまざまな理解が絡みあって患者の心的現実が構成されており、理解のネットワークのどこか一部分が変化したとき、その変化は全体へと波及する可能性がある。「心的現実」という語に焦点を合わせるなら、精神分析とは患者が生きる心的現実に介入し、新たな心的現実を生成させる試みであると考えることができる。たとえば、トラウマ的出来事はその後の患者の自己理解や他者理解を決定的に変えることになるが、出来事を物語のなかで新たに意味づけることにより、患者は過去の想起に苦しまずに済むようになるかもしれない。また、超自我の攻撃によって神経症が生じているとき、患者の規範意識を相対化することにより、患者は罪悪感に苛まれずに済むようになるかもしれない。ただし注意すべきは、実際には起きておらず、幻想にすぎないとしてもトラウマ的出来事は神経症を引き起こしうるということである。患者の心的現実には幻想も含まれており、そうした幻想の根本にあるのが無意識の欲望である。患者の無意識の欲望が、心的現実に当人も気づかぬ〈歪み〉を生み出しているわけで、精神分析の治療実践としての根幹は、無意識の欲望を明るみに出し、患者をしてその欲望に対処せしめることにより、彼／彼女の心的現実の歪みを是正するところに求められる。

リクールは「検証論文」において、他者の心的現実に介入することの正当性を新たに主題化している。患者の受苦の原因に関する解釈の真理性はどのようにして検証されるのか。また患者の生きる心的現実を変化させるというとき、分析家は患者の心的現実をどのようなものにしようとしているのか。解釈学的かつ治療的実践としての精神分析にとって、この問題は急所となるに違いない。次の引用ではその理由について触れられている。

> 認識論的敗北主義に屆するのは正しくない。そうすれば、治療の上で効果をもたらすのは、物語が患者にとって受け入れ可能であることだという口実のもと、精神分析の語りを説得のレトリックと同じものにしてしまうことになる。このとき、分析者による教唆という繰り返される疑いのほかに――フロイトはこの疑いと戦い続けた――、次のようなより深刻な疑いが加わることになる。すなわち、治療の成功条件は、所与の社会環境に適応する患者の能力でしかないという疑いである。この疑いはつづいて次のような疑いへとつながっていく。つまり、分析家は患者との関係において、結局社会の観点を代表しているにすぎないのではないか、そして分析家は自分だけがその鍵を握っている降伏の戦術に患者を巧妙に巻き込むことにより、患者に社会の観点を押しつけているのではないかという疑いである。 [QP 61]

引用は「転移」の利用を念頭に置いていると考えられる。分析家は自身に向けられた愛を、解釈の受容と患者の自我の再変容に結びつけようとする。だがこの技法には、暗黙のうちに患者をコントロールして、患者を分析家好みの人間――社会の中で〈正常な〉思考やふるまいをすることのできる人間――に仕立て直しているだけではないのかという疑惑が向けられる。患者の心的現実の歪みに介入する根拠や、心的現実の正常性の基準が示されない限り、〈社会変革の萌芽を摘み取り、社会不適合者を矯正するための技法にすぎない〉という疑念は、いつまでも精神分析につきまとい続けることになるだろう。

引用に続く部分で、リクールは「分析家は患者が理論を確証する解釈を受け入れるように唆しているという、粗雑なかたちでの異議申し立てについては傍に置いておこう」[QP 66] と述べ、「検証論文」ではより「混み入ったかたちの異議申し立て」として、「自己確証 auto-confirmation」の問題に考察の焦点を合わせることを宣言している。それゆえ普通に考えれば、自己確証に関する議論のなかで治療的介入の正当性に関する考察がなされることが期待される。

リクールは「自己確証」について、「精神分析では〔理論、方法、治療、特定の事例についての解釈の〕すべてが同時に確証され」、「一つの部門における確証が、他のすべての部門の確証の条件となる場合、循環は悪循環となる」と説明している [QP 66-7]。説明不足の感は否めないが、言わんとしているのは、〈精神分析においては、理論が解釈や治療法を生み出し、解釈の成立や治癒の成功が理論の正当性を裏づけている〉、〈精神分析の理論の正しさを、客観的に観察された外部の現実との対応によって検証することはできない〉、〈解釈の成立のみによって、あるいは治療成果のみによって、精神分析の理論を正当化することはできない〉といったことであろう。やや乱暴に要約すれば、問題になっているのは〈ある理論に依拠して心的現実が再解釈され、かつその解釈の妥当性を検証してくれるような外部ないし上位の理論が存在していないとき、いかにして解釈の妥当性を理論内在的に検証することができるのか〉ということである。[22] もし何ら検証の作業が行なわれないとすれば、たとえ悪循環に陥っているとしても――本当は歪みや異常性など認められないのにもかかわらず――理論の内部にいる限り、我々はいつまでもそのことに気づくことができないことになるだろう。結果として理論はその内部を生きる人間に対して抑圧的に作用することになる。

このときリクールによれば、「複数の基準に基づいた確証の相互強化によって、確証が累積的な仕方で行なわれる場合」、我々は悪循環を回避することができる。たとえばその基準とは「説明が理論と整合している」、「説明が内的整合性を有している」、「説明が他の説明と整合している」、「説明が治療に結びついている」、「説明が物語的理解を与えている」といった基準である。[23] これもごく簡単に言えば、リクールは理論と外的現実の対応ではなく、理論に依拠した解釈（のあいだで）の整合性や解釈の有用性など、相互に独立した基準によって理論の真理性を担保しようとしているということになるだろう。提案されているのは、あらゆる理論が共有することのできる、妥当な説明が満たしているべき諸基準であり、少なくともそれに従えば理論内在的に不適切な解釈を篩にかけることができるような諸基準である。しかし、こうした提案によって正常性の基準に関する問題――精神分析は患者に「社会の観点を押しつけている」という問題――を解決することはできないのではないだろうか。もともと問われていたのは理論に含まれる「正常／異常」の基準の正当性であり、この問いの背後には、社会の正常な心的現実（世界観）の方こそ歪んでいるのではないかという疑いが控えている。社会と個人のあいだの不適合（性規範と性欲のあいだの葛藤）が病因であるというとき、なぜ個人だけが治療の対象となるのか。リクールは「よい精神分析の説明は治療に結びつかなければならない」と言っているが、そもそも治療的介入とは、社会を防衛する手段でしかないのではないのか。治療の成功が患者にとっての成功でもあると主張しうる根拠が問われているとき、精神分析は悪循環に陥っていない――諸解釈のあいだに矛盾は認められず、患者の心的現実の変容にも成功している――と主張したところで、疑念が解消されることはないだろう。真理と有用性を結びつけたとして、そもそも有用であるとはどういうことかが問われているのである。

（第四章で見るように）とりあえずフロイトならば、特権的理論としての科学を持ち出すことができる。神経症は客観的に存在する自然種であり、分析家は（腫瘍を取り除くのと同じように）患者を苦しめている病因を除去するにすぎない。世界観の正常性の基準も単純明快である。フロイトは科学的世界観以外の世界観を拒絶する。

正常な心的現実とは、「実在する外界」と「一致」した心的現実にほかならない。しかし、精神分析を解釈学として再構成したリクールは、この解決策を採用することができない。科学的世界観を唯一の正常な世界観として認めるというのは、解釈学的態度の対極にある考え方である。他者の心的現実が歪んでいると思えるとき、その他者にとって私の心的現実も歪んだものでありうることを認めるというのが解釈学的な態度であろう[24]。ではこうした態度をとるとき、そこで承認される心的現実への治療的介入とはどのようなものでありうるのか。リクールは、「検証論文」でこの問題に接近しつつ、問題に正面から取り組むことを回避してしまっているように思われる。

もはや問題が精神分析に限定された問題ではないことに注意しよう。この問題は我々の心的現実を構成する諸理論が内包する善き生の「典型」について、それを善いと言いうる根拠は何であるのかという問題であり、個人の現実の生と善き生の「典型」とのあいだの隔たりに、我々はどのように対処すべきかという問題である。だから、むしろリクールがこの問題を傍に置いたのはやむをえないことなのかもしれない。なぜならこの問題は人間の生をいかに語るかという認識論的な問題にとどまらず、みずからの非合理性をどのように評価し、それとどのように向き合えばよいのかという倫理的な問題でもあるからだ。歴史学者の観点からすれば、客観的整合合理性や主観的目的合理性からの逸脱は倫理的な評価の対象となるものではなく、探究のきっかけを与える有意な特異性でしかない。だが、ある世界観のもとで、みずからの非合理性を自覚しながら生きている個人にとって、ときにそれは不幸のしるしや苦しみの源泉となる。一人称的な視点から見るなら、我々はみずからの非合理性に対して〈価値自由〉ではいられないのである。この点で自己の解釈学は歴史学から袂を分かつことになる。

*

リクールのフロイト論は、意志の「高邁さ」を求める倫理的考察からはじまり、「説明」と「理解」の協働に関する認識論的考察を経由して、再びイデオロギー批判という倫理的問題へと回帰した。世界観の内部からの世界観批判はいかにして可能になるのかという問題に、リクールはどのような答えを準備しているのだろうか。我々は本書第四章「イデオロギー論」において、改めてこの問題に取り組むことにしたい。リクールはイデオロギー論の文脈でもフロイトに言及しているが、リクールの哲学的思索の体系におけるイデオロギー論の位置と意義をあぶり出し、フィクション論の潜勢力を解放するうえで、フロイトの思想(超自我論)は大きな役割を果たしている。第四章もまた、フロイト精神分析論の様相を呈することになるはずである。

ただし、我々はその前にリクールの悪論を経由しなければならない。リクールは『意志の哲学』の第二巻『有限性と罪責性』(一九六〇年)で、悪に苦しむ人間の姿を主題化している。それはみずからの精神性と共同性ゆえに逆説的に善き生から離反してしまう人間の姿であり、リクールは『意志的なもの』とは異なる観点から人間の自由や幸福の困難さを論じている。人間の善き生をめぐるリクールの思索を理解し、また善き生と解釈的想像力のつながりを理解するうえで、悪論はきわめて重要な意味を持っている。そして悪論もまた、良心や超自我の相対化というトポスにおいて、イデオロギー論に合流することになるのである。

第三章　悪論——情念あるいは幸福の条件

序　悪の問いとカント哲学

我々はこれまで、人間の善き生には「自己と自己固有の身体との和解、そして自己とあらゆる非意志的な力との和解」が求められることを確認してきた。「和解 réconciliation」というからには、自己とその身体とのあいだには対立や衝突が存在していることになるだろう。より広く、生の構想と現実の生とのあいだの齟齬と言い換えてもよい。両者の対立ゆえに生は十全に善いものとはなっておらず、そこには悪さが生じている。本章ではリクールの悪論をとりあげるが、はじめに確認されるのは、まさしくリクールが齟齬を生きる〈私〉の一人称的視点から「悪」をとらえようとしていること、そして悪しき生から善き生へと向かう運動のうちに人間の自由を見出そうとしていることである。こうした議論は第一章の内容を引き継ぐものであり、本章では「悪」と「自由」に関するリクールの倫理学がいかなる哲学的意義を有しているのかを検討していく。この作業は主として第一節と第二節で行なわれる。

続いて本章の後半で論じられるのは、善き生へと向かおうとする意志のはたらきそれ自身が、善き生からの離反を引き起こしてしまうという逆説である。自己と身体との対立、あるいは生の構想と現実の生との齟齬に関して、これまでもそれは非意志的なものの作用や関係を完全に把握することのできない理性の有限性に由来すると論じてきた。悪論ではこの理性の有限性がさらに深く掘り下げられることになる。まず、多様な動機を前にして、それらを完全に整序することができない理性の限界が指摘され、そのうえで、みずからの限界を不適切な仕方で乗り越えようとする理性に固有の誤りがあぶり出される。リクールはこうした理性の試行錯誤に注目することを通じて人間の善き生の根本的な条件を剔出しようとしており、その条件を具体化することが本章の最終的な達成となるだろう。この作業は第三節から第五節で行なわれるが、そのなかで人間の善き生を構成する不可欠の要件、翻って人間の生の儘ならなさを生み出す不可避の要因として、新たに〈他者〉の存在が浮かび上がってくることになるはずである。

なお、次章（第四章）でも理性の有限性を問題として取り上げる予定である。二つの章の違いについてあらかじめ説明しておくなら、本章で取り上げられる理性の問題というのは、動機の多様性に対処しようとするさいの理性の限界やエラーであるのに対し、次章で取り上げられるのは、みずからの生を悪しきものと評価するさいの理性の偏狭さや硬直性である。我々はみずからの生を儘ならないものとして物語り、生の悪さを生み出している要因に対処しようとするわけだが、本章で論じられるのは、人生にはそもそも理性によっては解決することのできない形式的な儘ならなさが認められ、それを無理に解決しようとすると生はますます儘ならないものになってしまうという事態である。他方、次章で論じられるのは、我々がなにかを齟齬の原因たる悪しきものとして内容的に評価し、それを除去したり乗り越えたりしようと苦心しているとき、実はそうした評価そのものが齟齬の発生する原因となっており、我々は評価を変更することによっても不自由さから解放されうるはずなのだが、一体それはどのようにして可能になるのかという問題である（これは我々が前章の末尾で出会った問題にほかならない）。いずれも理性のはたらきゆえに人間が不自由さに陥っているケースであり、二つの論点を一括して悪論のもとに収めることもできる。ただし、リクール自身が悪論の表題で論じているのは前者の問題であり、後者についてはイデオロギー論の名のもとに考察を展開している。それゆえ我々としても、連続性を念頭におきつつ、章を分けて二つの論点を扱うことにしたい。

さて、本章では二つの問いを軸にしてリクールの悪論の批判的再構成を行なう。それは〈①どうして道徳的な悪が概念的に存立可能なのか〉という問いと、〈②どうして人間は現実に悪いことをしてしまうのか〉という問いである（一つ目の問いは第一節と第二節で、二つ目の問いは第三節から第五節で取り上げる）。これらの問いに対するリクールの解答を筋道立った仕方で提示することにより、リクールの悪論の内容と射程はよりよく理解されることになるだろう。詳細は以下の議論を通じて明らかとなるはずだが、二つの問いは同じものではない。第一の問いは、「自由」や「道徳」といった概念とのかかわりのなかで「悪」という概念が整合的に理解される可能性を問うものであり、第二の問いは、個々の人間がみずからの意に反して実際に悪いことをしてしまう原因を問題にしている。読解の対象となるテクストは『意志の哲学』の第二巻『有限性と罪責性 *Finitude et Culpabilité*』（一九六〇年）、とりわけその第一分冊として公刊された『過ちをおかすものとしての人間 *L'Homme faillible*』である。[1] リクールはこの著作のなかで悪の「謎」を思弁的に論じているから、おのずとその読解に取り組むことが本章の中心的な作業となる。ただし、悪論の批判的再構成を遂行するにはリクールの著作の外部を経由する必要があり、本章の論述はそのことにも費やされる。その外部とはカント哲学のことであり、なかでも『実用的見地における人間学』（一七九八年、以下『人間学』）を取り上げ、「情念」をめぐる議論を直接かつ詳細に検討していく。

このような検討が必要となるのは、〈②どうして人間は現実に悪いことをしてしまうのか〉という問題を考えるさい、リクールが「情念 passion」に注目し、かつカントの情念論を重視しているからである。さらに、それにもかかわらず、情念論が悪の問題の解明に具体的にどのような役割を果たしているのか、『過ちをおかすものとしての人間』の論述をたどっているだけでは十分に把握することができないという事情もある。[2]『人間学』を直接参照し、情念発生の機制という観点からその論述を読み解くならば、それがリクールの悪論、さらには解釈的想像力との関わりを理解するうえで大きな意味を持っていることが明らかになるだろう。このような試みはこれまでに行なわれておらず、この点に本章の考察の意義を求めることができるはずである。[3]

ところで〈①どうして道徳的な悪が概念的に存立可能なのか〉という問いもまた、カント哲学と深い関わりを有している。まず、リクールにおいて悪の問いは〈神が創造した世界になぜ悪が存在するのか〉という弁神論的な問いからは区別されるべきものであり、それはそもそも人間には悪をなす自由が認められるのかどうかを問うている。悪を人間中心的な視点から主題化しているという点で、その問いは近代的なものと言える。次に、悪の存在が神の摂理に対する疑惑へと結びついていたように、リクールの論述においても悪の存在は人間の自由に対する疑いに結びついている。ここで我々は近代的な悪論の出発点にいるのがカントであり[4]、カントもまたその悪論において理性的存在者としての人間の身分を問題にしていたことを想起すべきだろう。

カントは『たんなる理性の限界内における宗教』（一七八八年、以下『宗教論』）において、〈人間は理性的で自律的な存在者であるはずなのに、なぜ現実にはかくも悪がはびこっているのか〉ということを問題にし、その答えとして人間における「悪への性癖」の存在を指摘した。すなわち、人間は道徳法則に対して感性的傾向性を優先させるような本性を有している。しかし、この主張は新たな問題を引き起こす。生得的な性癖の存在は、人間の自律能力を疑わしいものとし、それを前提として下される道徳的評価の妥当性をも疑わしいものとしてしまうからである。このとき、カントは「悪への性癖は主体自身によって招き寄せられたものとして、主体にその責任を負わせることができるのでなければならない」[43: VI 35 四六] と述べ、悪が人間の自己決定に由来することを強調する。だが、人間がみずからの性癖を変更する動機と能力を持ち合わせていることは、いったい何によって保証されているのだろうか？　言い換えるなら、どうしてカントは、自分は動物の群れを前に道徳を説いているわけではないと確信することができるのか？

リクールの悪論はカントが残した問題に独自の解答を与えようとするものである。それはカントの悪論の正統な継承者にほかならない[5]。それゆえリクールの悪論を再構成することは、近現代の哲学におけるカントの悪論の影響作用史を描き出すことにも結びつく[6]。それは思想史の研究として意味のあることだろう。おおむね以上のことを念頭におきつつ、まずは続く二つの節で第一の問いにかかわるリクールの論述をたどっていくことにしたい。

1　告白による悪の成立——悪を引き受ける自由

全三巻からなる包括的な『意志の哲学』を構想していたリクールにとって、「悪」は避けては通れない主題であった。我々の人生は過誤の経験に満ち、しばしば我々は罪悪感に苛まれる。だが、なぜ我々は後悔するようなことをしてしまうのか？　いや、実はそれこそが自分が本当に望んでいたことだったのかもしれない。悪の存在を眼の当たりにして、我々はみずからの自由に不信の眼差しを向けざるをえなくなる。リクールは悪を主題化した第二巻『有限性と罪責性』の中で、「罪 péché」について次のように述べている。

> 自分自身であると同時に自分から疎外されているという経験は、それがそのまま言語化されるとすれば、疑問形で言い表されることになる。罪とは自分自身からの疎外であるが、もっともそれは自然の光景というよりは、人を驚かせ、狼狽させるスキャンダラスな経験であろう。［FC 210 一五］

この一節が取り上げているのは、一人称的視点から自身のふるまいを回顧するという経験である。そして回顧的反省において、過去の行為はなすべきではない行為としてとらえられ、そのような行為をしてしまった自分に驚きの眼差しが向けられている。この驚きにこめられているのは、なぜ自分はそのような行為をしてしまったのか、という自問である。現在の私はそのようなことをすべきとは思わないし、自分がそのようなことをなしうる人間であると思いたくはない。罪の意識のうちに見出されるのは自己自身からの「疎外」である[7]。

「不透明 opaque」や「非合理 absurde」といった用語が示すように［FC 26 八］、リクールは悪の問題に人間の非合理性という観点からアプローチしている。人間の合理性が不完全なものであるという認識は、もともと『意志の哲学』全体の基調をなすものであった。第一巻『意志的なものと非意志的なもの』（一九五〇年）においても、「身体に由来する実存の本質的受動性のうちにとらわれている」［VI 186 二四二］人間にとって、「意識が全面的に統一されて全面的に合理的になるなどということはありえない」［VI 224 二九三］と主張されている。すなわち〈自分のすることを自分で決め、決められたとおりに行為する〉という意味での意志の自由は、人間には完全な仕方では与えられていない。有限の能力と時間しか持ち合わせていない人間にとって、身体の深みは隅々まで見通すことができるようなものではないからだ。それでも自己の身体に関する理解が進むにつれ、意志の自由は拡大していく。リクールの意志論は、既にある自己（身体に内在する自己）と、反省し企投する自己とのあいだの隔たりという着想を核として展開しており、我々はこのことを「古いものを見出し、みずからを既にそこにある者として見出すことがなければ、私は新しいものを意志することができない」［VI 431 六一二］という一節のうちに確認することができる。

したがって、実は非合理性そのものは身体的実存としての人間にとって例外的な事態ではない。だが非合理性が意志の自由の危機を引き起こすとき、それは悪の経験として人間を苦しめることになる。つまり罪の意識に苦しむとき、人は〈既にある者〉としての自己を受け入れることができず、それに基づいて新たな自己を構想することができない。だが、にもかかわらず人はすでにその者を自己として選び取ってしまっている。リクールはこれを「自分自身であると同時に自分から疎外されているという経験」と呼んでいた。私は、自分がしたことを、そしてそのようなことをした自分を肯定することができない。私は、自分がしたことを嫌悪し、自分であることを苦しく思っている。それは全く望まぬ自己の姿であり、私はそれが私であると認めたくはない。この意味で、私は自分から疎外されている。とはいえ、それが現在の私とは関係のないひとりの他者であるのだとすれば、罪の意識に苛まれることはないだろう。罪の意識を持つとき、私は私を自分自身から切り離したいと思いつつも、実際には切り離すことができないでいる。私は既にそれが私であることを認めてしまっているのだ。そしてそれゆえに私は自分を放っておくことができないし、過去の自分に対するやむことのない否定のはたらきは、現在の私へと再帰して私を苛むことになる。

ところで、このように過去の行為者が私であるのを認めることは、同時にこの私がその行為者であったのを認めることでもある。つまり、人は罪の意識において、そのような行為をなすべきではなかったと考えるとともに、そのように考えている私が、その行為がなされていたときにも確かに同じ私としてそこに存在していたと考えている。自問の形式で言い換えれば次のようになるだろう――なぜこの私は、あのとき、その行為が悪いということに気づかず、悪がなされるがままにしてしまったのか？　悪がなされているそのさなか、一体この私は何をしていたのか？

善悪を理解する能力を持ち、動機を選択して行動を開始する能力を有するこの私が、行為がなされているとき確かにそこに存在しており、行為に変化を生じさせることができたという想定を欠くならば、過去の行為に対して悔恨が生じるということはないだろう。〈私はあのとき、しようと思えば別のことができたのにもかかわらず別のことをしなかった、そしてそのことにより望ましからざる事態が現実化してしまった〉という判断に基づき、人はみずからを責める。過誤の成立に自由な存在者としてのみずからの無為無能がかかわっているとみなすことにより、人はその成立に責任を感じることができるようになるということだ。この意味で、責めを負い、自己を断罪することを通じて、人は同時にみずからを自由な存在者として立ち上がらせている。(8)リクールの説明を見てみよう。

〈告白 aveu〉は、悪が顕現する場としてではなく、悪の創始者 auteur として、悪を人間に結びつける。悪をみずからに引き受ける自由のはたらきは、問題を創り出す。人は悪に至るのではない。人は悪から出発するのである。自由は、悪の根源ではないのにもかかわらず、悪の創始者とならねばならないのかもしれない。

だがそうであるとしても、告白により、悪の問題は自由の領域に定位されるのである。［FC 32 一五］

「それは私のせいだ」、「私が何もしなかったから悪が生じてしまった」、「この私さえしっかりしていれば、そのような過ちは生じなくとも済んだはずだ」などと言うことにより、告白の主体は悪の責任をみずからに負わせ、これと同時にみずからの自由を宣言する。告白においては、みずからを悪人として同定することと、みずからを自由な存在者として同定することが等根源的に成立しているのである。リクールが、人間が悪に陥ることが含み持つ「積極的な意味」として、「人間における〔自己と自己との〕〈不調和〉は、それによって人間が過ちを犯すことが可能となるという点で、過ちを犯す能力なのである」［FC 198 二二二］と言うとき、そこでは告白における自由の創出という事態が念頭に置かれているに違いない。

だが念のために言っておけば、自己を断罪することは、この世の悪を一身に引き受けることで自己の英雄性を演出するようなふるまいとは異なっている。[9] 悪は悪である以上、その否定的な側面を失うことがなく、自己自身と合致することのできない人間の〈弱さ〉や〈脆さ〉を顕在化させる。繰り返すなら、現在の私が過去の自分であったように、過去の自分は現在の私である。この意味で、罪を認めることは、過去の自分が今なお私として存在し続けているのを認めることにほかならない。それは、現在の私があの無為無能の存在者であり、みずからの思い描く生き方から容易に離反しうる非合理的な存在であるのを認めることを意味している。そしてそのことは、いま断罪を行なっている私の権能に対して不信の眼差しを向けることへと結びつく。罪の意識は、断罪している者自身を否定し、断罪そのものを機能停止へと追い込むような作用をそのうちに内包しているのである。人は悪を引き受けることを通じてみずからを自由な存在者として定立するとは言え、告白は苦々しく、その自由はきわめて脆い。

かくしてリクールは、罪の意識を「再生 régénération」への欲望としてとらえ直す。自己への絶望と自由の希求が再生への欲望を構成すると言えるだろう。つまり、そこには悪人たる自己を否定するはたらきと、それでもその悪人たる自己に基づき、それを通して善き存在になろうという決意が同時に含みこまれている。以上の委曲が圧縮された次の一節を引用して本節の議論を終えることにしよう。

過ちの意識においては、過去と未来という二つの時間的〈脱自〉の根源的な統一が最初に現れている。企投の前方への跳躍は、回顧を背負っており、反対に、悔恨のなかで苦悩する過去についての静観は、再生が可能であるという確信と一体化している。(10)　[FC 32-3 一六]

2　悪のパラドクス――リクールの解決

リクールの悪論は、罪悪感や罪の告白という観点から〈一人称の悪〉の成立を論じるものであった。このとき悪の実質、すなわち断罪される行為や自己の姿が具体的にどのようなものであるのかは未規定にとどまる。卑近な例をあげれば、それはダイエット中についつい食べ過ぎてしまうことや、宿題をさぼってテレビを見てしまうことでもありうる。基本となるのは、人があるべき自己と合致することができずに苦しんでいるという事実である。リクールによれば「人間の可謬性の根拠は、自己と自己のあいだの〈不調和 disproportion〉に求められる」[FC 37 二二]のであった。

このようなアプローチは、悪の問題を矮小化しているようにも見える。なるほど、我々のなかには進んで法を犯し、躊躇なく他者に危害を加えるような者も存在しており、この点でリクールの悪の哲学は、悪に固有の恐ろしさを射程に収めていないのかもしれない。しかし、当人が意図的にそれをなしているのだとすれば、その人にとって自身の行為は悪しき行為（なすべきではないこと）としてとらえられていないという点にも注意を向けておく必要があるだろう。ある人のふるまいを自然に生じた出来事ではなく意図的な行為としてとらえるというとき、当人が自分のしていることを自覚しつつ、かつ自分の行為を是認していることがその必要条件となるはずである。つまり、第三者的に見てきわめて残酷なふるまいであったとしても、それを行為者の意図のもとに包摂するのであれば、それは行為者にとってなすべき理由を伴った行為であり、その成功が意欲されている（たとえば行為者は失敗を回避するために努力する）と見なさなければならない。そうするとここで浮上してくるのは、他者への残忍で陰惨な攻撃を意志することができる存在者を、果たして我々は「人間」とみなしうるのかという疑問である。我々はそうした存在者を悪魔や狂人と呼ぶのではないか（そうした存在者は実在しないとか、そうした悪は論じるに値しないと言っているわけではない）。その悪は人間的な悪ではない。そうした悪に対して人間になしうるのは、それと出くわさないようにし、そこから逃げることくらいだろう。悪魔に対して道徳を説き、生き方の変容を求めても意味がないのである。悪を形式的に理解するにせよ（悪＝なすべきではないこと）、実質的に理解するにせよ（悪＝好んで他者を不幸にすること）、人間は人間である以上、合理的に〈不調和なしに〉悪を選択することができない（これはあとで見るようにカントの考え方である）。

だが、このように考えるとき、今度は別の新たな問題が生じてくる。意に反して悪をなしてしまったという場合、そこでは自律の喪失という事態が生じていることになるからだ。もし我々が自律の能力――善悪を理解し、動機を選択して行動を開始する能力――を持たず、自分で自分のすることを決める自由を奪われているのだとすれば、我々は動物と同等の存在者であるから、そのふるまいについて善悪を云々することは無意味となるだろう。ヒグマが人間を生きながらにして貪り喰うとして、あるいはシカが赤信号を無視するとして、そのふるまいの善悪を問うことがないのと同じである。悪は自由になしえず、悪行は合理性の欠如の帰結として生起するのだとすれば、人間的な悪というカテゴリーはそもそも存立不可能となるように思われる。

人間的な悪をめぐる以上のようなパラドクス――人間は悪を意志することができない一方、現実の悪行が行為者の自律能力の喪失によって生起しているのであれば、そもそも当該の行為を悪しき行為と判定することはできない――をふまえるとき、我々はリクールの悪論がまさしくこうしたパラドクスに一つの解答を与え、人間的な悪というカテゴリーが現実に存立する理路を解明する試みであることに気がつく。すなわちリクールは、人間が悪を合理的に選択することができないことを認めつつ、罪と自由の等根源的な創出という事態を考えることでパラドクスを解決しようとしている。いま自律の能力を持っていないとしても、それを持とうと欲することが同時に道徳的な悪が成立する場を切り開く。人はみずからの非合理性を断罪することを通じて自由な存在者としての自己の再生を決意する、というのがリクールの悪論の中核にある発想であった。

では、カントは人間的な悪のパラドクスにどのように対応しているだろうか。〈どうして人間は現実に悪いことをしてしまうのか〉という問いへと考察の場を移す契機にもなるから、ここでカントの解決を確認しておくことにしたい。

カントはリクールとは異なり、悪行はそもそも自律性の喪失を意味しないという見方を採用している。こうした見方をとるとき、まず考えられるのは悪をたんに〈なすべきでないこと〉というように形式的に理解するのではなく、殺戮や虐待というように実質的に理解することである。ある行為をそれ自体で悪いとみなす一方、誰もが悪いと考えることを悪いとは考えない極悪人の存在を想定することにより、悪を合理的に遂行する可能性が保持される。だがカントはこのような見解に対して、殺戮や虐待はそれ自体で反理性的であり、人間の理性は――人間が人間である限りその理性は――それらを合理的に選択することはできないと考える。そのようなことができるのは「悪魔」であり、悪魔のふるまいに対して道徳的な善悪を言うのはそもそも無意味である。それゆえカントは悪を形式的に理解する。つまり、道徳法則を優先すべきとわかっているにもかかわらず、感性的動機（自己愛）を優先させ、格率のあるべき「従属関係」［45: VI 36 四八］を転倒させてしまうことが悪である。

しかし、〈わかっていながら道徳法則を優先しない〉というのは、やはり非合理的なふるまいなのではないか？加えてカントは、悪の「数多くの際立った実例」［40: VI 32f. 四三］から人間の「悪への性癖」を導き出しているが、それが意味するのは、人間存在の根元には非合理性が横たわっており、人間はみずからの理性を裏切るようにできているということ、結局、人間に道徳は不可能ということではないのだろうか？

注目すべきは、悪人は〈すべきとわかっていながらできなかった〉のではなく、〈すべきとわかっていながらしなかった〉と言われていることである。つまり、何らかの要因によって善の選択が妨害されたから悪が発生したわけではない。悪を問題にする限り、「世界内のなんらかの原因によって、人間が自由に行為する存在者であることを中断するなどということはありえない」[51f.: VI 41 五四]のであって、どうしてそのような悪い行為をしたのかと問われて、〈欲求を抑えきれず〉とか〈衝動に突き動かされて〉などと答えることは認められない。なぜなら、行為者が自分自身で決めたということが言えてはじめて、行為に関する道徳的な評価が可能となるからである。[11] それゆえ悪人はあえて悪を選択したのであり、悪人にとって「悪への性癖を凌駕すること」[46: VI 37 四九]はいつでも可能であると考えなければならない。[12] では、悪人があえて悪を選択した理由とは何か。カントはこの問いに対して、「道徳的格率を採用する第一の主観的根拠は究めがたい[13] unerforschlich」と述べることによって、悪人は合理的か非合理的かという問題を宙づりにする。〈理由によって正当化できない＝非合理的である〉とするのではなく、〈理由はわからない＝合理的か非合理的かわからない〉とすることで、とにかくも悪人が自律的に選択を行なったという事実を固守するのである。人間に道徳が可能であると考える限り、悪が選択された理由は謎のままにとどめておかなくてはならないというのが、人間的な悪のパラドクスに対するカントの解決である。

3　情念による不自由――隷属的意志のパラドクス

カントの道徳哲学の内部では、悪の存立可能性を維持するために、〈どうして人間は現実に悪いことをしてしまうのか〉という問いは謎のままに封じられた。これに対して、人間がみずからの不自由さに苦しむ姿に自由の基点を見出そうとするリクールの悪論の場合、自身の不自由さを語ることは必ずしも道徳的評価と衝突するものではない。むしろ、みずからが〈すべきとわかっていながらできなかった〉原因を明らかにすることは、将来の非合理的なふるまいを回避することに結びつくという点で肯定的な意味を持ちうるだろう。だがその一方、一人称的視点から「自己と自己とのあいだの不調和」を悪としてとらえることにより、悪の内実は多様化し、とらえどころのないものになっているのも事実である。いまここで非合理性への対処について何か一般的なことを言うことは適わない。

それでもこの悪の内実に関して、リクールは注目すべき非合理性として「情念」をとりあげている。「情念」に注意が向けられるのは、それが人間の人間らしさと密接に関わる非合理性だからである。言い換えれば、情念の悪は人間が人間である限り誰もが陥る可能性のある悪なのであり、リクールは情念の分析を通じて人間の人間らしさを、つまり人間の善き生の基本的な条件を取り出そうとしている。以下の部分ではリクールの情念論の読解を行い、幸福の困難とそれへの対処に関して積極的かつ具体的な説明を与えることを試みる。

ただし、議論を先に進める前に取り上げるべき問題がある。というのも『有限性と罪責性』には、「過ちやすいという状態から既に失墜しているという状態への〈飛躍〉、これこそが謎である」[FC 195 二一八] とか、「無罪から過誤への移行は、経験的な記述によっても理解できるようなものではなく、それを理解可能にするのは具体的な神話の知である」[FC 26 八] とか、「我々は、意志を左右する情念について、神話の知の暗号化された言葉でのみ語りうる」[FC 26 八] といった記述が存在するからである[14]。もし現実に悪（非合理的なふるまい）をなしてしまう原因が「謎」であり、「哲学的反省」や「哲学的論述」による解明を受けつけないのだとすれば、情念に関する哲学的解明としての情念論は、悪の理解に関して積極的な意義をもちえないということになるのではないだろうか。

注意を向ける必要があるのは、こうした文脈でリクールが「神話」と対照して「哲学」に言及するとき、念頭に置かれているのは主知主義的な哲学にほかならないという事実である。そこでは人間は本来的に合理的な存在と見なされる。だが人間をそのようにとらえる限り、悪の存在は解明できない謎にとどまる。そこでリクールは、主知主義的な人間観を改めさせる説得の手段として神話を用いる。そこで物語られるのは、意図せぬ非合理性として悪が人間に到来するさまであり、それでも悪を引き受け、絶望のなかで再生を決意する人間の姿である。悪をめぐる様々な神話はそのことを具体的な仕方で我々に教えてくれる。それによって「哲学」は人間についての新たな見方を獲得し、これまでとは別の仕方で人間の悪にアプローチすることができるようになるだろう（リクール哲学がまさにそうした哲学である）。だからリクールは、悪の哲学が悪の神話を経由することを求める。[15]したがって、リクールは人間が悪に落ち込む原因についての哲学的な究明は全く不可能と主張しているわけではない。「告白を想像力と感情移入によって追体験することは、過ちの哲学にとってかわることはできないだろう」［FC 205 九］とも言われるように、神話的な知を包含した哲学のみになしうる悪の哲学的解明が存在するのである。それゆえ悪は謎であるといっても、それはカントの『宗教論』で言われる悪の謎とはその意味を異にしている。そもそも悪を情念と結びつけている時点で、リクールはカントが答えることを拒絶した問いに既に答えを与えようとしているはずである。カントが、道徳哲学の内部で情念という非合理性に言及することはない。

以上をふまえ、リクールの情念論を見ていくことにしよう。リクールは情念そのものを一つのパラドクスとしてとらえている。それは人間が自分で自分を不自由な状態に追いやってしまうというパラドクスである。それゆえ情念という非合理性には、たとえば怒りを抑えることができず、つい相手を殴ってしまったというような非合理性とは異なる深刻さが認められる。リクールは次のように述べている。

> 情念の原理はある種の隷属的状態のうちにあり、それは魂が自分自身で陥る隷属的状態である。つまり、魂は自分自身を拘束するのである。［……］情念という隷属的状態は、主体に生じる何ごとかであり、いわば自由に起きる何ごとかである。［VI 25-6 四一］

さらにリクールは、情念をルターの「隷属的意志 serf-arbitre」の概念と結びつけ、[16]「隷属的意志の謎、すなわち自分自身を縛り、自分がつねに既に縛られていることを発見する自由意志の謎」［FC 30 一三］とも言っている。いずれの引用でも問題とされているのは、情念＝隷属的意志において人間がみずからの選択によって不自由さへと落ち込んでゆき、そこから逃げ出せなくなっているという事態である。

誤解してはならないのは、情念＝隷属的意志において人間は不自由さを求めているわけではないということである。他人に支配されることや束縛されることを求めるのは不思議なことかもしれないが、隷属的意志とは進んで悪の手先となり、この世を悪で満たそうと努力することではない。この場合、隷属は自発的に選択されており、選択の意志それ自体は隷属的ではないからである。反対に、隷属的意志とは外的な強制によって悪行に従事させられているということでもない。この場合、そこに意志のはたらきは認められないことになるからである。結局「隷属的意志」という言い回しは撞着語法であり、それを理解可能にするのは〈善に向かおうとする人間の意志のはたらきが否応なく悪の現実化に寄与してしまう〉という解釈以外にはない。人間は自分では善いことをしていると思っているが、いつのまにか悪いことをしているのであり、善をなそうと思って動けば動くほど、悪へと近づいていく。[17] 情念＝隷属的意志とはこのような意味で逆説的である。

では、なぜ人間は情念という隷属的状態に陥ってしまうのか。そしてなぜリクールは様々な非合理性のなかでも情念に注目するのか。次節では、情念の機制を明らかにするためにカントの『人間学』へと遡行することにしたい。リクールは「隷属的意志の経験論を、トマス流、デカルト流、スピノザ流の情念論の内部で論じることは、もはや今日では不可能」［FC 29 一二］であると言う一方で、「カントの『人間学』はこれらの情念論より先を行っている」［FC 158 一七四］と述べているからだ。リクールがみずからの言葉で情念の原理について詳細な説明を与えていないことをふまえるなら、この迂回は必須である。

4　『人間学』の情念論——理性の形式的原理あるいは賢明さの命法

『人間学』のなかで、カントは「情念 Leidenschaft」を「激情 Affekt」とともに「心の病気 Krankheit des Gemüths」とみなしている［169: VII 251 二〇五］。両者はともに理性の統制権が排除されてしまう「病気」であり、これにより人間は意志の自由を奪われる[18]。なかでも情念を生み出す心のはたらきを理解するうえで重要となるのは、情念には感性的傾向性のみならず理性そのものが関与しているという事実である。激情においては、興奮によって理性の関与する機会が全く奪われているのに対し、情念の成立には理性が特定の欲望に承認を与えるという契機が含まれており、それは「きわめて冷静な熟慮とも両立する」[19][188: VII 266 二二七]。

情念はいつでも、傾向性によって指示された目的に向けて行為するという主観の格率を前提している。それゆえ情念はつねに主観の理性と結びついてしまっているのであり、純粋な理性的存在者に情念を帰することができないのと同じく、たんなる動物に情念を帰することもできないのである。[188: VII 266 二二七]

人間はさまざまな傾向性に揺り動かされる存在であり、それらと手を切ってしまうことはできないため、純粋に理性的とは言えない。だが一方で人間は動物とも異なっており、もろもろの欲望を反省的に理解し、どの欲望の求めに応じるかを自分で決めることができる。情念にとらわれることは人間に特有の事態であり、それはさまざまな傾向性と関わるなかでの理性のはたらき方の問題として生じる。言い換えれば、理性が格率の選択（傾向性の承認）を誤るからこそ、人はみずから選択意志によって自由を喪失する羽目に陥る。では情念に特有の理性の誤りとはどのようなものか。カントによれば、それは特定の傾向性に心の全精力を注ぎこんでしまうことである。すなわち「ある特定の選択に関して、理性がその傾向性を傾向性の総体と比較することを妨げるような傾向性が、情念である」[188: VII 265 二二六]。それゆえ情念をめぐる問題は、〈なぜ人間は特定の傾向性にのみ賭けてしまうのか〉という問いへと置き換えられることになる。

この問いに答えを与えるためには、取り急ぎその特定の傾向性とやらを同定する必要があるだろう。カントによれば、情念を引き起こしうる傾向性は「人間にのみ関係し、だからまた人間によってのみ満たされることが可能である」[193: VII 270 二三三]という特徴を持つ。つまり「あらゆる情念はいつでも人間から人間に向けられた欲望である」［190: VII 268 二三〇］。このような欲望として、カントは「名誉欲 Ehrsucht」、「支配欲 Herrschsucht」、「所有欲 Habsucht」の三つを挙げる。たとえば「名誉欲」については次のように言われている。

名誉に対する人間の欲望は、理性によってつねに承認される傾向性の方向の一つであると言ってよい。とはいえ、名誉への欲望を持つ人間は、他人から愛されることも同じく求めるものであり、親愛の伴った他人との交際を必要とするとともに、財産を維持することも必要としている。そして彼に必要とされることは他にもいろいろある。しかし、情念にとらわれて名誉を欲するようになると、人はさまざまな傾向性がそれぞれに推奨してくるこれらの諸目的に対して盲目となり、〔名誉だけを欲していれば〕他人から嫌われ、交際相手から避けられたり、浪費によって零落したりしかねないということを全く気に留めなくなってしまう。これは、理性にその形式的原理において正面から対立するという愚行（目的の一部を目的全体としてしまう）である。［189: VII 266 二二八］

この一節には、情念のメカニズムを考える上で重要な手がかりがいくつか含まれている。まず重要なのは、情念においては理性による欲望の承認が、「理性の形式的原理」と対立しているという指摘である。それは特定の目的に諸々の目的を代表させてはならないという原理であり、カントは別の箇所でこれを「一つの傾向性が他の傾向性の総体と共存できるように留意するという原則」［188f.: VII 266 二二八］と言い換えている。要するに、諸々の傾向性が調和するように配慮せよ、ということであろう。ところが情念において、人間は反対に一つの傾向性だけを追い求めてしまう。

ところでこの形式的原理は、カントが『道徳の形而上学の基礎づけ』（一七八五年、以下『基礎づけ』）で提示した三つの命法のうち、「賢明さの命法」とも一致するように思われる。[20] 賢明さの命法とは、「すべての人間にア・プリオリに前提することのできる意図」としての「幸福 Glückseligkeit」の観点から、「自分自身の最大の福利 wohlfahrt のための手段」を指令するものである［38: IV 415 一一二］。つまりこの命法は、特定の目的の実現ではなく、諸々の目的が与えられているなかで「あらゆる意図をみずからの永続的な利益のために統合する」［39: IV 416 一一三／強調は櫻井による］ことを求める。この意味で、賢明さの命法は諸々の傾向性が調和するように配慮せよという「理性の形式的原理」と同様の内容を含んでおり、ここから我々は「傾向性の総体に留意する」という原理が幸福と密接なかかわりを有していることを理解する。情念は単一の傾向性に傾向性の総体を代表させてしまうことにより、諸々の傾向性の調和的統一としての幸福をぶち壊しにしてしまうのである。

ただ忘れてはいけないのは、あくまで人は幸福になることを求めてそのような選択をしているということである。幸福（諸目的の統合）が人間にア・プリオリな意図である以上、おのずとそういうことになるだろう。情念において認められるのは〈人間は幸福を求めつつも、かえってそのことで幸福から遠ざかってしまう〉という事態であり、より具体的に言えば〈名誉・力・お金をひたすら求めることを通じて幸福を追求しようとするが、そのことによりかえって幸福から遠ざかってしまう〉という事態にほかならない。このとき、人がこれら三つの傾向性に賭けてしまうことの背景には、それらが「〈目的と直接に関係している諸々の傾向性を、それがどのようなものであれ全て満足させることができるような手段〉を獲得することをひたすら目指す傾向性である」［193: VII 270 二三二］という事情がある。すなわち、お金があれば衣食住が満たされるというように、名誉や力もまた、それを手にすることで他の多くの傾向性を満たすことが可能となる。それらは様々な目的の実現を可能にする汎通的な手段なのであり、人間は幸福になるための合理的な手段として名誉・力・お金を求めている。

したがって情念の問題の核心は、名誉・力・お金を追い求めることが、じつは幸福（諸目的の統合）の実現にとって合理的なやり方ではないという点にある。その理由は名誉欲に関する先の引用のなかで説明されていた。つまり物事はトレード・オフの関係にあり、ひたすら名誉を求めれば、友情や財産を失うことになるかもしれない。あるいは、莫大な富を獲得することにより、思わぬ煩わしさや危険性を引き寄せることになるかもしれない。特定の目的が現実化したとき、必ずそれに伴って別の様々なことが現実化するのである。何かを手に入れることは何かを失うことであり、すべてを手に入れようと特定の目的に固執すれば、人はますます多くのものを失うことになりかねない。情念にとらわれている人が看過しているのはこのことだ。『基礎づけ』の次の記述をふまえるなら、情念とは「賢明さの命法」を「巧みさの命法」に還元する短絡によって引き起こされると言うことができる。

賢明さの命法は、幸福について明確な概念を示すことが簡単なことでありさえすれば、巧みさの命法と完全に一致することになるだろうし、それと同様に分析的なものになるだろう。〔……〕ところが残念なことに、幸福の概念はとてもあやふやなものである。それゆえ、あらゆる人間は幸福を得たいと望んでいるのにもかかわらず、自分が実際のところ何を望み、何を欲しているのかを、明確かつ自分自身に矛盾しない仕方で語るということが、絶対にできないのである。[41: IV 417f. 一一七]

幸福に関して「賢明さの命法」が我々に求めるのは、「あらゆる意図をみずからの永続的な利益のために統合する」こと、すなわちできるだけ多くの意図（目的）が達成されるように配慮することであった。だが、ひとりの人間が現実に抱いている意図のなかには、それぞれの実現が両立不可能であったり、一方の実現が他方の実現の妨げになったりするような意図が含まれている。それゆえ諸々の意図を「統合」するためには、諸々の意図を整序すること、すなわち意図同士の関係を把握しつつ、それらのあいだで優先順位を決め、取捨選択を行なうことが必要となる。このとき人がどのような意図をもち、いかなる意図を優先するかは、それぞれの人によって異なっている以上、諸意図の配置＝幸福の構想は人によって異ならざるをえない。いま現実に一人の人間が抱いている諸意図を離れて構想の内容を確定することはできないし、それら諸意図はさまざまな仕方で整序することが可能である。しかも一人の人間において、経験を重ねていくなかで幸福の構想は必ず変化していく。人は諸意図の関係性をすっかり見通しているわけではないし、当人には自覚されていなかった潜在的な意図が発見される場合もあるからだ。また身体が成長し、老いていくなかで身体的な非意志的なものの作用も変化するし、人間関係も変わっていく。比喩を用いるなら、冷蔵庫のなかにある素材をできるだけ多く使って見事な夕食を作ろうとあれこれ思案しているさなか、賞味期限が切れていることや食べ合わせの悪い食材があることに気づいたり、冷蔵庫の奥から新しい素材が発見されたりして、しかも気づけば冷蔵庫の中身も変化してしまっているといった具合なのである(この冷蔵庫は他の誰かも使うことができるのだ)。カントが幸福の概念は「あやふや」(未規定的)であると言うのは、こうした事情をふまえてのことだろう。カントは「どのような行為が幸福をもたらすのかを確実かつ普遍的に確定するという課題」[42: IV 418 二二] は遂行不可能であると結論している。[21]

もともと情念にとらわれている人が求めていたのは、こうした幸福の未規定性を解消することだったはずである。たしかに、多くの意図を実現することを可能にする汎通的な手段を獲得すれば、確実に幸福へ近づくことができるように思われる。だが、名誉・力・お金を追求するなかで、人は思いがけず他人の「恨みを買ったり」、他人から「恐れられたり」、他人に「軽蔑されたり」するようになる [198: VII 274 二三九]。結局、人間は幸福のあやふやさからは逃れることができないのである。ところが情念にとらわれる人は、この事実を受け入れることができない(みずからの判断の合理性に疑いの目を向けることができない)。名誉・力・お金を追求することそれ自体が引き起こした副産物であるのにもかかわらず、そのコストの埋め合わせをするべく、むしろより積極的に名誉・力・お金を追い求めるようになり、悪循環に陥っていく。有限の理性がみずからの判断を過信した結果、人間は幸福へと向かう運動のなかで幸福から逸れていかざるをえない。

5 幸福への運動と情念――人間の精神性と共同性

幸福を求めない人はいないが、多様な目的をどのように整序すればもっとも調和した全体を実現することができるのか、完全に見通すことのできる人はいないはずである。たしかに、そこで賢明さの命法を巧みさの命法に無理やり還元してしまうのは、人間の小賢しさのなせるわざなのだろう。だが幸福は誰にとっても難問であり、それでも多様を統一する方法を有限の理性をもちいて真剣に考えているからこそ、人間は判断を誤る。また、協調的な人間関係が幸福には不可欠であるのに、失敗を機に名誉・力・お金への固執を断つことができないというのは人間の頑陋さのあらわれなのだろう。だが、人間関係が重要と考えているからこそ、それが失われたとき、そのコストは大きく見積もられ、人間は名誉・力・お金への固執を深めていく。カントの情念論の読解から浮かび上がるのは、人間の幸福が形式的には多様な目的の統合を必要とし、実質的には他者との協調的な人間関係を必要としているということである。カントは情念の悪を論じることにより、人間にとっての幸福がいかなるものであり、それが困難である理由を逆照射している。リクールがカントの情念論に注目するのは、まさしくそうした理由によるものだろう。

とりあえず『過ちをおかすものとしての人間』の次の一節からは、リクールが前節で論じたような情念理解を同化して、みずからの悪論を展開していることがはっきりと読み取れる。

情念と結びつけられるべきは幸福への欲望であって、生きることへの欲望ではない。実際、人間はそのエネルギーのすべてを、その心情のすべてを、情念に傾注するが、それは欲望の主題が、彼にとってのすべてになっているからだ。この「すべて」というのは幸福のしるしである。生命はすべてを欲しはしない。「すべて」という語は、生命にではなく、精神にとって意味を持つ。〔……〕すべてを欲する存在だけが、そしてそのすべてを人間の欲望の対象のうちに図式化しようとする存在だけがまちがえる。すなわち、みずからの主題を絶対とみなし、幸福と欲望の主題とのあいだの関係が象徴的であるということを忘却してしまう。

［FC 180-2 二〇〇—二］

人間は自分が多様な欲望（目的）に取り囲まれていることを反省的に理解しており、人間にとってはつねに、すでに、みずからの多様な欲望をどのように処理するかということが問題となっている。引用でリクールは、この問題を人間の精神性に由来するものとして説明している。人間は精神的存在であるがゆえにみずからの欲望の多様性に顧慮し、それらの欲望があまねく充足されることを幸福と考える。幸福という課題を引き受けざるをえないのである。このとき対処の仕方を誤り、もっぱら名誉・力・お金という「主題」に賭けてしまうとき、人は情念にはまり込む。引用でリクールはこうした短絡的な対応を「幸福の図式化」と呼んでいる。しかし、多くの意図を充足させる汎通的な手段を獲得しさえすれば、確実に幸福へと至ることができるわけではない。あらゆる欲望は等価であるわけではなく、たんに充足される欲望の数が多ければ多いほど幸福に近づくというわけではないからである。さらに複数の欲望はトレード・オフの関係にあり、名誉・力・お金に固執することで充足不可能となる欲望もある。それゆえ人間に求められるのは「幸福の図式化」ではなく、諸々の欲望の関係を把握し、それらのあいだで優先順位を決めることである。ただし、人によって欲望の整序の仕方（善き生の構想）は異なるし、一人の人間においても多様な仕方での整序が可能である。欲望と幸福の関係は一義的ではなく、リクールはこれを「象徴的」という言葉で言い表そうとしている。人は幸福という課題を引き受けつつ、その課題の難しさゆえに、どうしても不自由に苦しむことになる。

引用は全体としてカントの情念論を圧縮したものになっていると言えるだろう。とはいえ、リクールはカントの情念論をただ反復しているわけではない。リクールはカントに対して批判も加えている。そもそもリクールはカントの情念論を援用して人間的な悪が生起する機制を説明しているが、理性的存在者の自律と道徳的評価を相即不離のものとみなすカントの道徳哲学にとって、そのような説明は許容できるものではなかった。だがリクールは悪のパラドクスをカントとは別の仕方で解決することにより、カントが自重していた説明に着手している。すなわち、道徳哲学の内部で人間が善をなしえない原因に関する人間学的な分析を行なうこと——道徳哲学と人間学を架橋すること——である。リクールは、人間は生まれつき理性的存在者であるわけではなく、理性的存在者になることを希求する存在者であると考え、この希求に道徳の基盤を求める。そして人間が自由になるためには、みずからの非合理性を把握することが不可欠であると論じるのである。同様に情念論に関しても、リクールはカントが否定的にとらえる事態のうちに人間の本来性や善き生の基盤を見出そうとしている。カントの道徳哲学において、道徳的な善さと幸福は切り離され、道徳法則を優先させずに幸福を追求することは理性的存在者にとって悪しきふるまいとみなされる。さらにカントにとって、人間が幸福を追い求めるなかではまり込む情念とは、人間の自律性を機能停止させる「病気」でしかない。しかしリクールは幸福になれず情念に陥る人間のうちに、自由と幸福を実現させようとする人間の運動を認め、また人間が人間である限りにおいて受け入れなくてはならないそれらの条件を見出そうとする。我々はこうしたカントとのアプローチの違いを、次の引用に確認することができるはずである。

〔トマスやデカルトとは〕反対に、とりわけ人間的な情念から出発するカントは、はじめから人間の情動の頽落した形態と向き合っている。これらの情念を構成する欲望は、錯誤、錯乱といった様相を呈しており、そのようなものとして一連の経緯を引き起こす。おそらくは、「実用的見地」から練り上げられた人間学であるから、そのようにして議論を進め、情念をつねにすでに頽落したものとみなすことが許されるということなのだろう。しかし、哲学的な人間学はもっと骨の折れるものであるはずだ。それは頽落したものの根元にある本来性を復元することに携わらなければならない。アリストテレスがあらゆる「不節制」を超えたところに快楽の完成を記述してみせたのと同じように、三つの欲望の背後に人間性の「追求」を見出さなくてはならない。それは、制御不能で隷属的な追求ではなく、人間性の追求であり、それが人間の実践と人間の自己を構成しているのである。
〔FC 159 一七四〕

リクールは情念の根元に人間の「本来性」や「人間性」を見出そうとしている。それは幸福へと向けてみずからの多様な欲望を統合しようとする人間の〈精神性〉であり、他者との共生のなかで幸福を実現しようとする人間の〈共同性〉にほかならない。人間がみずからの欲望の多様性と向き合い、それに対処しようとすることがなければ、そしてもともと人間のうちに他者との共生への意志が存在しないのだとすれば、人間が情念に陥ることもないのである。情念にとらわれることは人間に特有の事態であると述べたが、それは人間が理性的な存在者であるということに加え、人間が社会的な存在者であり、その善き生が他者との共生を必要としているということを意味している。

＊

第一節と第二節では〈①どうして道徳的な悪が概念的に存立可能なのか〉という悪のパラドクスを取り上げ、リクールの論述に基づいてこれに一つの答えを与えた。また第三節から第五節では〈②どうして人間は現実に悪いことをしてしまうのか〉という問いのもと、情念という悪（不自由）を取り上げ、人は自由や幸福へと向かう運動のなかで情念に逸れてしまうことを明らかにした。いずれの問いに関しても、リクールは人間学的な分析のうちに道徳哲学（カント的な義務論）を構築するための基礎を求めようとしている。またそのなかで、リクールは幸福の最大化は人間にとって難問であり、この問いに急いで答えを出そうとしたり、答えを出すために熟慮し続けたりすることはかえって人間を幸福から遠ざけてしまうという、ある種の功利主義批判も提示していた。人間は生きていくなかで善き生の構想と現実の生を漸近させていくほかないという、第一章の結論が悪論にも妥当することになるだろう。リクールの悪論の哲学的な達成を浮かび上がらせたところで、本章の考察を終えることにしたい。

だがリクールの倫理学的思索をめぐる議論はこれで終わるわけではない。これまで我々は人間の非合理性ということで、自己と自己身体との関係に焦点を合わせてきた。新たに情念論の分析のなかで浮かび上がってきたのは、人間の自由と幸福の条件、そして生の儘ならなさを生み出す要因としての他者の存在である。人間の善き生が他者との共生を必要とするという観点は、リクール後期の著作である『他者のような自己自身』で前景化する。さらにそこでは、儘ならぬ生を送るなかで善き生の構想と現実の生を漸近させていく人間の思考の働きが、「フロネシス」や「反省的判断力」といった名前の下に描き出されることになる。第六章の物語論を経由したあと、我々は第七章で難問としての幸福という主題に再会することになるはずである。そのことを念頭に置きつつ、次章ではイデオロギー論を取り上げることにしたい。そこでは、本章がとりあげた理性に由来する生の不自由さという主題と、世界観の内部からの世界観批判はいかにして可能になるのかという第二章で浮上した問題とが合流することになる。

第四章　イデオロギー論——問題としての良心

序　現代思想と良心批判

本章では、第三章とは異なる観点から、理性のはたらきに由来する人間の不自由さ（生の悪さ）について論じる。前章で取り上げた理性のはたらきというのは、有限の理性が動機の無限の多様性に対処しようとするさいに生じるエラーのことであった。本章で取り上げられるのは、みずからの生を悪しきものと評価するさいの理性の偏狭さや硬直性であり、ひとことで言えば〈問題としての良心〉ということになる。

我々がみずからの生をより善いものにしようとするとき、あるべき自己と既存の自己とのあいだの隔たりを自覚しつつ、その隔たりをみずからの能力と努力で解消することを試みている。隔たりを自覚してそれを何とかしようと思えることは、生をより善いものにする可能性の条件である。ただし、不自由さの自覚は自由や幸福へと向かう「能力」である一方、それゆえに我々はみずからの生の悪さに苦しむことにもなる。既存の自己は反省する自己によって〈そうであってはならないもの〉と断罪され、反省する自己は既存の自己と一体化して罪悪感と疎外感に苛まれることになるのだった。この苦しみゆえに生は悪いものとなる。そして我々は自己疎外に由来する生の悪さを解消するべく、善き生の構想と現実の生とを合致させる努力を開始する。

一般に我々は、不一致を生み出しているのは構想に従わない我々の行動や身体であると考える傾向にある。それゆえ我々は自由や幸福のために、行動や身体の方を変化させようと努力する。現実を構想の方へ引き上げようとするのである。だが前章の議論で注意が向けられたのは、むしろ構想の方が不調和を生み出していると考えることもできるという事実であった。多様な動機を調和的に統合するような安定した構想を生み出すことができないために、現実の生はいつまで経っても構想と合致することがない。本章で注意が向けられるのは、ある構想を善いと評価する理性の価値観ゆえに、現実の生と構想が合致することができず、我々の苦しみが続いているという事態である。平たく言えば、理想が高すぎるがゆえにつねに現実の自己が劣ったものに見えてしまうということだ。

ニーチェやフロイト、また彼らの影響を受けた現代の思想家たち――たとえばフーコーやバトラー――が明らかにしたのは、まさしく良心に従うことが必ずしも我々の生を善いものにするわけではないということであった。良心のまなざしは抑圧的な監視のまなざしであり、それは我々の生を陰鬱なものにする。罪悪感に苛まれ、自己との疎外に苦しむのなら、いっそ良心の求めに耳を閉ざすというのも一つの可能な生き方なのではないか。人間の善き生を主題としている以上、我々はこうした解決の方向性――理想や良心を相対化することによる善き生の探求――についても検討しておく必要があるだろう。

いまフロイトの名前を出したが、我々は第二章「フロイト論」において、既にこの問題に出会っている。リクールは「検証論文」で、精神分析は患者に「社会の観点を押しつけている」という批判を取り上げていた。批判を介して問われていたのは、我々の自己理解を媒介する理論に含まれる「正常／異常」という基準の正当性であり、社会と個人のあいだの不適合が病因であるというとき、なぜ個人だけが治療の対象となるのか、治療的介入とは社会を防衛する手段でしかないのではないのかといった疑問が提起されたのである。ところがリクールはこうした問題を取り上げながらも、「自己確証」や「循環」の正当化に分析の焦点を合わせることにより、問題に答えを出すことなく議論を終えてしまった。本章では、悪論との連続性を念頭に置きつつ、イデオロギー論という体裁のもとで改めてこの問題をとりあげることにしたい。

第一節では現代の反良心論を概観し、第二節ではフロイトの超自我論の検討を行なう。フロイトの超自我論の主題は良心の相対化にほかならず、精神分析の治療はその成否にかかっているといっても過言ではない。治療的介入の正当性に関するフロイト自身の考え（リクールは「フロイトはこの疑いと戦い続けた」と言っていた）を再構成することにより、良心批判のありうべき戦略とはいかなるものであるのかを明らかにすることを目指す。この作業を行なうことにより、リクールの解決の独自性もあぶり出されることになるだろう。リクールのイデオロギー論については第三節で扱う。

ただし問題に対するリクールの解答は、本章ではその方向性が大まかに示されるにとどまるだろう。というのも、リクールがイデオロギー批判の重要な手段として注目するのは「フィクション」であり、我々はそのフィクション論を（第Ⅱ部）第五章で取り上げることになるからである。こうした意味で、本章の考察は次章の議論を準備するものであり、第Ⅰ部の議論を第Ⅱ部「解釈的想像力」の議論へと移行させる蝶番の役割を果たすことになる。そして悪の問題やイデオロギー批判を背景としてフィクション論を読むとき、我々は後者の哲学的意義をより深く理解することができるようになるはずである。

本章は反良心の思想に対するリクールの応答を浮かび上がらせることをさしあたりの目的としているが、それは結果的にリクール哲学を現代思想のアリーナに引っ張り出すことにつながるだろう。しばしばリクールという思想家は、時代に取り残された現代フランスの講壇哲学者として、現代思想の現代性を演出するための踏み台に用いられることがある。だが著作を超えた一つの体系として把握するなら、その思索は間違いなく深い。良心論の文脈でリクール哲学を討議に参加させることにより、本章は〈凡庸な常識的思想家ポール・リクール〉というイメージを修正・更新することも目論んでいる。

1　問題の導入——良心と権力

（1）マッキンタイア

あるべき自己や理想の自己に関する理解はどこから来たのだろうか。試みにアラスデア・マッキンタイアの議論を取り上げてみることにしよう（マッキンタイアについては第七章で詳しく論じる）。マッキンタイアによれば、「私の人生の物語はつねに諸共同体の物語のなかに埋め込まれている」［AV 213 二六二］。この一節が意味するのは、我々はたんに人間という種に属しているだけではなく、好むと好まざるとにかかわらず様々な「実践practice」に帰属しており、そこで様々なアイデンティティを与えられているということである。いま注目すべきは、実践に帰属することにおいて、人は諸々の規範への服従を余儀なくされていることである。マッキンタイアは次のように言っている。

> 実践には諸善の実現だけではなく、卓越性の基準とルールへの服従とが含まれている。実践に参入するということは、そうした基準の権威を受け入れることであり、それに依拠してみずからのふるまいの不十分さを認めることでもある。それは自分自身の態度、選択、好み、趣味を、〔全面的ではないにせよ〕実践を部分的に規定している現行の基準に服従させることである。すでに指摘したように、もちろん実践には歴史がある。諸競技、諸科学、諸芸術はみな歴史を持っている。この意味で諸々の基準は批判を免れているわけではない。だがそれでも、これまでに具現化された最善の基準が持つ権威を受け入れることがなければ、我々が実践への入門を許されることはありえないのである。［AV 190 二三三］

さまざまな実践は、実践に固有の定義や卓越性の基準——たとえば「よい医療」とは何か、「よい医師」とは何かといった問いに対する答え——を有している（そうした定義や基準を有した共同的な営みを「実践」と呼んでいるわけである）。それらに従って各プレイヤーが活動することにより、特定の実践はまさにそのような実践として維持されてきた。また先達たちはそれらに依拠して卓越と賞賛を勝ち取り、そのことを通じて実践の発展や活性化に寄与してきた。現実にそこで運用されている規範や基準に従うことなしには、そもそも実践に参入することはできないのであって、新入りにとって重要なことは、これまで実践のなかで共有されてきた規範や基準を把握し、正統なプレイヤーになることである。マッキンタイアはこうした実践の歴史への参加を、「物語のなかに埋め込まれている」という表現で言い表している。

こうした議論をふまえるとき、個人が心に抱く理想や基準は、個人が様々な実践に埋め込まれ、そこで諸々のアイデンティティを与えられていることに由来していると考えることができる。逆に言えば、我々のアイデンティティや自己理解は、我々が埋め込まれている実践なしには成立しえないのであり、同様のことは自己疎外や罪悪感にもあてはまるはずである。

（2）フーコー

実践の規範への服従とアイデンティティ獲得の連関、あるいは規範の変化と自己理解の変化の連関という主題を考えるうえで、ミシェル・フーコーの仕事を無視することはできない。フーコーが問題にしたのはいわば〈人間〉という実践であり、たとえばフーコーは『知への意志』のなかで、「主体」が「服従」を通じて構成されるという「assujetissement（主体化＝服従化）」の概念を提示しつつ、ある時代ある場所において、一人一人の人間を理解し、そのアイデンティティを構成する言説生産の視点として「性」が選択されていたことを論じている［Foucault (1976) 733 一九六］。そのなかでフーコーが「告白 aveu」について次のように論じていることは、現在の考察にとって大きな意味を持つ。

ところで、告白とは、語る主体と語られる文の主語とが一致する言説の儀式である。また告白とは、権力の関係のなかで展開される儀式でもある。というのも、少なくとも潜在的であれ相手がいないとすれば、人は告白をしないからである。この相手というのは、たんに対話の相手であるにとどまらず、告白を要請し、強要し、評価すると同時に、判決を下し、罰し、許し、慰め、復帰させるために介入してくる審級でもある。さらに告白とは、真理が、それが言葉によって言い表されるために取り除かれねばならなかった障害と抵抗とによって、真理として認証される儀式でもある。そして最後に告白とは、告白を口にしたというただそれだけのことで、それがその外側で引き起こす諸々の帰結とは無関係に、告白を言葉にした者のうちに内的な変容を生じさせる儀式でもある。告白を口にすることが、告白する人間を無実にし、その罪を贖い、純化し、その過ちの重荷をおろし、自由にし、救済を約束する。

［Foucault（1976）660 八二］

引用ではキリスト教の告解や精神分析など、現実に告白の聞き手が存在しているケースが念頭に置かれている。そしてそれゆえに、内面に隠されたものを公表することのパフォーマティヴな効果に焦点をあわせることも可能となっている。リクールの悪論における告白とは、まずもって私が私に対して行なうものであるから、フーコーの告白に関する分析をそのまま悪論に適用することはできないだろう。だが「少なくとも潜在的であれ相手がいないとすれば、人は告白をしない」というフーコーの指摘について言えば、それはリクールの悪論が触れずに済ませていた重要な側面に光を当てるものとなっている。すなわち、私は自分自身を眼差し、自分自身について語るのだが、実は私はその語りを誰かに向けて語っている。言い換えれば、私の語りは客観的で中立的な視点から遂行されるわけではなく、相手が誰であるかによってその形式や内容を変化させる。私はその誰かが要請する主題、視点、方法によって自分自身のことを語るわけであり、何が告白に値する主題であるのか、何を告白すると私は自身に関する重大な真理を明らかにしたことになるのか、といったことを決めるのは私自身ではないのである。

告白の仕方を決めるのは語り手ではないということから、フーコーは告白を権力関係のうちで遂行される行為であると論じている。権力に服従することなしに、人は自己理解や自己評価を得ることができない。フーコーはこの権力は特定の実在する機関や人格に還元されるものではないことを指摘するが、そのことはむしろ現実の聞き手を欠いて孤独のうちになされる内面の告白を考えることで、よりよく理解されるだろう。つまり自己を理解し評価するさい、人が服従しているのは実践の諸規則と卓越性の基準であり、現実に存在する告白の聞き手が聞き手としての資格を与えられていることは、この規則と基準への通暁によって説明される。司祭や分析家も、語りの方式や評価の基準を恣意的に変更できるわけではない。

（3）バトラー

フーコーの衣鉢を継ぐ現代の哲学者、ジュディス・バトラーは次のように言っている。

> 自分の存在の承認をもとめるさい、その存在をみずからが作り出したわけではないカテゴリーや言い回しや名前にあてはめることを強いられて、主体は自分の存在のしるしをみずからの外部に、支配的であると同時に月並みな言説のうちに探し求めることになる。言い換えるなら、主体化＝従属化のなかで、人は服従という代価を払って存在を得る。〔これ以上すすめば〕選択が不可能となってしまう直前のところで、主体は存在の保証としての服従を追い求める。この追求は選択によるものでもなければ、必然によるものでもない。主体化＝従属化は存在への欲望を搾取する。主体化＝従属化はつねに存在がどこか別の場所から与えられる地点で、主体化＝従属化が示しているのは、存在するために〔主体が引き受けざるをえない〕〈他者〉に対する原初的な脆弱性である。（１）
>
> 〔Butler（1997）20 三二〕

引用のなかで、バトラーは人が慣習や規範に服従してしまうことの原因を、〈存在しないよりは何者かとして存在していたい〉という我々の承認欲求に求めている（そのさいバトラーはフロイトの超自我論を参照している）。排除されたり、黙殺されたりすることなく〈仲間〉と協調的に生きていくためには〈資格〉が必要であり、人は〈資格〉獲得のために努力する。だが承認への欲求を搾取され、規範に服従することにより、我々の生は不自由で困難なものとなる。諸実践の規範や卓越性基準は場合によって、いやむしろ多くの場合、人に劣等感や罪悪感を与えることになるだろう。「人は例外なく、自分では選ぶことのできなかった自分自身の生の条件と闘っている」［Butler（2005）19 三五］。では、どうすれば劣等感や罪悪感から抜け出すことができるのか。そのための方途は、義務や要請に応えることができるように努力することだけではない。たとえば、みずからが埋め込まれている実践を抜け出すことや、帰属している実践の規範を変更すること、そして他者とともにあらたな実践を立ち上げることもまた、自己疎外に対処する正当な方法でありうる。それは「現在の体制との関係で、主体として認識されない危険」［Butler（2005）23 四二］をおかすことを意味するが、バトラーが可能性を模索し、必要性を主張するのはまさにこのような対処法である[2]。

バトラーの著作は、あるべき自己や生のかたちへと現実の自己を引き上げていくのではなく、そのような理想や規範を相対化し、変更するという方向で人間の善き生を考察しようとしている点で注目に値する。少なくとも第三章で取り上げたリクールの悪論には、こうした方向の考察は認められなかった。

（4）リクール

リクール哲学は「自分では選ぶことのできなかった自分自身の生の条件との闘争」に対する問題意識と、それに対処するための戦略を持ち合わせているのだろうか。

良心へのまとまったかたちでの言及を、『他者のような自己自身』（一九九〇年）に見出すことができる。その末尾、「自己性と他者性」と題された節のなかに、リクールは「良心」という項を設けている。ただし、ニーチェやフロイトの名前に触れてはいるものの、リクールは当該の項のなかで自己疎外や罪悪感の観点から良心の問題を論じているわけではない。節のタイトルが示唆するように、リクールが取り上げているのは良心の「他者性」をどのように解釈するかという問題であり、レヴィナスとハイデガーの対照が議論の軸となっている。重要な考察ではあるが、実践の抑圧的性格とそれへの対応に焦点を合わせている本書にとって、その議論は隔靴掻痒の感が否めない。

そこで本書は、リクールの精神分析論とイデオロギー論を手がかりにして、反良心論に対するリクールの応答を引き出すことを試みる。フロイトはニーチェと並び、現代の反良心論の最も重要な思想的源泉である。さらにフロイトはリクールが言及する諸思想家のなかでも格別の地位を占めている(詳細については第二章の「序」を参照されたい)。リクールのフロイト論の読解を通じ、良心の相対化に関するリクール自身の思索を具体化するというアプローチは有望だろう(第二章でも我々は同様の方法を採用した)。次節でフロイトの超自我論を検討し、節をあらためてリクールの思索の再構成に着手することにしよう。

あらかじめ断っておくなら、次節の内容は〈啓蒙主義者〉としてのフロイトの治療戦略に焦点を合わせた説明となっており、その一面性を否定しえない。ただ、それはけっして突飛な読解ではなく、すでに共通見解となっているものを、理路が判明になるような仕方で組み立て直したものである[3]。私のフロイト解釈とリクールのフロイト解釈の相違を問題にする向きもあろうかと思うが、リクールのイデオロギー論の意義を浮き彫りにするためには、中立的な立場からフロイトの戦略を詳細に紹介しておく必要があるだろう。問題になるとすれば、それは私のフロイト読解の客観性であり、(リクールの戦略を際立たせるうえでの)有効性である。私の読解とリクールの読解の相違はここではさほど問題とはならないはずである。

2　啓蒙主義者フロイト——神経症の治療をめぐって

(1)　道徳的マゾヒズム——個人の超自我と文化の超自我

神経症という疾患の発症メカニズムとその治療方法を探求することが、フロイト（一八五六—一九三九）の精神分析の中心的な課題であった。生涯を通じてフロイトはさまざまな観点からこの問題を論じている。一九二〇年以降のフロイト、いわゆる後期フロイトを特徴づけているのは、「超自我」概念や「死の欲動」概念の導入である。本節では超自我と自我の関係を入口として、神経症の発症と継続に関するフロイトの考察を確認していくことにしたい。概念装置の変更は認められるものの、病因と治療法に関するフロイトの考察は根幹において変わるところがないというのが本書の見立てである。(4)

フロイトが「超自我」概念をはじめて用いたのは一九二三年の『自我とエス』であると言われている。子どもは異性の親に対して愛（性的欲望）を抱き、同性の親に対して愛と憎しみを抱く。範型となるのは、男児の陽性の「エディプスコンプレックス」(5)、すなわち男児が母親に対して性的欲望を抱きつつ、その実現の障害となる父親を排除したいという願望を抱く場合であるが、このエディプスコンプレックスが崩壊するさい、男児は父親への愛に後押しされ、父親と「同一化」することを通じて性的欲望や復讐欲望を断念する。「同一化」とは、父親に感情移入し、父親を手本として模倣するようになるということだろう。フロイトによれば、この父親への同一化が超自我あるいは良心の起源にほかならない。超自我＝父親に認められ、愛されることは、子どもの自我に満足をもたらす。以後、子どもはこの満足と引き換えに諸々の欲望を断念することになるが、父親は自我が同一化する最初の権威であり、欲望の断念と権威への同一化はその後も繰り返される。それは「外的な世界のさまざまな抑止力の一部を内在化」［GW-XVI 224 一四七］して欲望の満足を断念するようになる過程、すなわち自我が現実原則にしたがって快感原則を修正していく過程に対応していると言えるだろう。そして同一化を繰り返すなかで

「各個人はきわめてさまざまなモデルにしたがって自分の自我理想を形成する」。フロイトによれば、この自我理想(超自我)と自我との距離、すなわち「良心の要求と自我の行為のあいだの緊張」が「罪悪感」である[6][GW-XIII 265 三四]。「超自我は父親の性格を保持することになり、エディプスコンプレックスが強ければ強いほど、また(権威、宗教的な教え、教育、読書などの影響を受けて)その抑圧が行なわれるのが急速であればあるほど、後になって超自我は良心として、あるいは無意識的な罪悪感として、より強力に自我を支配することになる」[GW-XIII 263 三一]。神経症を引き起こしているのは、この無意識の罪悪感である[7]。

ただし、議論はこれで終わらない。フロイトは超自我に由来する罪悪感をめぐる議論に、一九二〇年の『快原理の彼岸』で導入された「死の欲動」の着想を合流させる。それは、人間には生得的な攻撃欲動が存在していて、他者との共同生活のなかで自我は破壊欲動の断念を余儀なくされているという考え方であるが、フロイトによれば、この攻撃欲動が超自我の引き起こす罪悪感に相乗りすることにより、罪悪感に歯止めがかからなくなる。言い換えれば、断念された攻撃欲動は反転して内部へと向かい、(同一化した)超自我による自我への攻撃というかたちで充足されるようになる(この着想の源泉はニーチェであろう[8])。それゆえ「人間が外部への攻撃性を制限すればするほど、自我理想においては厳格で、自我に対して攻撃的になる」[GW-XIII 284 五六]。それでも自我の方は、超自我の要求がどれだけ厳しいとしても、その要求に応えることができれば厳しさの分だけより深い愛を獲得することができると考えて、攻撃を甘受し続ける。結局、罪悪感の背後には、権威からの承認という代償的な満足と攻撃欲動の充足が隠れているわけで、そうした快の存在を根拠にした罪悪感の高まりを、フロイトは一九二四年の論文「マゾヒズムの経済論的問題」のなかで「道徳的マゾヒズム moralische Masochismus」と呼んでいる[GW-XIII 383 二九九]。

ところで、後期フロイトの著作群のさらなる特徴として宗教批判を挙げることができる。フロイトは「宗教的な現象は、我々のよく知る個人の神経症の症状をモデルとすることによって初めて理解することができる」[GW-XVI 160 七二]と述べ、『ある錯覚の未来』(一九二七年)、『文化の中の居心地の悪さ』(一九三〇年)、『続・

精神分析入門講義』（一九三三年）、『モーセという男と一神教』（一九三七年）などの著作のなかで、宗教を共同体の神経症として分析している(9)。フロイトは「汝の隣人を汝自身のごとくに愛せよ」というユダヤ教／キリスト教の教説を、「文化の超自我の倫理的な要求」とみなしつつ、人間にとって「この命令は実行できない」と指摘する。ユダヤ教／キリスト教を信仰する人々は、実行不可能な要求を実行しようと努力するなかで代償的な快を獲得し、疚しさによって攻撃欲動を充足させているというのである。このとき宗教の超自我は「命令はその遵守が困難であれば困難であるほど、その実行は賞賛に値する」と言い、「よりよい来世の約束」をもちだすことで、信者を従属的な状態に押しとどめようとする。フロイトは『文化の中の居心地の悪さ』のなかで次のように説明している。

> 超自我は厳しい命令や禁止を突きつけてくるが、個人の幸福のことはほとんど顧慮していない。エスの欲動の強さや周囲の現実の諸々の困難など、命令や禁止を遵守するうえでの様々な抵抗のことを十分に考えていないのである。それゆえ、我々には治療の観点から超自我と闘うことが避けられず、その要求を低下させることができるように努めているところである。文化の超自我の倫理的な要求に対しても、これと全く同じ異議を唱えることができる。文化の超自我も、人間の心の構造という事実に十分な注意を向けることはなく、命令は出すものの、人間がその命令に従うことができるかどうかなど問いはしない。むしろ超自我は、人間の自我には課せられたすべてのことを心理学的にこなすことが可能であり、自我にはみずからのエスを無制限に支配する権利があると想定している。この想定は間違いであり、いわゆる正常な人間においても、ある限度を超えてまでエスを支配することはできないのである。それ以上の支配を要求してしまえば、個々人は反抗するか、神経症に陥るか、不幸になるだろう。　[GW-XIV 503 一五九]

幸福な生とはどのような生であるのかという問題は開かれたままであるとはいえ、また患者／信者がそこから快を得ているという事実があるとはいえ、たしかに実現不可能な命令を実現できない己を攻撃し続けるというのは不健全に思える。では、どうすれば超自我の攻撃を弱めることができるのか。あるいは誰が「超自我と闘う」のか。神経症に陥っている患者／信者は自力で症状から抜け出すことができない。だからこそ精神分析の知を有した分析家の助けが必要となる。このとき「抑圧」されている無意識の記憶や欲望を、解釈を通じて意識化することが精神分析の治療法の基軸をなすということはよく知られているだろう。しかし、超自我と自我の関係という観点からみた場合、それとは別の治療アプローチが前景化してくることになる。たとえばフロイトは一九二七年の『ある錯覚の未来』のなかで、「子どもは欲望の要求を合理的な精神の営みによって抑制することができず、抑圧という行為によって抑えるしかない」、「人類は無知で、知的な能力の弱い時期には、共同で生活するためにその欲動を放棄しなければならなかった」［GW-XIV 366 四八］などと言っているが、こうした口吻は、患者の自我を教化・強化し、超自我の要求を批判的に検討できるだけの合理性を回復させるという治療の方向を予感させる。続く部分では、患者の自我の教化・強化が、無意識の意識化とともにフロイトの精神分析の中核的な治療法であることを確認しつつ、治療法の二重性から垣間見える精神分析の問題点を浮かび上がらせることにしたい。

（2）フロイトの治療法1——抑圧された記憶の意識化と抵抗の克服

無意識的なものの意識化という治療法は、最初期の『ヒステリー研究』（一八九五年）で提示されて以来、後期に至るまで変わることなく維持され続けている。『ヒステリー研究』の共著者であり、精神分析の生みの親とされるブロイアーによれば、ある体験によって「驚愕、不安、恥、心痛といった苦しい情動」［GW-I 84 九］が引き起こされ、この情動を「反応による除去あるいは連想的思考作業」［GW-I 94 二〇］などの手段によって処理することができなかったとき、体験の記憶が無意識へと追いやられて想起不可能となる一方［GW-I 88 一四］、情動は体験の記憶と結合したままその強度を保ち続け［GW-I 90 一六］、その心的エネルギーが身体症状に転換されることにより［GW-I 267 二六五］、患者のヒステリー症状が持続する。このような病因分析が示唆するのは、トラウマ的体験にあらためて処理を施すことがヒステリーの治療法になるということだろう。すなわち患者がトラウマ的体験の記憶を呼び覚まして、それに情動的に反応しなおすこと、また患者がみずからの体験を言語化して、それを新たに意味づけ直すことにより、ヒステリーの症状は解消する。[10]ただしこの方法は、想起不可能な体験を想起するという矛盾を患者に要求している。この矛盾を解決するためにブロイアーが用いたのは催眠である。実際に催眠状態ではトラウマ的体験がいきいきと想起された。

共著者である以上、ヒステリーの病因と治療法に関するフロイトの理解はブロイアーのそれと大きく異なるものではない。しかし、フロイトは次の二つの点でブロイアーとは見解を異にしており、この相違によって精神分析は〈フロイトの精神分析〉として展開することになる。第一にフロイトは、トラウマのなかでも性的トラウマに焦点を当てており［GW-I 255 三二六］、「神経症において性欲が果たしている病因としての役割」［GW-XIV 51 八六］を重視している。[11]「病原となる葛藤はそれゆえ自我欲動と性欲動のあいだの葛藤であり」［GW-XI 363 四一八］、「神経症者はなんらかの不首尾によって発症するが、それは現実がその性的欲望の満足を認めない場合である」［GW-XI 310 三六三］。

第二に、フロイトは催眠を通じた処理という方法、すなわち「カタルシス法」を採用しない。たしかにフロイトも、トラウマ的体験の記憶を想起することができず、情動が放散されないことが神経症の原因であることを認める。だがフロイトは、想起の不可能性にはさらなる原因があると考える。それはトラウマ的体験の記憶を無意識へと「抑圧」している自我の働きであり、この働きは進行中の治療において記憶の意識化に対する「抵抗」としてあらわれる。言い換えれば「治癒そのものが、自我によって新たな脅威として受け取られるようになる」［GW-XVI 84 二七四］のであり、治療への抵抗は催眠への抵抗にも結びつく［GW-I 267 三四〇］。それゆえ催眠は神経症の万能かつ根本的な治療法ではない。フロイトは「病因となる諸表象が意識化されることに（想起されることに）抵抗する心的な力が患者のうちには存在し、私はみずからの心的な作業によってこの心的な力を克服しなければならない」［GW-I 268 三四一］と述べ、抵抗の解消に治療の主眼を置く。

では、フロイトはどうやって抵抗を克服しようとするのか。まず注意すべきは、分析家による無意識の解釈とその伝達によって抵抗が弱まるわけではないということである。分析家は自由連想法によって得られた患者の語りから、トラウマ的体験の内容を解釈する。だが、抵抗を解除しない限り、記憶や欲求の再構築は意味を持たない。抵抗が強いときに解釈を伝えることは、むしろ抵抗をより強めることにつながってしまう。それゆえ治療を急いではならず、抵抗が弱まったしかるべきタイミングで解釈を提示する必要がある。フロイトは折にふれてこの事実に言及している。たとえば「治療の開始のために」（一九一三年）のなかでは次のように言われている。[12]

たしかに主知主義的な考え方をしていた分析技法の最初期の段階では、我々は患者が自分の忘却しているものを知ることを重視し、我々が知ることと患者が知ることとは異なるという点をほとんど理解できていなかった。忘却されている患者の幼児期の外傷に関する消息を、首尾よく患者とは別の方面、たとえば両親や養育者、あるいは誘惑者本人から手に入れることができたとき（いくつかのケースではそれが可能となった）、我々はこれを特別の好機ととらえ、神経症とその治療をすぐに終わらせることができるという期待を抱いて、この情報と正しさの証拠を取り急ぎ患者に告げ知らせたのであった。期待した成果が得られなかったことにはひどく失望した。いったいどうして、今や自身の外傷体験について知っているはずの患者が、以前と変わらずまるで何も知らないかのようにふるまうということになるのか。抑圧された外傷について報告し、詳述した結果、患者がそれを想起するということさえ生じなかったのである。

［GW-VIII 475f. 二六五］

したがって、神経症を治療するためには、患者の自我にはたらきかけて抵抗をやめさせるよりない。このときフロイトが取り上げる一つの方法は「反芻処理」である。[13] それは治療のなかで現働化している抵抗を患者に自覚させることにより、抵抗の克服をめざす方法である。だがこの方法は、カタルシス法とちがって劇的な効果をもたらすものではない。フロイトはすでに『ヒステリー研究』のなかで、「心的な抵抗、とりわけずっと以前から確立されている抵抗は、時間をかけ、一歩一歩進むことによってのみ解消されうるし、それには根気よく待たなければならないということを、まず肝に銘じておかねばならない」[GW-I 285 三六〇]と述べている。前項で確認したように、道徳的マゾヒズムの背後には代償的な快の獲得と攻撃欲動の充足が存在しているのだった。患者は「病気であることに満足を覚え、病苦という罰を決して手放そうとしない」[GW-XIII 279 四九]。言い換えれば、神経症にはそれが継続している理由（一定の合理性）が認められるわけである。こうした点で、患者に抵抗をやめさせることは、患者にこれまでとは違う生き方をするよう説得することに等しい。これまでの生き方を頭ごなしに否定されたとき、患者が治癒への抵抗を強めるのはおかしなことではない。フロイトは一九一四年の「想起、反復、反芻処理」のなかで、病気の理由に対する理解を示すことの重要性を説いている。

病気それ自体は、患者にとって軽蔑すべきものであってはならず、むしろ尊敬すべき敵とみなされるべきである。病気とは患者自身の本質の一部であり、その背後にはそれが存在するだけの正当な動機が控えているのであって、そこから今後の患者の人生にとって価値のあるものを取り出すことが肝要である。こう考えるなら、症状として現れ出ている〈抑圧されたもの〉と和解することに対して、はじめから覚悟を決めておくことができるし、病気に対してある種の寛大さを示すことも容認されることになるだろう。[GW-X 132 三〇二]

引用における「病気に対する寛大さ」が意味するのは、たとえば、治療にどれだけ長い時間がかかったとしてもそれを受け入れることである。フロイトによれば（「治療の開始のために」）、治療は「半年から一年」の時間幅を必要とし[GW-VIII 462 二五〇]、平均一時間の面談を「日曜日と祝日を除いて毎日」の頻度で行なわれなければならない[GW-VIII 459 二四七]。これだけの時間が必要になるということは、精神分析の目的が患者の生き方なり人間性を変えることにあるのだとすれば、むしろ当然のことと言えるだろう。フロイトは「終わりのある分析と終わりのない分析」（一九三七年）のなかで、防衛機制を用いることによって人間の自我が未熟で弱いままにとどまり、「正常‐自我」から隔たっていることを「自我変容 Ichveränderung」と呼ぶ［GW-XVI 80 二六九］。そして、フロイトによれば、それこそが各人の「性格」を構成する。(14) 上の引用でフロイトは病気を「患者自身の本質の一部」と言っていたが、それは病気が個々人の「性格」を構成しているという事実に対応するものと考えてよいだろう。性格を変えることの難しさは一般によく知られているところである。

以上、フロイトによる神経症の治療法の根幹は抵抗の克服にあり、抵抗の克服は患者の自我を再変容させることによって果たされることを論じてきた。次項ではこのことを確認しつつ、フロイトが患者を具体的にどのように変容させようとしているのかを明らかにすることにしたい。

（3）フロイトの治療法2――「患者を人生に対してより強靭にする」(15)

患者に抵抗をやめさせることは時間のかかる困難な作業である。だが、分析家は徒手空拳というわけではない。すでに『ヒステリー研究』のなかで、フロイトは「通常ひとりの人間が他の人間に対して心的影響を及ぼすために用いる手段は、ほとんどすべてがこの場合の手段となる」［GW-I 285 三六〇］と述べているが、その後分析経験を重ねていくなかで重要性を高めていった手段として「転移 Übertragung」の利用をあげることができる。転移とは、抑圧を引き起こした状況において特定の誰かに――たとえば幼児期に父親に――向けられていた欲望や感情が、治療の場であらたに医師に対して向けられることである。分析家を相手に、かつての葛藤状況が再演されると言ってもよい。このとき「陽性転移」とは、分析家に対して恋愛感情が向けられている状態であり、分析家はこの愛を利用して患者を治療に前向きにさせ、その抵抗を弱体化させることができる。『精神分析入門講義』では陽性転移について以下のように語られている。

患者は、分析を通じて明らかになった抵抗との正常な葛藤を戦い抜かなければならないのですが、患者はそのための強力な原動力を必要としています。この原動力が、我々が望むように患者を治癒へと向かわせるという意味で、患者の決意に影響を及ぼすわけです。そのような原動力がないとすれば、患者はかつて生じた結末を反復することに決め、意識のうちに引き上げられたものが再び抑圧のうちへと滑り落ちていくのを是認するということになりかねません。このとき、戦いにおいて決定的な役目を果たすのは、患者の知的洞察ではなく——知的洞察はそのような役目を果たすだけの強さも自由も備えていません——、もっぱら患者の医師に対する関係であります。陽性のしるしをともなっている限りにおいて、患者の転移は医師に権威を付与し、医師の報告と解釈に対する信仰へとかたちを変えます。このような陽性の転移が認められない場合、あるいは転移が陰性である場合には、患者は医師にも医師の論証にもけっして耳を傾けることはないでしょう。〔……〕あとになってはじめて、信仰は論証の余地を認め、論証がみずからの愛する人によって提示された場合に、それを検討し考慮に入れるようになるわけです。 [GW-XI 463 五三八]

引用の後半で言われているのは、その真理性が確証されているから解釈を信じるのではなく、分析家を信じる（愛する）からこそ、患者はその言葉を真理として受け止めるということである。そして分析家と患者の言葉のやりとりを通じて症状が緩和するとき、患者は分析家の権威を再認し、分析家の解釈に対する信用を強めていく。こうした好循環のなかで、患者の抵抗は弱まり、解釈が受け入れられ、無意識の記憶や欲望が意識化されて病気は治癒へと至る。もちろん「陰性転移」が生じることは避けられず、治療は一本道に進むわけではないが、分析家は患者の反発や症状悪化を患者の人となりの理解に役立てることができるし、患者がみずからの抵抗に気づくことは自我の再変容にとって不可欠の契機となる。それゆえ転移は全体として治療にとって本質的な現象である。自我の再変容に焦点を合わせるなら、〈分析家に対する愛が患者の抵抗を弱め、患者に自身の生き方や性格を反省する機会を与える〉ということになるだろう。このとき分析家に求められるのは、患者を葛藤状況に置き続けること、すなわちみずからに向けられた患者の欲望を充足させないよう注意しつつ、患者が充足されない欲望をかつてと同じような防衛手段によって処理しないように導いていくことである [GW-XI 472 五五一]。フロイトは次のように説明する。

よい結果を生むために決定的に必要となる変化は、この新版の葛藤において抑圧が生じないようにすること、リビドーが無意識へと逃避することにより、それがまた自我の手の届かないところに行ってしまわないようにすることです。こうした変化は、医師の暗示のもとで自我変容が生じることによって可能となります。無意識を意識に転換させる解釈の作業を通じて、意識は無意識を飲み込んで拡張し、また教えによって意識はリビドーに対して宥和的となり、リビドーを幾らか充足させることを容認するような性向を持つようになります。さらにリビドーの要求に対する自我の怖れは、その一部を昇華によって処理する可能性を得ることにより、小さくなります。[16]

［GW-XI 473f. 五五二］

さまざまな論点が含まれている一節であるが、まず読み取ることができるのは、超自我の要求に背反するような欲求から目を背けること（抑圧）しかできない自我から、そうした欲求を泳がせておくこと（宥和）ができ、そうした欲求を対象の変更を通じて充足させること（昇華）ができるような自我へと変容させることが、自我の再変容の実質的な目標になるということである。それは自我が超自我に振り回されないようにすることに他ならない。このような変容を自我の〈強化〉と呼んでおくことにしよう。続けてフロイトが言うのは、抑圧されている無意識の意識化や、「教え」が自我の強化に寄与するということである。この「教え」とは先立って「精神分析治療は一種の追教育 *Nacherziehung* である」［GW-XI 469 五四七］と言われていたことをふまえていると考えられるが、ここで想起すべきは、『ヒステリー研究』のなかで「他の人間に対して心的な影響を及ぼすために用いる手段」として、「啓蒙する aufklären」こと、そして「より自由でより卓越した世界理解 Weltauffassung」を伝えることが含まれていたことである［GW-I 285 三六一］。『精神分析入門講義』でも次のように言われている。

我々は〔因習的な性道徳の片棒を担いで〕、自分たちの患者が〔社会倫理への〕批判を聞き入れないようにしているわけではありません。我々は患者が、他のすべての問題と同じく、性的な問題についても偏見にとらわれることなく考える習慣を持つことができるようにしているのです。そして、治療が終わったあとに患者が自立し、完全に放縦な生と絶対的な禁欲生活のあいだのどこか中間的な地点を選び取ってくれるなら、そのことの結果がどのようなものであれ、我々が良心の呵責を覚えることはありません。我々がみずからに言い聞かせておりますのは、自分自身を真実に向き合わせる訓練を徹底し、それを成し遂げた人は、社会で通用している道徳尺度から見ればその道徳尺度にどこか逸脱的なところがあったとしても、不道徳に陥る危険性からは恒常的に守られているということです。〔GW-XI 451 五二三―四〕

フロイトが強調しているのは、精神分析の治療は患者に性道徳の正当性を納得させることによって（患者の超自我に加担して）、患者を症状（葛藤状況）から救い出すこととは異なるということである。反対に精神分析とは、患者の自我を独り立ちさせ、自我が葛藤状況のなかで合理的な判断を下すことができるように教化する実践である。神経症の治療では超自我や自我理想の要求を患者自身が相対化できるようになるということが肝要であり、患者が自発的に性道徳の正当性を問い直してみることなしに治療は果たされない。だから転移についても「分析治療が終わるとき、転移それ自体は片付けられていなければならない」〔GW-XI 471 五四九〕と言われる。精神分析の治療は、分析家が新たな超自我となり、患者を分析家好みの人間へと変容させることであってはならないのである。フロイトにとって「精神分析は、病的な反応を出現不可能にするものではなく、患者の自我にあれこれ自分で決定する自由をもたらすものにほかならない」〔GW-XIII 280 五一〕。精神分析の目標は、まさにカントが定義した意味での「啓蒙」にあると言えるだろう。他人の指示を仰がなければ自分の理性を使うことができない「未成年の状態」を抜け出し、「自分の理性を使う勇気を持て Habe Mut, dich deines eigenen Verstandes zu bedienen!」〔20: VIII 35 一五〕。

こうした方針は共同体の神経症の治療においても変わるところがない。いや、むしろ合理性の強化という側面がより顕著になっていると言ってよいだろう。フロイトは宗教を論じた一九二七年の『ある錯覚の未来』のなかで次のように主張している。

今や次のように言うことが許されよう。どうやら、神経症患者の分析治療におけるのと同様に、「文化による」抑圧が引き起こした結果を、合理的な精神の仕事の成果に置き換えるべき時が来たのだ。

［GW-XIV 368 五〇］

引用では、共同体の神経症としての宗教を「合理的な精神の仕事」によって克服すべきこと、また精神分析はそのような「合理的な精神の仕事」の一種であることが言われている。この「合理的な精神の仕事」とは「科学」を指し、フロイトは宗教の治療を論じるとき、宗教を科学によって克服するという図式で議論を進める。この図式がもっとも顕著なのは、『続・精神分析入門講義』（一九三三年）の最終講義「世界観なるものについて」の議論である。「世界観 Weltanschauung」とは「我々の生をとりまくあらゆる問題を、ある上位の仮想に基づいて統一的に解決してくれる知的構築」［GW-XV 170 二〇七］のことを指す。たとえばキリスト教的世界観において、そこでは最後の審判や来世の仮定によって現実の困難の解決が図られる。だがフロイトによればこのような世界観は「錯覚」にすぎない。フロイトは宗教のことを「合理的思考の規則からの解放を特権として要求するがごとき審級」、あるいは「交通規則などおかまいなしに、高揚した空想の衝動のおもむくままに運転すると宣言している運転手の車」などと言い表して、厳しく批判する［GW-XV 184 二二四］。このとき宗教が幻想であることを暴き、人間を正しい方向へと導くのが科学の仕事であるとされ[17]、科学は「およそ錯覚なるものすべて、この種の情動的要求の所産すべてを、知から厳密に区別する」［GW-XV 172 二〇九］。フロイトは科学についてさらに次のようにも述べている。

科学的思考が取り組んでいるのは、現実との一致に達すること、すなわち我々の外部に我々からは独立して存在し、経験が我々に教えてくれたところでは、我々の欲望が充足されるか挫折するかを決定的に左右するところのものとの一致に達することです。こうした実在する外界との一致のことを我々は真理と呼んでいます。たとえ我々がそうした一致の実践的価値を視野に含めないとしても、科学の仕事の目標はやはりこの一致であり続けるのです。

［GW-XV 184 二二四］

この引用は、科学の探求は、それが人間の生活にどのような利益／不利益をもたらすかということとは無関係に、価値中立的に行なわれるべきであるという主張にとどまるものではないだろう。宗教に対する苛烈な批判をふまえてみても、フロイトが我々に要求しているのは、宗教を頼りにするのではなく科学に依拠して生きることであり、フロイトは、いずれ我々は科学によって検証された真理のみに基づいて生きていくことができるようになると考えている。人間が真に善く生きることができるとすれば、それは「科学的世界観」のもとで生きるときだけなのである。

このような議論に、病気を患者の本質の一部として尊重しようとするフロイトの姿は認められない。宗教批判の文脈において、フロイトの啓蒙主義は急進的なものとなる。しかしまさにその急進性ゆえに、フロイトはいわば科学教に陥っているのではないかという疑問が頭をもたげてくる。フロイトは、科学的世界観も「正常－自我」と同じく一つの「理想虚構」にすぎないこと、そのもとでのみ生きることを人間に要求すれば、人間をあらたに〈非合理性〉という罪悪感へ追いやりかねないことを看過しているように思われるのである。科学による宗教の克服は、新たに科学が文化の超自我に収まるだけのことかもしれない。患者にみずからの理性を使う勇気を抱かせることが啓蒙の本懐であるとするなら、宗教における治療法はむしろ非本来的なものと考えるべきだろう。そもそも、患者（信者）がみずからの生き方を問い直し、手放す動機も明らかにされてはいないのだ。強引な介入は、患者の抵抗を強めるだけだと言ったのはフロイト自身だったはずである。

3　リクールのイデオロギー論

（1）教育の形式と実質

超自我の攻撃を弱め、自我理想から距離をとるためにはどうすればよいのか。この問いは、抑圧されたものの意識化に対する抵抗を解消するためにはどうすればよいのか、という問いと表裏一体であった。これまでの読解が明らかにしたのは、転移を利用しつつ患者の自我を再変容させること、すなわち患者が自分で物事を考え、決められるように自我を教化・強化し、患者が自発的に自我理想を相対化できるよう仕向けるというのがフロイトの解決策の中核をなすということである。

ところで、精神分析の抑圧仮説には多くの疑念が向けられている[18]。抑圧によって想起不能となったトラウマ的体験は本当に実在するのか、そして症状は本当にそれによって引き起こされているのか。転移を利用した患者の再教育という治療方法は、こうした疑念をより深めるものである。すなわち〈患者の性格や生き方が変容し、抑圧されていた欲望や記憶を再処理することができるようになったために、病的症状や病的行動が解消した〉のではなく、〈患者の性格や生き方が変わったために、病的症状や病的行動が解消した〉ということではないのか。抑圧されたものは病気に関係しておらず、病気はもっぱら患者の抑圧的な性格や生き方に由来するものだったのかもしれない。また、自己否定的なものの見方から解放された結果、生きづらさが解消したということなのかもしれない。転移による治癒は、抑圧されたものの意識化が治癒において何ら因果的効力を有していない可能性を浮かび上がらせる。無意識の意識化が何ら因果的効力を有していないとすれば、治癒を根拠に抑圧仮説の正当性を主張することはできなくなるだろう（プラシーボ効果による誤った検証がなされているということである）。

抑圧仮説が棄却されるとき、分析家が他人の生き方に介入することの正当性が同時に問題とならざるをえない。我々は第二章で、転移の利用が孕む倫理的問題――精神分析は、分析家に愛されたいという気持ちを利用して、患者を分析家好みの人間に仕立て上げているにすぎないという疑念――を取り上げた。これに対するフロイトの応答は、精神分析の目標は患者の自我を独り立ちさせることであり、分析家が患者を操作するにしても、それは一時的なことにすぎず必要悪とみなすことができる、というものだろう。確かにフロイトは注意深く、理性的自立の達成を教育の目標としている。フロイトにおいて教育は形式的であり、間接的であり、長期的で、不可逆的である。しかし、抑圧されたものの再処理が治癒の原因ではないのだとすれば、そもそも患者が精神分析の専門家のもとを訪れる理由は存在しないことになる。患者の病気が治癒したとすれば、それはその分析家の再教育（啓蒙）が上手だったからなのである。みずからに向けられた愛をうまく利用して、患者の理性の教化・強化を行なうという方法は、精神分析に独自の方法ではないだろう。分析家以外にもこの方法を巧みに用いることのできる〈教師〉は存在するはずだ。教育を純粋に形式的なものと考えるとき、その手段が精神分析であるべき必然性はなくなる。もし精神分析に教育手段としての固有性が残っているとすれば、それは人間の生きる不調和を性欲動と自我欲動の葛藤とみなすこと、言い換えるなら、人間を性の観点から理解するという実質に求められることになるはずだ。

しかもこの教育の上手さというのは曖昧な概念である。現実の治療において、患者の症状が消え、その生活が安定することが分析家にとっての目標になることは大いにありうる（だからこそフロイトはそれが精神分析の目標ではないことを強調する）。短期で治療成果をあげるべく、分析家は患者の生き方に直接かつ実質的に介入していくのである。それでも抑圧されたものが実在するのであれば、分析家は治癒を根拠に、自分は患者を理性的に自立させたのだと弁明することもできただろう。しかし抑圧仮説がまちがっており、すべては自我の再変容にかかっているのだとしたら、そしてそれでもなお精神分析を超自我と自我の関係を再構築する教育的実践として維持していくのだとすれば、みずからの目指す正常性の実質について分析家が無自覚のままでいることは許されない。血管の塞栓を溶かすように、抑圧されたものを意識化すれば病気が治るというわけではないのだ。正常な状態とは一体どのような状態であり、分析家は自分が患者を支配していないことや、患者が理性的自立を達成したことをどのように判断するのか。あるいは人間を性的な存在としてとらえて教育を行なうことのパフォーマティヴな効果について、どのように評価するのか。フロイトの精神分析は最終的にこうした問題に逢着することになる。

物事はトレード・オフの関係にあり、コストやリスクは避けられない。それゆえ上述の問題の存在により、精神分析の成果や意義がすべて否定されるわけではない。だが重要なのは、精神分析を超自我（良心）と自我の関係を再構築する教育的実践として維持していこうとするとき（第二章で取り上げた、精神分析の解釈学的再構成はまさにそうした試みであったと考えることができる）、そのための手段は精神分析に限定されるわけではないということである。それぞれの視点、それぞれのコストとリスクを伴った代替手段が他にも存在している。リクールがそうした手段として注目するのが「フィクション」である。

（2）イデオロギー批判――科学とフィクション

リクールは「科学とイデオロギー」（一九七四年）という論文で、イデオロギー批判の可能性を論じている。「イデオロギー」という語は共同体の次元での心的現実や世界観として理解することができるが、議論の出発点において、まずリクールはイデオロギーが人間にとって必要であることを指摘する。たとえばリクールは「あまり急いで、イデオロギーの欺瞞や病理を非難すべきではない」［SI 341 二五八］と述べる。「我々はそこから出発して考え」［SI 341 二五九］、「我々はその内部で意欲する」のであり、人間の行為の理解や評価はイデオロギーなしではありえない。だが、イデオロギーがその内部で生きる人間に対して抑圧的に作用するのも事実である。神経症患者もそうであるし、特定のジェンダーや人種が被っている不利益はイデオロギー抜きには考えられない。それゆえイデオロギーは反省され、修正される必要がある。

では、科学によってイデオロギーを克服することはできるだろうか。リクールは「実践に構成的に関与している、認識のイデオロギー的条件から身を引き離すことを可能にするような行為についての視点は存在しうるか」

〔SI 337 二五四〕、また「イデオロギーについて科学的に語ることを可能にするような、非イデオロギー的な視座は存在するのだろうか」〔SI 347 二六五〕と問いかける。この問いに対するリクールの答えは否定的である。それは「イデオロギーについての非イデオロギー的言説は、象徴化以前の社会的現実に達することの不可能性につきあたる」〔SI 355 二七四〕からだ。仮にイデオロギーの外部に抜け出て〈生の現実〉に出会ったとして、その現実はもはや「社会的現実」ではなく、意味や価値を欠いた〈私〉不在の現実でしかないだろう。それゆえイデオロギー批判は、イデオロギーの内部でそれに支えられながら行なわれるよりない。ここからリクールは「イデオロギー批判は原理的に完成しえない試み」であり、「根本的に多元的で、根本的に寛容な社会というものは不可能」〔SI 342 二六〇〕であると結論づける。

同様の考え方を、我々は「精神分析と文化の運動」（一九六五年）という論文のうちに確認することができる。リクールは「幻想」を克服して科学的世界観のもとで生きることを求めるフロイトに対して次のように応答している。参照元は明記されていないが、二節三項で引用した『続・精神分析入門講義』の一節が念頭に置かれていると考えて間違いないだろう。

フロイトにとって、幻想とはいかなる現実とも合致することのない表象のことである。フロイトの定義は実証主義者のそれである。だが、現実的なものと幻想的なもののあいだの二者択一を逃れる、〈想像力〉の働きというものがあるのではないか？　フロイトの学説とともに、またその学説を超え出るような仕方で、我々は神話や象徴がこの二者択一を逃れる意味を含んでいることを学んだのであった。精神分析学とは異なる別の解釈学――それはむしろ宗教現象学の方に近い――は我々に次のことを教えている。すなわち、神話というのは作り話、言い換えるなら「偽りの」、「非現実的な」歴史物語などではないということである。あらゆる実証主義に抗して、この解釈学は、「真」や「現実」は数学的方法や実験的方法によって検証可能なものに限られるわけではないと考える。我々と世界との関係、我々と諸々の存在者との関係、我々と神との関係もまた、「真」や「現実」にかかわっている。そして神話は想像という仕方でこの関係の探求に乗り出すのである。［PMC 206］

まず引用から読み取れるのは、多様な世界観の併存を肯定しようとするリクールの姿勢である。（精神分析を含め）非科学的な理論によって構成された世界観を「幻想」として否定するのは誤っている。さらに引用では、「数学的方法や実験的方法」に対して、想像力の働きの重要性が強調されている。引用末尾でリクールは「探求」という語を用いているが、探求とは現実（正確には心的現実）をよりよく理解しようとする営みを意味しているはずだ。それゆえここから導かれるのは、現実理解は固定的ではなく変容しうるということ、想像力は心的現実の構成にも、変容にも深く関わっているという見解である。そしてそれは、イデオロギー内在的なイデオロギー批判を可能にするのは想像力であるという考え方を予感させる。

実際、リクールは想像力を主題化した「ディスクールと行為における想像力」（一九七六年）という論文のなかで、イデオロギーとユートピアを対置しつつ、「ユートピアとは、家族、消費、政府、宗教などが何であるのかを根本的に考え直す方法である。存在するものについての途轍もない異議申し立ては〈どこでもないところ〉から発するのである」［IDA 258］と述べている。リクールが言わんとしているのは、想像力が生み出した虚構の受容を通じて「我々は新たな着想や、新たな価値や、世界に存在する新たな仕方を試みる」［IDA 245］ということである。またリクールは『時間と物語』でフィクション物語を論じるさいにも、その現実への「関与性」を認めない立場に対して、そうした態度は「文学をそれ自身の世界のなかに閉じ込めてしまい、文学が道徳的秩序や社会秩序に対して向ける破壊力ある切っ先を折ってしまう」［TRI 149-150 一四〇］と反論を試みている。リクールは確かにイデオロギー批判の方法として想像力とフィクションに関心を寄せている。

では、なぜフィクションなのか。それはフィクションが「啓蒙」を可能にするからだろう。これまでの考察において、「啓蒙」とは他者が規範や道徳の正当性をみずから問い直すことができるように誘導することを意味していた。注目すべきは、リクールが『試論』のなかで「象徴は考えさせる le symbole donne à penser」［DI 48 四四］と定式化していることである。この定式は『生きた隠喩』（一九七五年）の「隠喩が生きるのは、それが想像力の躍動を概念の次元において〈より多くのことを考える〉ことへと組み入れるからである」［MV 384 三九五］という説明へと展開することになるのだが、隠喩やフィクションなどの「詩的作品」は読者の想像力を賦活し、そのことを通じて読者の心的現実の変容を引き起こすというのがリクールの基本的な考え方である。『時間と物語』でも、作品の世界観は「暗黙のうちにであれ、明白にであれ、むしろ世界や読者自身に関する新たな評価を引き起こす」［TRIII 447 四五三］と言われている。このとき重要なのは、「詩的作品」の解釈において、読者は作者から知識を直接的に与えられるわけではなく、自分自身で現実や自己について何かを発見するに至るという点である。言い換えれば「詩的作品」は、読者の意識を読者自身が生きる固有の現実へ反転させる〈仕掛け〉として機能するのである。それは詩的言語の解釈が否応なく読者の自覚されていない欲望や思考を活性化させ、それに対して批判的な距離をとることを可能にするからだ。こうした意味で、詩的言語の解釈は転移の状況における「追教育」や「反芻処理」の作業に似ている。次章では、この〈仕掛け〉が成立する機構を把握するべく、考察の場をリクールのフィクション論に移すことにしたい。

第II部

解釈的想像力

第五章　詩的作品の解釈学——フィクション・隠喩・想像力

序　反省哲学と解釈学

第Ⅱ部では、第Ⅰ部で論じた人間の善き生をめぐるリクールの倫理的思索を背景としつつ、想像力が善く生きることとどのように関わりうるのかを明らかにしていく。第五章（本章）では、「詩的作品」——隠喩とフィクション——の解釈における想像力の活動に焦点を合わせる。言い換えれば「詩的作品」の実存的意義に照準を合わせつつ、その意義を現実化する解釈行為をめぐるリクールの思索を再構成することが第五章の課題である。この作業は、第四章で論じたイデオロギー批判と文脈上のつながりを有している。これに対し第六章（物語的アイデンティティ論）と第七章（フロネシス論）では、物語る想像力を主題化する。物語という形式が可能にする固有の理解とはいかなるものであるのかを明らかにしつつ、自己の生を物語として把握することが人間の自由や幸福とどのように関係するのかを考える。この作業は、説明と理解の協働を論じた第二章の議論や、多様な動機の統合の難しさ、また幸福の実質的な条件としての他者との共生を論じた第三章の議論と文脈上のつながりを有している。ただし各章の議論の結びつきは単線的なものではなく、たとえばフロネシス論にフィクション論が合流するなど、それらは豊かな意味のネットワークを作り上げている。

第II部で取り上げられるのはリクール中後期の思索、すなわち『生きた隠喩』（一九七五年）、『テクストから行為へ』（一九八六年、七〇年代に発表された諸論文が収録されている）、『時間と物語』（一九八三—五年）、『他者のような自己自身』（一九九〇年）などの著作で展開されたリクールの思索である。リクールはこれらの著作で、初期の『意志の哲学』の自由論や悪論とのつながりを明示的かつ具体的に論じてはいない。だがそのつながりを意識して中後期の思索の理解に努めるとき、それはそれだけを読んでいるときには見えていなかった深さや潜勢力を開示することになるはずである。

＊

リクールは一九七〇年前後から言語芸術に関心を寄せるようになり、一九七五年には『生きた隠喩』を、一九八三—五年には『時間と物語』を発表している。これらの著作以外にも、リクールは同時期に隠喩やフィクションの解釈を主題とした論文を立て続けに発表しており、中期リクールの思想は言語芸術論を軸に展開したと言うことができる。言語芸術の解釈をめぐるリクールの考察が、自己理解というトポスとの接続を念頭において展開されたものであることははっきりしている。たとえばリクールは「解釈における異化の機能」（一九七五年）という論文のなかで、次のように述べている。

〈コギト〉の伝統に反して、また媒介なしの直観によって自己自身を認識できるという主体の自負に反して、文化の所産のうちに堆積している人間性の諸記号〔を解釈する〕という大いなる迂回を介してのみ、われわれは自己を理解できるのだと言わねばならない。文学がそれを言語化し、分節化してくれていなかったとすれば、愛や憎しみについて、倫理的情動について、何であれ我々が普通〈自己〉と呼んでいるもの全般について、何を知ることができるだろうか。 [FHD 130 一九五]

ここに見られるのは、ひとことで言えば〈我々は文学の解釈を通じて人間について学ぶことができる〉という主張である。我々はすでに人間の情動や行為について一定の理解を有しているが、その理解は文学を読むという経験なしには獲得されることがなかった。我々が自己自身を反省的に理解するさいにも、文学を通して得られた知識が用いられている。それゆえリクールは「解釈学と反省哲学は相関的であり相補的である」[QT 170] と主張する。自己理解が文化の媒介を必要とするという着想は、すでに『フロイト試論』において提示されているが、[(1)] これを引き継ぎつつ、さらに新たな方向へと展開させたのが七〇年代以降の言語芸術論である。ここで〈新たな方向〉が意味しているのは、自己理解や心的現実の変容（再構築）に考察の力点が置かれるようになったということである。それゆえ以下では、詩的作品の解釈と読者の心的現実の変容という観点から、リクールの議論の批判的再構成を試みる。

具体的に取り上げられるのは、〈言語芸術であるからこそ媒介可能な自己理解とはどのようなものであるのか〉、〈言語芸術に固有の媒介はいかなる条件や仕掛けによって実現されるのか〉、〈自己理解の媒体としての役割を期待することは、言語芸術をそれにふさわしい仕方で解釈することにつながるのか〉といった問いである。解釈学と反省哲学の相補性が主張されている以上、我々はたんに自我の変容やイデオロギー批判にはフィクションが必要であるというにとどまらず、フィクションが本質的に読者の心的現実の変容と関係していることを明らかにしなければならないだろう。リクールは「テクストの解釈がそれだけで完結することはなく、それは主体とその自己との関係を媒介する」[QT 170] と述べているが、言語芸術の解釈は反省を志向するという主張の妥当性が批判的に検討されなければならないのである。

1　一九七〇年代のフィクション論

（1）言語の詩的な働き――間接的な真理主張

これまで言語芸術という言葉をもちいてきたが、リクール自身は「詩」や「詩的作品 œuvres poétiques」という言葉をもちいている。「詩」のカテゴリーに包摂されるのは、隠喩とフィクション物語である。リクールにとって重要なのは言語の詩的な働きであり、そのような働きを内蔵している言語表現が「詩」と呼ばれている。我々は次の二つの引用に、リクールが期待する言語の詩的な働きの内実を確認することができる。

隠喩的言語に含まれているディスクールの企図とは、コミュニケーションを改善したり、論証における一義性を保証したりすることではない。我々の言語を打ち砕き、増大させることを通じて、我々の現実感覚を打ち砕き、増大させることこそ、それが企図するところである。隠喩の企図とは、現実を再記述するための発見的フィクション heuristic fiction たらんとすることなのである。隠喩によって我々は言語と現実、両方の変容を経験する。［CL 111］

物語ることは、先行するもろもろの意味づけを統合したり、バラバラにしたりすることによって、それらを新たな平面上に位置づけ直すという役割を果たします。そのようなことがないとしたら、たとえば物語文学が人間の行為の世界から切り離されてしまうとしたら、それは全く安全で、当たり障りのないものとなるでしょう。しかし、文学が人間の歴史や実践を読む我々のやり方に対して異議申し立てをやめるようなことは決してないのです。［Kearney（2004）133 四七］

一つ目の引用では隠喩について、二つ目の引用では物語文学（フィクション物語）について論じられている。隠喩は我々の「現実感覚を打ち砕き」、新たな現実理解をもたらす。フィクション物語は従来の実践理解に「異議申し立て」を行ない、人間の行為を新たに意味づける。言語の詩的な働きとは、我々と現実との関係、また我々と自己自身との関係を「新しくよりいっそう創造的な仕方で媒介し続けること」［Kearney (2004) 133 四七］にあると言えるだろう。なおこうした「詩」による理解の更新は認識の次元にとどまるものではない。たとえば「実存の詩学がディスクールの詩学に応答する」［HPB 148 二一六］とか「読書は別の仕方で存在し、別の仕方で行動することへの誘いとなる」［TRIII 447 四五三］といった一節からは、詩的作品の創造的媒介が我々の生き方や人生構想といった倫理的次元にまで及ぶという考えを見てとることができる。

　リクールによれば、詩的作品がこうした創造的な媒介を担いうるのは、隠喩やフィクション物語が現実について直接的な真理主張を行っていないことと相即不離の事態である。言い換えれば、詩的作品とは現実を間接的に指示する作品であり、この間接性ゆえにそれは世界や自己に関する新たな理解をもたらすことができる。リクールは隠喩のことを「発見的フィクション」［CL 111］と呼んだり、フィクション物語の指示を「隠喩的指示作用」と呼んだりしているが、指示の間接性を根拠に〈詩＝隠喩＝フィクション〉という等式が成立していると考えてよい。リクールは詩的作品の指示作用について、多くの著作で次のような説明を繰り返している。

> ここで私が提示するテーゼは、指示の力とは記述的ディスクール discours *descriptif* の持つ独占的な性格ではなく、詩的作品もまた世界を指し示すというものである。もしこのテーゼが支持しがたく思えるとすれば、それは詩的作品の指示作用が記述的ディスクールの指示作用より複雑で、語本来の意味において逆説的（＝反常識的）でさえあるからだ。結論を先取りして言えば、詩的作品は記述的ディスクールの指示が中断されるという条件下においてのみ世界を展開するのである。あるいは別の言い方をすれば、詩的作品においてディスクールは、ディスクールの第一次の指示する力が中断されることにより、第二次の指示する力を明らか

にする機会を得る。[PL 459 四六]

虚構的なディスクールといっても、現実へと全く回帰しない虚構的なディスクールというのは存在しない。むしろ虚構的なディスクールは、日常言語と呼ばれる記述的・確認的・教育的なディスクールに比べて、より根本的な現実の別次元に到達する。私の主張は、フィクションや詩によって遂行される第一段階の指示の廃止が、第二段階の指示が解放される可能性の条件になるというものである。[FHD 127 一九二]

引用における「指示」とはさきに述べた真理主張に対応しており、第一次の指示の中断を通じた第二次の指示の解放という事態は、真理主張の間接性という事態に対応している。このように言われるとき、ただちに問題になるのは、現実について直接に何かを述べているわけではないのに、隠喩や物語が現実について何らかの理解をもたらしうるのはなぜか、言い換えれば、第一段階の指示の廃止に終わることなく、第二段階の指示が再開されるのはどうしてなのかということである。またこれと同時に、主張の間接性がなぜ理解の創造的媒介を可能にするのかということも問題にされなくてはならない。これらの問題に答えを与えるのが、読者の解釈行為であるということは容易く予想されるところであろう。「詩」の真理主張が直接的ではないとは、それが読者の解釈を媒介する必要があるということであり、間接性とは媒介性なのである。

ところで、隠喩とフィクション物語が現実への直接的な指示を行なわない理由は同じではないはずだ。このことは「フィクション物語」が〈虚構の物語〉や〈架空の物語〉といった言葉と置換可能であることからも理解されよう。フィクション物語は、語られる出来事や行為が生起した時点・地点を、現実を構成する「単一の時間－空間ネットワーク」[IT 35]に定位することを求めず、架空の可能的世界について語る。だが、隠喩は虚構文であるわけではない。隠喩が現実について何かを主張できないのは、隠喩的言表においては主語と述語のあいだに意味論的な関与性が成立しておらず、その文字通りの意味が崩壊しているからである。上に取り上げた引用でも、隠喩は「言語を打ち砕く」と言われていた。たとえば「男は狼である」という隠喩は、そのまま読むなら理解不可能である。文字通りに、男がみな狼の顔をして二足歩行しているような世界が仮構されているわけではない。

こうした相違が示唆するのは、隠喩とフィクション物語では、第二次の指示が再開される仕組みも異なっているということである。しかし先取りして言うなら、一九七〇年代の詩的作品論において、リクールは隠喩とフィクション物語の「詩」としての種差に十分な注意を払っているとは言えず、詩＝隠喩＝フィクションという等式を前提にしたまま議論が進められている。むしろリクールが力を注いでいるのは、①詩的作品の現実への接続を認めない構造主義的なテクスト論と対決すること、そして②言語学の概念を利用して、詩的作品の解釈の過程を形式的に記述することである。その結果、フィクション物語の虚構性が解釈上の問題として主題化されることはなく、フィクション物語において第二段階の指示が再開されるダイナミクスに考察が及ぶこともなかった。このとき看過できないのは、この空白が上記②の議論に歪みや混乱を生み出していることである。これにより七〇年代のフィクション物語論を整合的に理解することは難しくなっている。

リクールの思想の通時的変化に着目するなら、八〇年代に書かれた『時間と物語』のフィクション物語論の特徴を、先行するフィクション論の不整合の解消という点に求めることができる。『時間と物語』のリクールは、過去のみずからの議論を自己批判しつつ、物語の虚構性に焦点を合わせて考察を進めている。これは裏を返せば、読者の解釈行為がより深く掘り下げられるようになったということでもある。この変化は、『時間と物語』のなかでフィクション物語と歴史物語が対比的に扱われていることと関係しているはずである。「物語」という点で小説と歴史は共通するが、後者が過去の現実について直接的に真理主張を行っているのに対し、前者は直接的には虚構の世界について虚構的に真理主張を行なっている点で、二つの物語は区別される。だが、それにもかかわらずフィクション物語は現実に関する新たな理解をもたらしうる。その理由を歴史物語との種差をふまえて説明することが、おのずと『時間と物語』のフィクション論の課題となったのである。

こうした事情をふまえ、以下の部分では、まず七〇年代のフィクション物語論をその問題点とともに概観し

（本節）、続いて『時間と物語』の議論が先行する問題をどのように処理しているのかを確認するという流れでリクールの思索の再構成を行なう（第五章二節）。そのさいフィクション物語を解釈する読者の行為をよりミクロな視点で分析し、詩的作品に固有の自己理解とそれを可能にする作品の仕掛けを解明することを試みる。この作業により隠喩論が共振をはじめるだろう。最終節（第五章三節）では隠喩論をとりあげ、リクールの想像力論の個性と哲学史的意義の闡明につとめる。

（2）ディスクールとしての詩的作品——構造主義批判

一九七〇年代のリクールのフィクション論は、自己理解という問題関心に動機づけられつつ、構造主義のテクスト論との対話という構図のなかで展開されている。構造主義の批判的吸収に関心が集中した結果、フィクション物語の虚構性の問題が看過されたと考えることができるのだが、これについては本節末尾でとりあげるとして、まずは構造主義批判から見ていくことにしよう。

構造主義は科学的言語学の適用領域の拡大とみなすことができる。起源となる言語学とはとりわけソシュールの「共時言語学 linguistique synchronique」である。ソシュールによって言語学の関心は歴史から無時間的な体系へと移され、「所与の状態における体系的な配列や組織」［SH 58］が研究の対象となった。ソシュールはこの体系を「ラング」と呼ぶ。その言語学のさらなる特徴として、ソシュールが「言語名称目録観」を批判していることがあげられるだろう。記号とは、世界の客観的な分節に合致するような仕方で事物に貼り付けられているラベルではない。ラングに含まれる諸々の記号の意味（価値）は、それらが同時に共在しつつ相互に対立するという関係性のなかで決定される。たとえば〈狼でも猫でも猿でも、……でもない〉という差異それ自体が、〈犬〉という概念を成立させている。それゆえラングの研究においては、「記号は事物の方に向けられるという素朴な考え」［SME 125］は否定されなければならない。またフランス語の〈chien〉と日本語の〈犬〉は、それぞれが帰属している全体とそこでの諸記号の配置が異なっている以上、厳密にはその意味を異にしていると考える必要がある。
ソシュール言語学のアプローチが詩的作品を対象とするとき、その取り組みは「構造分析 analyse structurale」と呼ばれることになる。構造分析を支えるのは「物語の意味は要素の配列そのもののうちにある」という考え方、言い換えれば物語の構成要素を枚挙したうえで、任意の物語を〈要素の組み合わせが生み出す可能な諸配列のなかから、ある特定のタイプが現実化したもの〉として把握しようとする考え方である。[2] 物語の〈文法〉を記述し、諸々の物語の統語論的特徴を解析するという言い方をすることもできるだろう。文法とは、文が一般に備えている構成要素やカテゴリー、また文を産出するさいに話し手が従っている規則を記述したものである。構造分析は物語にも同様の文法が存在すると考える。たとえそのことを自覚していないとしても、語り手は語りの文法を共有し、現実の物語はそれに従った結果として産み出されているのだ。このような考えのもと、構造分析はひとつの物語、あるいはひとつの物語ジャンルの個性を文法の観点から把握しようとする。

構造分析は「物語の構造の全く客観的な分析 analyse toute objective des stuructures de récit」［EC 187 二六］を目指しており、分析としての客観性を喪失することになる以上、そこで詩的作品の実存的意義や、作者が作品にこめたメッセージに関心が向けられることはない。たとえばロラン・バルトは『物語の構造分析』のなかで、「問題となるのは語り手の動機を探求することでも、物語行為が読者にもたらす効果を探求することでもない」［Barthes 853 三七］と述べている。ここからリクールは、構造分析は「内在性の規則 règle d'immanence」［EC 186 二五］を墨守し、そこでテクストは「ひたすらその内部で仕事をする機械 machine au fonctionnement purement interne」［EC 183 二二］として扱われていると評する。それでもリクールは科学的説明としての構造分析に一定の役割——解釈における治療的役割——を認め、それを解釈過程に包摂しようとするのだが、[3] ここでその詳細を取り上げるのは控えておくことにしよう。[4] 構造分析の役割を認めるにしても、それは〈詩的作品の解釈は自己理解に結びつく〉というみずからの主張が承認されている限りでのことだからである。本節の主題になっているのはこの主張である。

リクールがみずからの解釈学的主張を正当化し、テクストの「閉域」にとどまる構造分析を批判するさいに持ち出すのが「ディスクール」の概念である（この概念は言語学者のバンヴェニストに由来している）[5]。詩的作品もまたディスクールであり、リクールは「解釈学が、作品においてディスクールを識別する技術であるのをやめることはない」［FHD 124 一八七］と述べる。つまりリクールは、詩的作品はディスクールとして受け取られるべきだと主張しているのである。このとき同時にディスクールについては「誰かが、誰かに、何かについて、何かを語っている文の集合によって構成されている」［FHD 123-4 一八七］と説明されていることをふまえるなら、リクールは解釈行為を（詩的作品をディスクールとして受け取ることを）対話やコミュニケーションとしてとらえようとしていることがわかる。より詳しく見ていこう。

ディスクールの基本単位は「文 phrase」であり[6]、文はラングの運用の結果である。特定の場所、特定の時点において発話を行なう特定の主体がいなければ、無時間的なラングからディスクールが産出されることはない。リクールは、主体による現実の発話行為によってディスクールが産出される一回性の「出来事」を、ディスクールの「現働化 instance」と呼ぶ。すでに言及したように、この発話はその主体から他者へと向けられたものであるから、主体が従事している行為は対話やコミュニケーションということになる[7]。したがって「ディスクールの現働化は対話の現働化である the instance of discourse is the instance of dialogue」［IT 16］と言われる。

対話の目的は言葉を用いて相手に何ごとかを伝えること（そしてそれによって相手のうちに何かを引き起こそうとすること）だろう。対話は言葉を媒介に行なわれ、この媒介を可能にしているのは言葉の「意味」である。それゆえ「あらゆるディスクールが出来事として実現されるとすれば、それはすべて意味として理解される」［FHD 117 一八〇］。さらにリクールは、理解されるべきディスクールの「意味」を「命題」と言い換えている[8]。命題は同定機能と述定機能から構成され、何かについて何かを述べる。そのさい、命題が世界の特定の事態を表現し伝達することができるのは、それが用いる文法装置や語の意味が「公共的 public」［IT 16］ないし「理念的 ideal」［IT 20］だからである。公共的な意味に支えられてはじめて、主体は言わんとすることを他者に伝えることができる。

ここで、「命題の指示とはその真理値であり、現実に到達しているというその主張である」［FHD 126 一九〇］、「我々を指示へと前進させるのは真理要求である」［PL 459 四六］と言われていることに注目する必要がある。これらの記述が言わんとしているのは、ディスクールが現実に関する主張として真偽判定を受け入れる場合にのみ、命題の主語は現実の対象を指示しているとみなされるということである。言い換えれば、命題を真理主張として使用する話者の意図を離れるなら、その主語は対象を見かけ上指示しているにすぎず、かりにその対象が実在していないとしても、そのことによって命題が偽であると判定されることにはならない[9]［IT 20］。たとえば「現在のフランス国王は禿頭である」という命題は、それを現実についての報告として利用する話者の意図を欠くならば、たとえ現在のフランスには国王が存在していないとしても偽と判定されることはない。したがって、対話行為を成立させるためには公共的な意味が必要とされる一方、命題が対象を指示して現実について何ごとかを述べるためには話者の意図を欠かすことができない。リクールがディスクールにおける「出来事と意味の弁証法」［FHD 115 一七八］と呼ぶのは、こうした意図と意味の相互依存的な関係のことである。この弁証法は、作品解釈の場面では次のように説明されることになる。

「意図の誤謬 intentional fallacy」がテクストの意味論的自律を見落としているとすれば、対する［テクスト絶対化の誤謬 the fallacy of the absolute text］は、テクストが誰かによって語られたディスクールであり、誰かが、誰かに、何かについて語っているディスクールであるということを忘れている。こうしたディスクールの中核的特徴を抹消すれば、テクストを自然の事物、たとえば砂浜の上の小石のような非人工物に還元することになるだろう。［IT 30］

実際に書かれていることを無視して、作品の意味を私秘的な作者の心のなかに探し求めることはできない（作者の意図を知れば作品を理解したことになるわけではない）一方、作者のコミュニケーションへの意志を捨象して詩的作品をひたすら〈文法〉のレベルで解析することは、作品を自然の産物と同一視することであり、作品を作品として受け取ることにつながらないという主張である。〈詩的作品とは、それを介して人間が他の人間に、現実について何ごとかを伝えようとしている言語的制作物である〉という基本的事実を看過しているというのが、リクールの構造主義批判の骨子となるだろう。

では、詩的作品はディスクールであるということをふまえたとき、詩的作品の解釈過程はどのように記述されることになるのだろうか。

まず「詩的作品においてディスクールの第一の指示する力が中断される」とは、作者は作品内の文を現実についての真理主張として提示しているわけではなく、読者もその意図を理解して、言及される存在者が実在しないとしても作品に含まれる文を偽とは判定しないという事態を指しているだろう。それらの文はディスクールとして受け取ることもできる有意味な文であるが、フィクションの受容においては〈作品内の文のいちいちを作者から私に向けて発せられたディスクールとしては受け取らない〉というメタコミュニケーションが成立している。とりあえずこのような文を〈虚構のディスクール〉とか〈虚構文〉と呼ぶことにしよう。虚構文は読者が生きる現実について何かを述べているわけではなく、ある虚構世界について何かを述べている。虚構のディスクールはそれ自身が有意味な文であり、基本的に文はディスクールとして産出されるのであるから、我々は虚構文についても、それは誰から誰に向けて発話されたのかを問うことができる。このとき虚構文の発話者は作者その人ではなく、その受け取り手も読者ではない。虚構文が示唆するのは、虚構の語り手と虚構の受け取り手であり、それらは虚構世界に存在する虚構の人物としてとらえるべきだろう。言い換えるなら、作者は虚構世界に存在する虚構の語り手のふりをして虚構文を制作し、読者は虚構世界に存在する虚構の人物のふりをして、虚構文を虚構世界に関する真理主張を行っているディスクールとして受け取る（虚構文を虚構的に真と判断する）。第一段階の指示の停止について詳しい説明が提示されているわけではないが、リクールが導入した道具立てに基づくなら、解釈の第一段階は以上のように記述されるはずである。

次に「第二の指示する力を明らかにする」ことは、作品を、その作者から読者たるこの私へのメッセージ（働きかけ）として受け取ることであると考えることができる。作者は作品を用いて、あるいは虚構世界における虚構の出来事や行為を報告するふりを通じて、読者たる私に現実について何ごとかを伝えようと（そして読者を動かそうと）している。この現実とは、作者と読者がともに生きる現実であり、作品にこめられた現実に関するメッセージ（働きかけ）を理解することが第二段階の解釈の作業となる。リクールはフィクションの解釈を自己理解に結びつける作業を「同化」と呼び、「意味の同化の作業を離れれば、解釈は何ものでもない」［SH 56］と主張している。「同化すること s'approprier」は「みずからのものとすること rendre propre」［ESD 185 五九］として説明されているから、まさしくそれは詩的作品を読者たる私に向けられたディスクールとして受けとること、すなわち作者と読者たる私とのあいだのコミュニケーションを成立させることによって実現されるはずである。同化とは、読者による、読者の側からのディスクールの再現働化であると言える。

ところで、いま同化とは、詩的作品を作者からのメッセージとして受け取り、作者と読者がともに生きる現実に関して何ごとかを理解することであると述べた。これはその作品を読むとき、読者はホメロスやシェイクスピア、あるいは紫式部や近松門左衛門と同じ現実に帰属しているということを意味している。実際リクールは、書かれたディスクール、すなわち「エクリチュール」によって作者と読者の同時代性が構築されることを、エクリチュールの「精神性 spiritualité」の発露の一環とみなしている。[10] いまから五十年以上前の議論であり、その後の情報技術の革新をふまえていないこともあって、どうしても考察が徹底せず、思索の混乱を否定できないのだが、第三項（次項）と第四項では、エクリチュールとその「精神性」に関するリクールの議論を検討しておくことにしたい。

（3）エクリチュールとパロール

エクリチュールはパロールと対で用いられる概念である。考察の発端において、両者は書かれたディスクールと話されたディスクールとして対比されている。リクールはこの対比に基づいてエクリチュールに固有の特徴を引き出そうとしているのだが、その手続きには様々な問題があるように思われる。とりあえず次の引用から検討の作業をはじめることにしよう。

エクリチュールは最も重要な効果を獲得する。つまり書かれたことがらの、ディスクールの対話的条件からの解放である。したがって書くことと読むこととのあいだの関係は、もはや話すことと聴くこととのあいだの関係の特殊事例ではなくなる。

[FHD 125 一八九]

「対話的条件」とは、二人の人間が直接に対面し、相互かつ即座にディスクールをやりとりすることができるような状況を指すのだろう。そのような状況で産出されるのがパロールである。これに対し、書かれたディスクールとしてのエクリチュールの場合、話者と受け取り手は「対話的条件」のもとに置かれていない。リクールが言わんとしているのは、それにもかかわらず、エクリチュールにおいても公共的な「意味」にアクセスできるがゆえに、我々はその書き手とコミュニケーションを行なうことができるということである（これは、我々はエクリチュールに内在的なものとして書き手の意図を理解することができるということを含意するが、この点についてはあとで論じる）。だが、インターネット上でのチャットや筆談を考えてみればわかるように、書くことによってコミュニケーションの即時的な相互性が失われるわけではない。反対に口頭での会話でも、第三者が間に立って仲介を行なう（たとえば伝言）ならば、コミュニケーションの即時性は失われることになる。それゆえ、いきなりではあるが、ディスクールの聴覚性が「対話的条件」を構成し、その書記性が「対話的条件からの解放」を構成するというリクールの指摘は正確ではない。「対話的条件」が成立している状況のもとで受け取られるエクリチュールもあれば、「対話的条件」が成立していない状況において受け取られるエクリチュールもある。そして同様のことはパロールにも当てはまる。たとえばボイスレコーダーに録音された講義の音声データを聞く場合、そこでは「対話的条件」は成立していないだろう。

考察の端緒が「対話的条件からの解放」であることははっきりしている。このとき、たしかに多くのパロールは「対話的条件」のもとで受け取られ、我々にとって、ほとんどの詩的作品は「対話的条件」が成立していない状況で受容されるものである。しかし「対話的条件」の成立／不成立によってディスクールを分類するとき、その分類はパロール／エクリチュールの分類と完全に一致するわけではない。それでもリクールは二つの分類を区別せず、「エクリチュール＝対話的条件から解放されたディスクール」という等式で論述を進めていく。発端においては小さな綻びであるが、問題が生じるのは、リクールがエクリチュールによって可能となるさまざまな事態を取り上げていくときである。というのも、その多くは必ずしもエクリチュールによってはじめて実現されるわけではないと考えられるからである。言い換えるなら、「エクリチュール」の概念規定が緩すぎるがゆえに、リクールはエクリチュールに固有の機能を正しくとらえることができていない。リクールが用意した道具立てでは、リクールが本当に言いたいことを彫り出すことはできないのである。そしてそのことは、パロールやフィクションなど、エクリチュールと関連する諸概念の規定のあやふやさにつながり、議論の混乱を引き起こしている。煩瑣で読むのに骨が折れる議論になると思われるが、以下ではリクールの混乱を追っていくことにしたい。

リクールは、ディスクールの「対話的条件からの解放」とその帰結についてさらに次のような説明を行なっている。

> こうして四つの異なる仕方でディスクールは出来事として到来し、四つの異なる仕方で出来事は意味へと超出する。①ディスクールを消滅から守る固定化によって、②ディスクールを作者の心的意図から守る分離によって、③ディスクールを対話状況の限界から引き離す世界への開放によって、④無限の聴衆という普遍性によって、出来事は意味へと超出する。
>
> 〔ESD 183 五六／訳出に際して番号を補った〕

①の「固定化」とは、記録・保存の技術によってディスクールが「対話的条件」から解放されるということであり、これにより我々は「対話的条件」が成立していないとしても、ディスクールの発話者とコミュニケーションをとることが可能となる。②の「分離」とは、直接かつ即座にやりとりを行なうことができない場合、ディスクールの受け取り手は記録されている情報にのみ基づいて、発話者の言わんとすることを理解しなくてはならないということである。曖昧な点や不明な点があったとき、それを直接発話者に問い尋ねることはできない。リクールはこれをディスクールの「意味論的自律」と呼ぶ。④の「普遍性」とは、「固定化」により、ディスクールが、それが元々向けられていた受け取り手以外の受け取り手にもディスクールとして受け取られるようになるという事態を指す。おそらくリクールは、古典的な詩的作品が新たな読者を獲得し続けていることを念頭においていると考えられる。たとえばシェイクスピアは四百年後の読者に向けて作品を制作したわけではないが、四百年後の我々はシェイクスピアの作品を読んで、シェイクスピアからのメッセージを受け取ることができる。

リクールは、「固定化」はエクリチュール、すなわち文を書き留めることによって可能になると考えており、続く「分離」や「開放」や「普遍性」もエクリチュールが可能にする事態として説明している。エクリチュールの「精神性」とは、これらの事態を一括して言いあらわす概念にほかならない。しかし、先に我々は固定化（記録や保存）が書き留める技術によってのみ可能となるわけではないことを確認した。似たような誤認は「普遍性」についても指摘することができる。確かにシェイクスピアの作品について、その発表後、原理的には誰もが作品を媒介としたコミュニケーションに参加することができると言いうる。だが遺書や契約書、あるいは古代の法典に関しては、同じことは当てはまらないだろう。それゆえディスクールが潜在的に無限の受け取り手をもちうるかどうかは、ディスクールの種類、たとえばそれが〈報告〉であるのか〈命令〉であるのか〈宣言〉であるのか、といったことに依存しているように思われる。エクリチュールであることは「普遍性」を可能にする十分条件ではないのだ。

このようにリクールは、書き留められたディスクール以外のディスクールによっても可能なことや、書き留められたディスクールというだけで可能になるわけではないことを、エクリチュールによって可能になることとして一括りにしてしまっている。リクールはエクリチュールという概念に多くの内容を詰め込み過ぎているのであり、逆に言えばパロールという概念からあまりにも多くの内容を奪い取ってしまっているのである。こうした杜撰さが大きな混乱を引き起こしているのが、上記③の「世界への開放」に関する議論である。

「世界への開放」で問題となっているのは、エクリチュールの指示の働きである。リクールは「パロールからエクリチュールへの移行は、その他の仕方でもディスクールに影響を及ぼす。それについて語っているところの事物を、対話の参加者に共通の状況に属するものとして指し示すことが不可能であるとき、指示の機能は根本的に変質する」［FHD 125 一八九］と述べ、エクリチュールにおいて指示の機能が拡張されることを指摘する。

リクールによれば、パロールの指示は「明示的 ostensif」である。明示的指示によって指示されるのは「状況 situation」であり、状況とは「提示し、指で指し示すことができる現実の諸相」であると言われている。一方、「書かれた言語において、指示はもはや明示的ではない(11)」。エクリチュールは「状況」への指示を超えて、明示的には指示できないもの、すなわち「世界」を指示することができる。次の引用も見てみよう。

いくつかのテクストは読者のために明示的指示の諸条件を再構築している。手紙、旅行記、地理についての記述、日記、歴史論文、そして一般に現実についてのあらゆる記述的説明は、「あたかも〜のように as if」（「あたかもあなたがそこにいるかのように as if you were there」）の様式で、読者に明示的指示に同等するものを提供しうる。これは日常的な単一者同定の手続きによって可能になるものである。最終的には書き手と読者が共に帰属することになり、両者が揃ってその単一性を承認する単一の時間‐空間ネットワーク the unique spatio-temporal network のおかげで、テクストの〈ここ〉と〈あそこ〉は、暗黙のうちに読者の絶対的な〈ここ〉と〈あそこ〉と対応づけられることになる。対話的状況の狭い境域を超え出る、こうした指示の射程の第一段階の拡張がもたらす帰結は多大である。書くことにより、人間は、そして人間だけが単なる

状況とは異なる一つの世界を持つことができるのである。［IT 35-6］

手紙や旅行記など、エクリチュール（テクスト）の指示として取り上げられている例を考えてみても、たしかにパロールの指示は「対話的状況の狭い境域」に限られているようである。その境域とは文字通りに指さしが有効な範囲である（目で実物を確認できる範囲と言うこともできる）。それゆえ引用を読む限り、パロールの指示とは〈ディスクールの発話者と受け取り手が直接かつ即座に問答を行なうことができるような状況で、両者にとって指さしが可能な範囲内での指示〉ということになる。これは一つの見方ではあるが、「状況」を超えた「世界」への指示を「書くこと」が可能にしているというのは疑わしい主張である。リクールの説明に基づくなら、エクリチュールの指示とは〈ディスクールの発話者と受け取り手が直接かつ即座に問答を行なうことができない状況で、少なくとも受け取り手にとって指さしが可能な範囲を超えて行なわれる指示〉ということになるだろう。だがこのようなとらえ方をするとき、カフェで友人同士がお互いの旅行体験を語り合うといったありふれた言語使用を、パロールにもエクリチュールにも分類することができなくなってしまう。この会話は「あたかも一緒に旅行に行っているかのような」仕方で、友人に「世界」についての情報を提供する。しかしリクールの説明にしたがうなら、指示の作用が「状況」を超えているがゆえにその指示はパロールの指示ではないし、書き留められたディスクールではないがゆえに、あるいは対話的条件の成立下で会話が行なわれているがゆえに、その指示はエクリチュールの指示でもないということになる。そもそも「状況」を超える指示は、言語そのものの表象能力によって可能になっていると考えるべきだろう。リクールがエクリチュールに固有のものとして認めている機能は、実質的に言語そのものの機能と変わらない。

議論が込み入ってきたが、問題となっているのは、パロールの指示をごく狭い範囲に限定することにより、リクールはエクリチュール以外のディスクールにもなしうる指示を、エクリチュールによってはじめて可能となるかのように論じてしまっているということである。そしてその結果、リクールはまさにエクリチュールによって切り開かれる指示の領域を浮かび上がらせることに失敗している。では、ディスクールの発話者と受け取り手が直接かつ即座に問答を行なうことができない状況で、かつそれが書き留められたエクリチュールであるからこそ可能になる指示としてどのようなものが考えられるだろうか。そうした指示の典型は、先人が著した風土記や旅行記による「世界」への指示であるように思われる。我々は玄奘やマルコ・ポーロが記述する敦煌を訪れることができない。時間の経過とともに変化し、当時の敦煌はいまや存在していないからである。彼らと我々が共通の状況に置かれることはありえず、作者と読者のあいだには物理的距離にくわえ時間的距離が存在しているという意味で、『大唐西域記』や『東方見聞録』の指示は二重に非明示的である。それでもこの種の非明示的指示のおかげで、我々の生きる現実は現在を超えて拡張される。先の引用（一八七頁）でリクールは、指示対象は「単一の時間－空間ネットワークのうちに定位される」と言っていた。これは現実が空間的奥行きのみならず、歴史的奥行きも有しているということに他ならない。すでに我々の現実の把握が歴史的奥行きを有しているとすれば、それは遺物としてのエクリチュールのおかげなのである[12]。

いったんまとめよう。リクールは、ディスクールの「対話的条件」からの解放、すなわち〈コミュニケーションの直接性と即時性が成立していない状況で受け取られたとしても、「意味」の公共性と自律性ゆえにディスクールが何かを伝達しうること〉に注目し、この種のディスクールの指示機能により、我々の現実は「状況」を超えた「世界」へと拡大されると主張する。そしてリクールはこの種のディスクールを一括して「エクリチュール」と呼び、エクリチュールによって現実の拡張が可能になることを主張する。こうした主張に対して我々がこれまでに指摘してきたのは、①「対話的条件」からの解放はひとりエクリチュールにおいてのみ生じることではなく、パロールにおいても生じうること、②「状況」から「世界」へと超え出ることはエクリチュールにのみ認められた力能ではなく、またそこには対話的条件からの解放も関係しておらず、むしろそれは言語一般の機能であると考えるべきこと、③固定化され（記録、保存され）、かつ対話的条件から解放されたディスクールに固有の指示の機能があるとすれば、それは現実の歴史的次元を構成するところに求められ、現実にこれまでそうした機能を担ってきたのはエクリチュールであるということである。③の意味で理解するなら、エクリチュールによって「世界への開放」が実現するというリクールの主張は正当である。

おそらくリクールは、「世界への開放」をエクリチュールによる現実の歴史的次元の構成として理解することに反対しないだろう。リクールが設定した分類にしたがって考察を精緻化しただけであるし、そもそもエクリチュールによって現実の時間次元が切り開かれるということが、「世界への開放」ということでリクールが最終的に言い当てようとしていたことであると考えられるからだ。以下で見るように、リクールはエクリチュールがフィクションを可能にするとしつつ、フィクションによって現実の可能的次元が切り開かれると主張している。それゆえ現在という「状況」を超えた、過去次元と未来次元を併せ持つ「世界」への指示をエクリチュールが可能にしているというのが、リクールの一般的な主張であると理解してよいはずである。だがここでもリクールは、エクリチュール以外のディスクールにもなしうることを、エクリチュールによってはじめて可能となるかのように論じてしまっている。しかもこの場合、問題はより深刻である。エクリチュールとひとしなみに扱われることにより（書記性と虚構性が区別されないことにより）、詩的作品の受容や解釈がエクリチュールの受容や解釈と同様に論じられることになっているからである。詩的作品のフィクション性には光が当たらず、その解釈論はエクリチュールの解釈論を軸に進んでいくことになる。詩的作品の解釈学のなかでエクリチュールを論じているはずが、エクリチュール論が詩的作品の解釈学を呑みこんでしまうといった事態が生じているのである。このことを次項では、「テクスト世界」をめぐる議論に即して確認することにしたい。

（4）テクスト世界——虚構の世界か現実の世界か

リクールは、エクリチュールがフィクションの指示——非明示的で非記述的な指示——を可能にするとして次のように言う。

エクリチュールが文学形式の構成を可能にする。文学形式は、唯一の時間‐空間ネットワークとのあらゆる接続を積極的に消去しようとし、大まかに考えたとしても、日常的現実への指示を廃止しようとする。(13)

[PSL 20-1 七六]

この一節は、フィクションでは第一段階の指示が中断されるという主張の言い換えになっている。前項では、フィクションの文を虚構文と呼び、虚構文がそれについて語っている世界を虚構世界と呼ぶことにした。虚構世界の時間‐空間座標は、我々が生きる現実を構成する時間‐空間座標とは重なりあわない。虚構文はパロールによっても可能であるはずだが、とりあえずこの点は置いておくことにしよう。

リクールによれば、第一段階の指示の中断は、第二段階指示が開かれるための条件なのであった。実際リクールは、詩的作品を理解することは「意味から指示への運動を追うこと、すなわちテクストが語っていることから、テクストがそれについて語っているところのものへの運動を追うこと」[IT 87] であり、それによって「テクスト世界 monde du texte」あるいは「作品世界 monde de l'œuvre」が開かれると述べている。この世界は「テクストがみずからの前に展開する世界」[HPB 126 二〇七] であり、フィクション物語は「テクストの非明示的指示によって一つの可能的世界を指し示し」、「この可能的世界で動き回る可能的な仕方について語っている」[MPCH 107 一〇四]。テクスト世界を虚構世界と同一視することができそうだが、他方で、それが非明示的指示の対象とされていることは、リクールがテクスト世界をたんなる虚構世界としてはとらえていないことを窺わせる。たとえばリクールは次のようにも論じている。

あるテクストにおいて解釈されるべく特有の仕方で与えられているのは、世界の企投、私がそこに住むことができ、そこで最もみずからに固有の可能性を企投することができるような世界の企投である。私がテクスト世界と呼ぶのはこの世界のことであり、それはこの独自のテクストに適合した世界である。したがってここで問題になっているテクスト世界とは、日常的ディスクールの世界ではない。この意味において、テクスト世界は日常的な現実から距離をとっている。この距離は、われわれの世界理解のうちにフィクションが生じさせるものだ。フィクションや詩によって、世界内存在の新たな可能性が日常的現実の中心で開かれるのである。

[PSL 22 七七]

個々の詩的作品に適合した世界であり、日常的な現実からは隔たった世界であるという説明は、テクスト世界とは作品に固有の虚構世界であるという理解を支持するものだろう。だが奇妙に思われるのは、読者は虚構世界の提示に対して、「みずからに固有の可能性を企投する」ことによって応えるとされていることである。虚構の語り手によって想定された虚構の受け取り手のふりをすること、あるいは「あたかもあなたがそこにいるかのように」という仕方で、〈フィリップ・マーロウがコーヒーを淹れている一九五〇年のロサンゼルス〉や〈サツキとメイが母親と会話する一九五三年の七国山病院〉に自分が立ち会っているふりをすることが、読者自身に固有の可能性を企投することなのだろうか。

　テクスト世界の位置づけをめぐる謎は次の引用を読むときいっそう深まる。フィクション物語の指示は非明示的かつ非記述的な指示であるという説明を繰り返しつつ、リクールはさらに次のように述べている。

明示的で記述的な指示の消去が、われわれの世界内存在の諸相を指示する力を解放する。この諸相とは、直接的で記述的な仕方では言い表すことができず、隠喩的な表現、またより一般的には象徴的な表現の指示する力の助けを借りて、ほのめかされるだけのものである。それゆえ、記述的ではあるが非明示的な指示のみならず、非明示的で非記述的な指示、すなわち詩的言語の指示を認めるために、我々の世界概念を拡大すべきであろう。

[IT 37]

記述的指示の消去によって非記述的指示が可能になるというのは、第一段階の指示の中断によって第二段階の指示が解放されるということの言い換えである。注目すべきは、リクールが第二段階の指示を認めることを世界概念の拡張と結びつけていることである。世界概念の拡張は「テクスト世界」や「作品世界」の概念と関係しているはずだが、リクールは虚構のテクスト世界を指示対象として認めるべきであると主張しているのだろうか。このとき、フィクション物語の指示が我々の生きる現実へと到達するのであれば、わざわざ世界概念を拡大することを要求する必要はないように思われる。他方、テクスト世界が、テクストが想像することを要求している作品に固有の世界（虚構世界）という意味を持ちあわせているのだとすると、今度はリクールの主張は次のような形而上学的主張として受け取られることになる。すなわちフィクション物語は文字通り現実について語っているのであり、新たなフィクション物語が生まれるたびに現実世界は拡張していく。言い換えれば、作品世界は〈実在〉しており、「世界」とは無数の可能世界の集合体として理解するべきである。世界概念を拡張することによって、詩的言語の指示を承認するという主張の極端さをどう評価するかはともかく、少なくともこのように考えるなら、フィクション物語はかえって我々にとってなじみの現実について何かを教えることはなくなってしまうだろう。作品の第二次の指示は、読者が生きる日常的現実に回帰してこそ重要な実存的意義を持ちうるはずである。

リクールが上述のような形而上学的見解にコミットしているとは考えにくい。先の引用でも、新たに開示される現実の諸相は「ほのめかされるだけ」と言われている。「テクスト世界」や「作品世界」とは、任意のフィクション物語を読むことがなければ開示されることのなかった現実世界の一面であり、作品の虚構世界の同化を通じて新たな相貌のもとに立ち現れた現実世界のことを言い表す概念と解するべきなのだろう。とはいえ、そのように理解するなら、今度はリクールのフィクション論には、フィクション物語がそれについて語っているところの虚構世界を言い表す呼称が存在しないことになる。「作品世界」という語をもちいながら、それが作品に固有の想像的世界を意味しないというのは不自然な用語法であるように思われる。

リクールの議論では、作品の虚構世界と読者が新たに発見する現実世界が明確に区別されていないと結論づけておこう。この曖昧さはリクールの意図的な戦略というわけではない。むしろ戦略の失敗である。リクールは詩的作品の「指示」を切り捨てる構造主義的テクスト論に「ディスクール」概念で対抗しようとした。人間が人間へと向けて制作したディスクールである以上、詩的作品は読者に向けて、現実について何ごとかを述べ、何らかの働きかけをしているはずである。たとえ「対話的条件」から切り離されているエクリチュールであっても、我々はそれをディスクールとして再現働化することができるだろう。同様に、詩的作品も「日常的指示機能を犠牲にして、みずからを称揚し」［FHD 127 一九一―二］続けるということはない。詩的作品の解釈とは、それを作者からの働きかけとして受け取り、作者とコミュニケーションを行なうことなのである。このように主張することにより、リクールは、現実への第一段階の指示を中断しているフィクション物語ではあるが、その指示が中断されたままにとどまることはなく、中断は第二段階の指示が再構築されるための必要条件にすぎないということを正当化しようとしている。だが、こうした論法を用いるさいにおざなりにされたのが、第一段階の指示の中断から第二段階の指示が再開されるにいたるまでのダイナミクスの分析である。フィクション物語は「作品」であり「物」ではないことを強調したとしても、それが「虚構」であるという問題は解決されたことにならない。エクリチュールであることはフィクションであることの必要条件でも十分条件でもなく、第一段階の指示を「中断」していないエクリチュールは無数に存在している。解釈学と反省哲学の相補性を訴えるリクールに求められているのは、虚構世界の理解が、読者の生きる現実についての新たな理解を引き起こさずにはいない理由を明らかにすることであるはずだ。七〇年代のフィクション物語論にはそうした説明が欠落しており、「フィクション」や「詩的作品」を主語に、それらも現実を指示することができるという主張が繰り返されるにとどまっている。その結果、虚構世界と現実世界という二つの世界は圧縮され、癒着してしまった。

ただしこうした曖昧さは、読書行為に関するよりミクロな分析が行なわれることにより、『時間と物語』のフィクション物語論で解消されることになる。

2 『時間と物語』のフィクション論

(1) ミメーシスの循環

『時間と物語』の物語論のなかで、リクールは歴史物語やフィクション物語が引き起こす現実理解の更新を、新たに「ミメーシスの循環 cercle de la mimèsis」として説明している。ミメーシスには三つの次元があり、「ミメーシスⅠ」は「先行形象化 préfiguration」の次元、「ミメーシスⅡ」は「統合形象化 configuration」の次元、「ミメーシスⅢ」は「再形象化 refiguration」の次元と呼ばれている。乱暴に要約してしまえば、循環ということで言われているのは、物語ること(統合形象化)を通じて、人間の実践についての理解(先行形象化)が更新され、実践があらたに意味づけられる(再形象化)ということである。いずれ別の物語によってその理解はあらためて更新されることになるから、ミメーシスの過程は単なる循環ではなく、ズレを含んだ「無限の螺旋 spirale sans fin」[TRI 138 一二九]を描くことになる。本節(第五章二節)では主題の性質上、「再形象化」に焦点を合わせ、「統合形象化」については第六章で論じることにしたい。ここ(第五章二節一項)では両者に関係する議論として、「先行形象化」について簡単に確認しておくことにしよう。

「先行形象化」とは、人間の行為についての「先行理解」を指す。我々は日常生活のなかで特に意識することなくさまざまな先行理解を働かせているが、同じ先行理解が物語を制作するさいにも利用されることになるし、物語を読むさいにも利用されることになる。こうした先行理解をさらに二つの次元に分けて考えることができるだろう。人間の行為の理解を可能にする知識や能力の次元と、それらを利用して獲得される、特定の行為に関する具体的な理解の次元である。リクールは前者について次のように述べている[14]。

筋の構成[=統合形象化]は、行為の世界についての先行理解に根ざしている。すなわち、①行為の可知的構造、②行為の世界の象徴的源泉、③行為の世界の時間的性格についての先行理解である。

［TRI 108 一〇二／番号は櫻井による］

①の〈行為の可知的構造についての先行理解〉について、リクールはこれを「行為というものを一般にその構造的特徴によって同定する能力」［TRI 108 一〇三］、「〈概念のネットワーク〉を有意義な仕方で利用できる我々の能力」［TRI 109 一〇三］などと言い換えている。我々は「誰が」「なぜ」「誰と」「いつ」「どこで」「なにを」「誰に」などのカテゴリーをもちいつつ、行為をそれらの特定の配列からなる一つの構造として把握している。単語の意味と文法を理解しているがゆえに一つの文の意味を理解することができるように、行為に関しても、範列的次元における諸概念の意味や、統語論的次元における諸カテゴリーの機能や結合規則が理解されているからこそ、我々は特定の行為を理解することができるのである。

②の〈行為の世界の象徴的源泉についての先行理解〉とは、ある文化の内部で特定の行為が有している意味——たとえば、他人に対してある行動をとることは「挨拶」であるとか「侮辱」であるといったこと——を理解する能力を有していることを意味する。この能力は「文化の象徴ネットワーク réseau symbolique de la culture」［TRI 114 一〇八］に精通していることを必要としており、異文化における行為の象徴的意味を理解するためには、まずは当該の文化の「慣習、信仰、制度」を理解しなければならない。さらにリクールによれば、行為の象徴的意味の理解には、行為の規範的意味の理解も含まれる。我々は「文化に内在する規範」［TRI 116 一〇九］に応じて、行為を道徳的に評価する能力を持つ(15)。この評価は行為主体に対する評価にもつながり、我々はある人物について「善い」とか「悪い」などの判断を下すことができる。

③の〈行為の世界の時間的性格についての先行理解〉とは、我々が行為を「過去」、「現在」、「未来」といった時間様相のもとで把握し、諸々の行為を時間的秩序の中で関係づけることができることを言い表している。たとえば計画を立てることは、こうした能力を必要とするだろう。この論点は『時間と物語』の全体に関わる論点で

あり、リクールはハイデガー批判を交えながら、その後の議論を先取りするような考察を展開している。

まとめるなら、「先行形象化」ということでリクールが言わんとしているのは、自覚しているとしていないとにかかわらず、我々はみずからの持つ知識や能力を運用して、人間のふるまいを一定の統語論的特徴、また特定の象徴的意味や道徳的意味を備えた、時間的秩序のうちに定位されるべき「行為」として理解しているということである。あるいは、そもそも「行為」を理解することは、人間のふるまいをそのようなものとして理解することであると言ってもよい。この意味で、人間の実践は物語によってはじめて意味づけられるわけではなく、人間の行為は既に「前‐物語的構造 structure pré-narrative」〔TRI 141 一三二〕を有している。

以上をふまえたとき、物語を媒介した「ミメーシスの循環」に関して、やはり二つの事態が区別されなくてはならないことがわかる。一方は、物語によって特定の行為に関する理解が深められたり、更新されたりするという事態である。我々の行為理解はつねに明晰判明というわけではないし、別の行為や出来事と関係づけられることにより、新たな意味を獲得する場合もある。物語ることは反復にすぎないという「冗長性批判 objection de redondance」〔TRI 141 一三二〕は不当であり、物語ることに固有の認識論上の意義は確かに存在している（この点については第六章二節で改めて考察を行なう）。もう一方は、物語ること――正確には物語を読むことと言うべきだろう――により、人間の実践に関する我々の知識や能力が増大したり、更新されたりするという事態である。たとえば物語を読むことにより、我々は人間の情動や心の機微について学んだり、みずからが内面化している規範が恣意的なものであることに気がついて、それを相対化したりすることができる。

次項から、我々はフィクション物語における「ミメーシスの循環」を、「再形象化」に焦点を合わせて検討していくことになるが、そこでとりわけ問題となるのは、フィクション物語を読むことが読者の規範意識や価値観に関する反省を引き起こすメカニズムの解明である。

（2）テクスト世界と内在における超越――再形象化

フィクション物語の解釈を論じるさい、リクールは再形象化のことを「テクスト世界と読者の世界との交差 intersection」、「詩によって統合形象化された世界と、現実の行動が繰り広げられ特有の時間性を展開する世界との交差」［TRI 136 一二七］などと説明している。「交差」は、テクスト世界を現実世界へと「適用 application」することによって生じる事態であり、これは実質的に第二段階の指示が再開されることに等しい。再形象化において、はじめて読者はみずからの生きる現実へと回帰することになる。(16) いま注目すべきは、「テクスト世界」が「詩によって統合形象化された世界」［TRI 136 一二七］と呼ばれ、明確に作品の虚構世界としてとらえられるようになっていることである。このことはリクールが、「作品世界がテクストに内在する超越にとどまっている限り、統合形象化と再形象化の間の境界は依然として越えられていない」［TRII 296-7 三〇二］と主張していることによっても裏付けられる。「内在における超越 transcendance dans l'immanence」とは、命題の同定機能が持つ志向性を言い表したものである。フィクションに対して通常の指示機能を認めることはできないとしても、やはりその命題は何かについて何かを語っている。リクールはこのような中立的な志向性を言い表すために、テクスト世界を新たに「内在における超越」という語で呼ぶようになっている。(17)

こうした同定機能と指示機能の区別の強調は、同時に読者の解釈行為に対する注目を呼び起こすことになる。七〇年代のフィクション論への自己批判をこめつつ、リクールは次のように論じている。

フィクションの側でも、〈指示〉という古くからの問題は〔隠喩と同様の〕単純な解決が可能であるように思われた。諸々の象徴的媒介によって――ミメーシスⅠというはじまりの次元において、行為は諸々の象徴的媒介行為によって分節化される――行為は既に第一段階の可読性を所有しているという事実が、そのように思わせたのである。これを根拠に、ミメーシスⅠの意味の先行付与とミメーシスⅢの意味の再付与とのあいだに求められる唯一の媒介作用は、物語の統合形象化がもっぱらその内的力動性に基づいて自力で成し遂げる媒介作用であると考えることもできるだろう。しかしながら、テクスト世界の概念についてのより厳密な反省と、内在における超越というテクスト世界の身分に関するより正確な性格づけは、統合形象化から再形象化への移行が、二つの世界、すなわちテクストの虚構世界と読者の現実世界との対決を要求することを私に納得させた。読書の現象は同時に、再形象化に必要な媒介者となったのである。［TRIII 287-8 二九〇］

フィクション物語でなければ、すなわち歴史物語であれば、まさに物語ることによって行為についての先行理解が深められたり、更新されたりするという事態をそのまま認めることができる。だがフィクション物語の場合、そこで表象されているのは既に遂行され、意味づけられた現実の行為ではないから、物語ることそのものが行為に関する新たな理解を可能にしていると考えることはできない[18]。引用の前半部分でリクールが述べているのはこうしたことだろう。他方、引用の後半で言われているのは、虚構世界としての「テクスト世界」と読者の生きる現実の世界を交差させるのは読者による「読書行為」であるということ、言い換えれば、第二段階の間接的な指示が解放されるためには読者による媒介が必要であるということである。リクールは別の箇所でも、「読書から切り離してとらえられるなら、テクスト世界は内在における超越にとどまる」［TRIII 286-7 二八九］ほかなく、「文学が生へと回帰するのは、つまり実存の実践的で感受的な場へと回帰するのは、読書を介して」［TRIII 184 一八四］であると述べている[19]。

ところで、フィクション物語であれ歴史物語であれ、また物語を制作することであれ読むことであれ、物語を物語として理解することは統合形象化の作業を必要とするから、フィクション物語の読者もまた、読書において統合形象化の作業に携わっている［TRI 129 一二二］。したがって、読者による読書行為は二つの段階に分けられることになる。すなわち統合形象化としての読書と再形象化としての読書である。

リクールによれば、統合形象化としての読書とは「期待に導かれて偶然の出来事や予期せぬ出来事のなかを前に進むこと」であり、「どうして次々と起こる出来事がこの結末へと至るのかを理解すること」である［TRI 130 一二二］。また、このとき読者は「内在する読者」の役割を担いつつ、テクストの命令を読者なりの仕方で実現していく［TRIII 310 三〇七］。テクストには、読者が想像力によって充填すべき「空所」や「不確定箇所」が存在するため、「テクストは、テクストと受容者との相互作用においてのみ作品となる」［TRIII 306 三〇三］。こうした理解や充填は、現実や人間についての知識を必要とするから、読者もまたみずからの先行理解（ミメーシスⅠ）を物語の理解に役立てなければならない。これに対し、読者の注意が虚構の作品世界から現実世界へと反転し、現実世界についての反省が行なわれるのが再形象化としての読書である。それによって現実に関する新たな発見や、新たな行為への決意が引き起こされる。リクールは二つの読書について以下のように論じている。

読書は行為の流れの中断 *interruption* として、また行為の再開 *relance* として交互に現れる。この読書についての二つの見地は、テクストの想像世界と読者の現実世界とを対決させ、また結びつける読書の働きから直接に生じてくる。読者がみずからの期待をテクストの繰り広げる期待に従わせる限りにおいて、読者は移住する虚構世界の非現実性に応じてみずからを非現実化する。このとき読書は、反省が休止しているそれ自体は非現実的な場所となる。反対に、読者が読書から得た教えを——意識的か無意識的かを問わず——、先行する可読性を増加させるために、みずからの世界観に組み込む限りにおいて、読者にとって読書は立ち止まる場所 *lieu* とは違ったものになる。読書は読者が通過する中継地 *milieu* となるのである。この読書の二重の身分は、テクスト世界と読者の世界の対決を、静止 *stase* と同時に送出 *envoi* とする。［TRIII 327-8 三一九］

統合形象化としての読書は「行為の流れの中断」「反省の休止」「静止」として説明され、再形象化としての読書は現実についての「反省」あるいは現実への「送出」として説明されている。「反省」とは「読書から得た教えをみずからの世界観に組み込む」ことであり、認識の次元でのフィクション物語の現実への適用と考えることができる。一方、引用末尾の「送出」について、別の箇所では「読書は送出の契機も含むのだとも述べたが、読書が別の仕方で存在し、別の仕方で行動することへの誘発となるのはこのときである」［TRIII 447 四五二］と言われているることからもわかるように、そこでは実践の次元での適用が念頭に置かれている。いずれの場合でも、リクールが虚構世界における出来事や行為の理解と、その理解の現実への適用を読書行為として区別していることは明らかだが、注意しなければならないのは、たしかに読者が「反省」や「送出」の過程に進まなければフィクション物語が現実に到達することはないのだとはいえ、統合形象化としての読書を経由することこそが、読者に「反省」や「送出」の過程へと進む動機を与えているということである。リクールは「静止」としての読書に関して、そこで読者は「みずからの期待をテクストの繰り広げる期待に従わせている」と述べているが、まさしくそのことが読者の「反省」を準備することになる。これは裏を返せば、再形象化に移行するかどうかは読者の好みや気分によって決まるわけではないということである。引用でリクールは二種類の読書について、それらは「交互に現れる」と言っているが、この指摘は、読者は現実について何も考えることなく作品を読み終えることができ、読後に反省するかどうかは読者が自由に決めることができるという見方に対して否定的に働くように思われる。読者はフィクション物語を読むとき、好むと好まざるとにかかわらず、おのずと現実について考えることになる。それはなぜなのか。リクールによれば、それは作品が「説得の戦略」を内包しているからである。

（3）コミュニケーションとしての解釈

七〇年代のフィクション論のなかで、リクールは「意味の同化の作業を離れれば、解釈は何ものでもない」［SH 56］、「解釈学が、作品においてディスクールを識別する技術であるのをやめることはない」［FHD 124 一八七］と述べていた。二つの説明はいずれも、解釈とは詩的作品を、作者が読者たるこの私に対して行なうコミュニケーションの媒体として受けとることであるという見解を含んでいる。「ディスクールの現働化は対話の現働化である」［IT 16］以上、作品をディスクールとして受け取るということは、作者とのコミュニケーション関係に入ることを意味するのでなければならない。

ところがディスクールという概念を導入しつつも、七〇年代のフィクション論には、実は解釈の対話的性格が強調される場面は存在していない。むしろリクールは解釈が読者の能動的参与を必要とすることや、それが「貪欲でナルシシスティックな自己の放棄」（自己理解や生き方の変容）につながることを強調しようとするためなのだろう、「テクストとの出会いほど非相互主観的で非対話的なものなどない。作者も私も存在せず、両者の状況のいずれもがそれに向かって乗り越えられてしまうような世界の地平へとこの出会いは向かっている」［ESD 185 五九］と述べ、解釈の対話的性格を否定してしまう。

これに対し『時間と物語』では、テクストの虚構性を乗り越える解釈のダイナミクスへの注目と連動して、解釈の対話的性格にも注意が向けられるようになっている。読者による詩的作品の同化について、たとえば次のように説明されている。

> 読書理論はどの学問分野に属しているのか。詩学 poétique だろうか。作品の組み立て *composition* が読書を規制する限りにおいてはそうである。しかしある種のコミュニケーションに属する他の要因が関わってくる限りにおいてはそうではない。コミュニケーションはその出発点を作者に置き、作品を経由し、そして読者にその到着点を見出す。実際、読者を標的とみなす説得の戦略 stratégie de persuasion は作者から出てくる。読者は、統合形象化に随行しテクスト世界の提示を同化することで、この説得の戦略に応答するのである。
>
> ［TRIII 288 二九二］

引用の「poétique」とは、日本語では一般に「詩学」と訳されるが、原語の語義に忠実に訳するなら「制作学」ということになる。たとえば、作品の制作を条件づけている物語の文法を記述し、一つ一つの物語の統語論的特徴を解析するというのは制作学的なアプローチである。だからリクールは構造分析を「純粋詩学」と呼ぶ。また詩学＝制作学には、特定の作品ジャンルに共通する特性や技法の分析も含まれている。たとえば、アリストテレスは『詩学』（第十三章）のなかで、悲劇が読者におそれやあわれみを引き起こすために、主人公はどのような類の人間でなければならないかを分析してみせた。制作学はジャンル論的な側面も持ちあわせている（ただしこのとき、読者の反応を前提としているがゆえに詩学は純粋ではない。リクールは、読者に一定の反応を引き起こすことによって、何かを成し遂げようとする作者の「説得の戦略」を把握することを「修辞学」の名の下にとらえているが、この意味でアリストテレスの『詩学』は純粋詩学と修辞学の中間に位置すると考えることができるだろう）。こうした詩学＝制作学を引き合いに出しながら、引用でリクールが述べているのは、フィクション物語は読者に読まれるために書かれたものであり、その事実に注目する限り、その分析が物語の統語論的な分析やジャンル論的な分析に終始することはないということである。リクールが考えるに、フィクション作品とは作者が読者に何かを伝え、そのことによって読者に何かを引き起こすための媒体、すなわちコミュニケーションの媒体である。そして作品はその目的を達成するための仕掛けをみずからに内在させている。それゆえフィクション作品を読むことは作者とのコミュニケーション的関係に身を置くことであり、作者からの働きかけに対し、最終的に一人一人の読者はそれぞれの仕方で応答することになる。こうした視点の選択は、詩的作品をディスクールとしてとらえるという視点の選択と正確に対応するものだろう。実際リクールは、『時間と物語』においても「ディスクールの指示対象への志向性は、その出来事的性格や対話的機能と完全に同時であり、それはディスクールの現働化と表裏をなしている」［TRI 147 一三八］と論じている。ここに至って、〈フィクション物語を媒介としたコミュニケーションの条件と意義〉という、リクール自身の解釈学が取り組むべき中核的問題が明確な像を結んだと言うことができる。

引用でリクールは、作者がみずからの意図を達成するための仕掛けのことを「説得の戦略」と呼んでいる。フィクション物語を読むことは、この仕掛けを作動させる要因として作品に参加することであり、リクールは作品の誘導に従って想像活動を行なうことを統合形象化（静止としての読書）としての読書に対応させている。作者はこの過程を通じて、読者に何らかの信念や欲求を引き起こすことを企図しているわけだが、再形象化としての読書とは、そうした働きかけを受けた結果、一人一人の読者がみずからの生きる現実や人生に関して反省を行なう過程を指す。もちろん想像活動がうまくいったとしても、それによって作者の目的が達成されないことはありうるし、そもそも誘導どおりに想像活動が行なわれない場合もある。だがそれでも問題となるのは、そうした場合も含め、想像活動が何らかの反省を引き起こす一般的なメカニズムである。以下では「説得の戦略」を軸に、コミュニケーションとしての解釈について詳しく見ていくことにしたい。我々は「説得の戦略」に関する論述を分析することにより、詩的作品をディスクールとしてとらえるというリクールの主張、また解釈学と反省哲学は相補的であるというリクールの主張の正当性を批判的に検討することができるはずである。いくつかの論点が凝縮された次の引用が格好の足がかりとなる（この先、何度かこの引用に立ち戻ることになるので、便宜的に引用〈説得の戦略〉と名前をつけておくことにする）。

〈説得の戦略〉　内在する作者に由来する説得の戦略が読者に認めさせようとしているもの、それはまさしく確信の力——言語行為論の用語でいうところの発語内の力——であり、この力が語り手の世界観を後押ししている。ここに見出されるのは、世界観が持つ〔読者を〕拘束する力を伴うことなしに、想像的変容の自由が〔読者に〕伝達されることはないという逆説である。〔……〕こうした逆説こそが、テクスト世界と読者の世界との照合 confrontation を戦い *combat* とするのであり、テクストの期待の地平と読者の期待の地平の融合はこの戦いに対して一時的な平和しかもたらさない。

［TRIII 325 三一七］

（i）説得の戦略——情動的反応と道徳的評価

リクールは引用〈説得の戦略〉とは別の箇所でも「語り手によって練り上げられた説得の戦略は、読者にある世界観を受け入れさせようとする。その世界観は決して倫理的に中立ではなく、暗黙のうちにであれ、明白にであれ、むしろ世界や読者自身に関する新たな評価を引き起こす」［TRIII 447 四五三］と論じている。「世界観」という言葉を〈特定の信念体系や価値観に基づいた行為の理解や評価〉という広い意味で受け取っておくことにしよう。言われているのは、フィクション物語ではさまざまな行為や出来事が描かれるが、読者はそれらに対して一定の道徳的な評価を与えることを求められるということである。より正確に言えば、読者は作品と道徳的評価を共有することを求められる。読者がみずからに期待されている評価を実際に与えることができるとすれば、読者の世界観と作品の世界観は合致し、できなければ両者のあいだには不一致が存在するということになるだろう。

　フィクション物語の作者がみずからの世界観を読者と共有しようとする場合、直接的な主張——たとえば「戦争は無辜の市民が多く死んでしまうから、行なうべきではない」——のかたちをとるとすれば、それはフィクションに固有の伝達方法ではない。フィクション物語において、作者は虚構世界におけるさまざまな人間の行為や出来事を描き、読者がそれらに対して特定の反応をするように仕向ける。読者が怒りや悲しみを覚えたり、憧れや喜びを覚えたりすることを期待して、作者は行為や出来事について語っているのである。このとき、実際にその特定の反応をすることにより、読者は作者の世界観を受け入れることになる。たとえば、ある国の軍隊の悪行を描いて読者のうちに怒りを引き起こし、不正と闘う英雄たちの姿に感動の涙を流させるというような物語は、読者のうちに潜在するナショナリスティックな欲望を刺激しつつ、特定の歴史理解や価値観を読者と共有しようとしている。そして作品に感動や興奮を覚えている限りにおいて、読者は作者の歴史理解や価値観を受け入れていることになる。こうした単純な例にかぎらず、虚構の出来事や行為に情動的に反応することはフィクション物語に対する通常の反応であり、いくつかの情動はそれが向けられている対象に関する道徳的な評価を前提するがゆえに、読者は知らず知らずのうちに虚構の行為に特定の道徳的評価を与えていることになる。読者は情動的な反応を通じて、物語の空所——直接的には書かれていない行為や出来事に関する道徳的な評価——を補完していくと言ってもよいだろう。[20] リクールは、フィクション物語における情動的反応と道徳的評価の関係について次のように述べている。

倫理的性質についてのあらゆる評価を完全に中断するような読み方が可能なのかという問いについては、しかるべきときに議論することにしよう。美的な快plaisir esthétiqueを、さまざまな登場人物にそなわる倫理的特性に対する共感や反感の一切から引き離しうるのだとすれば、特にアリストテレスが不当な不幸に結びつけることを教えてくれたあわれみの感情の場合、一体そこに何が残ることになるというのだろうか。

［TRI 116-7 一〇九］

リクールの言う「しかるべきとき」とは、『時間と物語』第三巻の「説得の戦略」を論じるくだり、まさしく引用〈説得の戦略〉が含まれている箇所のことを指すものと考えられる。[21] 冒頭の問いに対するリクールの答えが否であることはさきほど確認した。引用の後半で、リクールは（こちらも修辞疑問文をもちいて）行為や人物に対する道徳的評価が「共感や反感」および「あわれみの感情」と結合していることを前提としつつ、こうした情動的反応はフィクション物語を読むことの感興（美的快）から切り離すことができないと主張している。「説得の戦略」に遡って言えば、世界観の共有を前提として、作者がそのような感興＝情動的反応を引き起こすように作品をデザインしたということになるだろう。そしてこうした見方は、作者が求めるとおりの情動的反応をすることができない場合、読者は作品を楽しむことができなくなるという主張につながっていく。

実際、「説得の戦略」はいつも成功するわけではない。原因の一つは、作者の描き方の拙劣さに求められるだろう。とりあえずこの点は置いておくことにしよう。もう一つの大きな原因は、読者と作者の世界観の隔たりである。両者の世界観が異なるがゆえに、読者は虚構世界の出来事や行為に対して作者が期待するような情動的反応をすることができない。読者は規範に関する先行理解（ミメーシスⅠ）に基づいて作品世界の出来事や行為を道徳的に評価するが、すべての読者が同じ先行理解を有しているわけではなく、作者の期待する態度や情動的反応をとることのできる読者ばかりであるとは限らないのである。たとえば冒険物の作品で、主人公のふるまいを

〈男らしさ〉として肯定することができず、その傲慢な独断専行ぶりに苛立ちをおぼえるという場合もあるだろう。奴隷制擁護論者は『アンクル・トムの小屋』の主人公に共感的な立場を取ることができないだろうし、白人に対する主人公の従順な態度に抵抗をおぼえる現代の黒人の読者もいるはずだ。こうした場合、世界観の隔たりゆえに「説得の戦略」は失敗し、読者は読書から美的な快を得ることができなくなってしまう。

ただし、作者と読者の世界観が異なり、読者が情動的反応に抵抗を覚えることは、必ずしも作者の戦略の失敗を意味するとは限らない。というのも、はじめから読者の抵抗や反発を狙った作品、共有されないことをわかりつつ、あえて読者に異質な世界観の共有を求めるような作品も存在しているからである[22]。この手の作品は、途中で読むのを中止されてしまうというリスクを冒しつつ、読者の世界観に対して攻撃を仕掛けていると言えるだろう。

偶然的なものであれ、仕組まれたものであれ、読者は要求される情動的反応に抵抗を覚えることがあるという点が重要な意味を持つ。むしろリクールは抵抗の経験に、フィクション物語を読むことの実存的な意義を見出そうとしているように思われる。もともとリクールは、時代や場所を超えて読まれうることがエクリチュール（フィクション）の「精神性」であると述べていた。古代ギリシアの詩人が同時代の読者に向けて制作した作品を、現代の我々も読むことができる。ただし文化の違いにより、作者のミメーシスⅠと読者のミメーシスⅠのあいだには必ず不一致が生じることになる。それゆえ現代の我々は作中の行為の意味がわからなかったり、作者が期待するとおりの情動的反応をすることができなかったりする。これは「精神性」と表裏一体の事態であるが、我々はリクールが、不一致があるにもかかわらず一致を可能にしているところにエクリチュール（フィクション）の精神性を認めているというよりは、不一致の発生や発見を含めたうえでその精神性を指摘していると考えるべきではないだろうか。不一致が生じないとすれば、「ミメーシスの循環」がズレを含んだ循環になることはないはずだからである。

リクールは、文学の現実への「関与性」を認めない立場に対して、そのような態度は「文学をそれ自身の世界のなかに閉じ込めてしまい、文学が道徳的秩序や社会秩序に対して向ける破壊力ある切っ先 point subversive を折ってしまう」［TRI 149-150 一四〇］と反論している。この反論からは、リクールが読者の生きる現実に対して批判的な作用を持つ作品を重視していることが窺える。このとき、児童虐待を主題とする場合のように、道徳的評価の齟齬は想定せず、怒りやあわれみといった情動を通じて、悲惨な出来事を放置した社会に対する問題意識を読者と共有しようとする作品もあれば、読者の規範意識や価値観を攻撃することを狙った挑発的な作品もあるだろう。だが前者の場合、強い情動的反応が引き起こされ、読者の規範意識が強化されることはあっても、それが揺らぎ、相対化されることはない。リクールは引用〈説得の戦略〉のなかで、テクスト世界を読者の世界へと適用することを「戦い」と表現していた。フィクション物語の読書においては、一致よりも不一致や抵抗の経験の方が重要な意味を持つと考えられているのである。

こうした見方は、読者の想像活動に関する論述からも読み取ることができる。続けて次の引用を見てみよう。

むしろ読書行為についての我々の分析は、物語の実践〔の本質〕は思考実験にあると我々に言わしめる。この思考実験を通じて、我々はみずからにとって異質な世界 mondes étrangers に住みつく練習をする。

［TRIII 447 四五二］

「住む」とは、みずからの価値観や信念体系（ミメーシスI）に照らして、作品で描かれている行為を自分ならばどのように評価するのか、あるいは自分ならばどのように行為するのか想像することを意味しているだろう。他方、世界が「異質」であるとは（たんに虚構的ということではなく）作品内で描かれている行為をめぐって、作者が読者に期待する反応と、読者の実際の反応とのあいだに不一致が生じていることを意味しているだろう。異質性の根源は作者と読者の世界観の相異である。以上をふまえるなら「異質な世界に住みつく練習」とは、世界観の不一致を理由に読書を中止しないように努力し、みずからの信念や価値観をできるだけ作者のそれに適合させるように配慮することを意味するはずである。〈郷に入っては郷に従う〉姿勢をとるということだ。たとえばそのために読者は、特定の行為が（みずからの直観に反して）善いとされている理由を理解しようとする。登場人物の立場になり、その行為を一定の合理性や道徳性をそなえたものとして把握しようとするのである（作者の方は、読者が登場人物の行為の合理性や道徳性を納得できるように行為とその文脈を描いているはずだ）。そうした「練習」のなかで、読者は自分のそれとは異なる価値の序列が存在することや、身体や環境が異なれば選好や熟慮も異なってくること（自分の物の考え方が自分の身体や環境に特有であること）を発見するかもしれない。それが意味するのは、読者のミメーシスⅠが拡張したということである。

このとき読者がそうした努力をするのは、美的な快（フィクション物語を読むことに伴う感興）への期待が存在するからだと考えられる。つまり読者は〈誘導に従って作品の仕掛けを作動させれば美的な快を獲得することができるように作品はデザインされているはずだ〉という予期を抱いている。だから世界観の不一致が深刻になり、求められている評価や反応に対してことごとく抵抗を覚えるようになれば、読者は快の獲得をあきらめて読書を中止するだろう。他方で、読書を楽しむことができているのならば、読者は必要以上に不一致が顕在化しないように配慮するだろう。たとえば、あえて視点や情報の偏りを受け入れて公正な道徳的評価を下さないようにする、言い換えるなら、偏った視点や情報によって主人公に肩入れした反応をするように仕向けられているとしても、それを問題にしないといった工夫をするのである。そしてこのような快を得るための配慮の一環として、読者は作者が用意した道徳的評価をまずは受け入れ、直観的に抵抗を覚えるとしてもそれが妥当性を有していることを自分に納得させようとする（評価を固定して認知を調整する）。これに成功すれば読者は物語を楽しむことができるようになるだろう（ただしデザインの拙劣さによって努力が無駄になる可能性は残っている）。フィクション物語を読むことは、まずは作者の指示や誘導に従って想像的活動を行うことであり、作品の仕掛けが正しく作動するように協力することなのである。

リクールは七〇年代のフィクション論のなかで、「読者として、私はみずからを喪失することによってのみ、みずからを見出す。読書は私をエゴの想像的変容のなかに導き入れる。遊戯による世界の変形はまた、エゴの遊戯的変形でもあるのだ」［FHD 131 一九六］と説明しているが、この一節は読者による適合の努力を言い表したものとして解釈することができるだろう。この説明は、『時間と物語』の「読者がみずからの期待をテクストの繰り広げる期待に従わせる限りにおいて、読者は移住する虚構世界の非現実性に応じてみずからを非現実化する」［TRIII 327-8 三一九］（二〇〇頁の引用）という説明に対応している。このとき「読者がみずからの期待をテクストの繰り広げる期待に従わせる限りにおいて」という条件が付され、「みずからを喪失する」という表現が用いられていることが示唆するように、読者がみずからの価値観や信念体系を停止し、まずは作者の世界観を受け入れようとするからこそ、自我は「非現実化」し、想像的に変容したと言いうるのであって、リクールはたんに自分が別のアイデンティティを獲得して可能的世界で活動しているのを想像すること――たとえば鬼殺隊や呪術高専の一員になった自分を想像すること――を「エゴの想像的変容」という言葉で指し示そうとしているわけではない。リクールは「読書を通じて読者がみずからを非現実化すればするだけ、作品が社会的現実に及ぼす影響力はよりいっそう深く、よりいっそう広範なものになるだろう」［TRIII 327-8 三二〇］とも論じているが、想像的活動に異質なものへの受容的で共感的な態度が伴っていないとすれば、そもそもこうした相関は成立しえないのではないだろうか[23]。

もちろん読者には特定の情動的反応への誘導を拒む自由があるし、説得の戦略を離れて好きなように（いわば二次創作的に）想像を楽しむこともできる。また作者の期待するとおりの反応を読者が示したとしても、読者が新たに作者の世界観に基づいて現実の行為を評価したり、実際に行為するようになるとは限らない（たとえば知恵と力で超法規的に問題を解決する主人公の活躍を楽しんだとしても、読者が現実において同様の解決を許容するようになるわけではない）。あくまでそれは「住みつく練習」である。だが利害の発生しないその場限りの「練習」であり、しかも快が得られるようにデザインされている「練習」であるからこそ、読者は異質な物の見方や考え方を採用することに前向きになれるのであり、そうした受容的で共感的な態度ゆえに、読者は自分のものとは異なる合理性や道徳性の理解がありうること、また自分の世界観が普遍的に妥当するわけではないことに気がつきうる。その気づきが読者の現実の生において具体的にどのような意味を持つか（読者がその事実にどのように応答するのか）は読者次第ということになるが、それでもフィクション物語の読書における不一致や抵抗の経験が、ふだん読者にとって透明で意識されることのないミメーシスⅠの存在を不透明化し、それを相対化する機会を与えてくれるというのは一般に成立する事態であると言ってよいだろう。

ところでこのように読書の経験を記述するとき、我々はそれが「転移」の成立下で行なわれる神経症の治療と同じ役割を果たしていることに思い至る（治療法としての「転移」については第四章二節三項で詳しく論じている）。

神経症の治療において、患者は分析家との関わりのなかで性欲動と自我欲動とのあいだの葛藤を生き直すことになる（転移）。一方には、分析家への愛と治癒への期待（陽性転移）があり、他方には愛の抑圧と治療への抵抗がある（陰性転移）。このとき、陰性転移とそれを生み出している超自我の働きを自覚し（反芻処理）、自我の再変容を通じて超自我の要求にこれまでとは別の仕方で対処できるようになれば、神経症の治療は成功する。そのために分析家は、陽性転移を利用して患者の自我の教化・強化を目指す。愛の成就への期待によって患者を治療に繫ぎ留め、与えられた権威を支えに患者に別の世界観の存在を伝えるなどして、患者が自由に物を考えられるようにするのである（追教育）。ただし、重要なのは患者が自分で自分の世界観の歪みに気がつき、自分自身でその歪みに対処できるようにすることであり、分析家が患者の新たな超自我に収まり続けることは避けられなければならない。

〈フィクション物語の読書は、美的な快の獲得への期待と作品の世界観への反発とのあいだで進展し、そこで読者は作者への信頼ゆえに異質な世界観に基づく行為の合理性や道徳性を理解しようとするとともに、そのことを通じて自身の世界観の絶対性に批判的距離を取る機会を与えられる〉というとき、読書経験は陽性転移に支えられた「追教育」や「反芻処理」と同じ機能を担っていると考えることができるだろう。リクールは「啓蒙」の手段として、分析セッションではなく、フィクション物語を選択した。この事実に着目するとき、我々は良心批判やイデオロギー批判をめぐる議論と、フィクション論とのあいだの深い結びつきを発見することになる。

本章の議論はこれまで作品の虚構世界と現実世界の区別、また統合形象化の過程と再形象化の過程の区別にこだわり、フィクション作品の虚構性を乗り越えることを可能にする解釈のダイナミクスに注意を向ける必要性を強調してきた。もともとそれは概念上の整合性をめぐるテクニカルな問題関心によるものだったが、そのダイナミクスに注目することによって明らかになったのは、詩的作品による先行理解の創造的媒介を可能にしているのが、作者のデザインを信じて作品の仕掛けの一部となり、自分を納得させることで世界観の不一致を解消しようとする読者の姿勢にほかならないということである。このような姿勢を、解釈における〈能動的受動性〉と呼んでおくことにしよう。我々は次節（第五章三節）で隠喩論を取り上げるが、そこで最終的に明らかとなるのは、リクールが〈能動的受動性〉を、解釈学と反省哲学の相補性を主張し、詩的作品のディスクールとして身分を主張するみずからの解釈学の要石に据えているということである。

（ii）内在する作者とフィクション——内在する意図と外在する意図

「説得の戦略」に関して、考えるべき論点がもう一つ残っている。引用〈説得の戦略〉でリクールは、「説得の戦略」は「内在する作者」に由来すると述べていた。内在する作者は、実在する作者——作品を発表し、自分の作品として作品について何かを語ることが許され、場合によっては我々が会いに行くことができる人間——からは区別されるべき存在である。なぜ実在する作者ではないのだろうか。

「対話的条件」から切り離されたエクリチュール、とりわけ実在する作者と読者とのあいだに時間的、空間的、文化的な距離が存在するようなフィクション作品の場合、読者にとって実在する作者の意図にアクセスする回路は非常に限られている。それにもかかわらず、現実に我々は作品を媒介して作者とコミュニケーションを行なうことができているわけで、リクールはそうした事態を説明するために「内在する作者」の概念を導入しているのだと、まずは考えることができる。

さらにリクールが内在する作者を持ち出す背景には、「意図の誤謬」を回避しようという意図がある。次の引用を見てみよう。

> 文学理論の場に作者を再導入することで、テクストの意味論的自律というテーゼを否定し、今では時代遅れとなった心理学的方法に回帰しているのだろうか。そうではない。まず、テクストの意味論的自律のテーゼは構造分析にとってのみ有効なテーゼである。構造分析は、純粋詩学に属する諸々の操作を貫いている説得の戦略を括弧に入れる。この括弧を外すことは必然的に、説得の戦略を練り上げる者、すなわち作者を考慮に入れることである。しかもこのとき、修辞学は「意図の誤謬」に再び陥っているという反論も回避している。それはより平たく言えば〔テクストの意味と〕作者の心理とを混同しているという反論であるが、推定される〔だけの〕作品創作の過程ではなく、作品がそれによってみずからをコミュニケーションの媒体にしているところの諸技法に注意を向けているという点で、修辞学はそのような反論も回避しているのである。そしてこの諸技法というのは、作品そのもののうちで識別可能である。したがって、その権威の介在が認められる作者の唯一のタイプとは、伝記の対象としての現実の作者ではなく、内在する作者 *auteur impliqué* である。エクリチュールと読書の結びつきを支えているのは力の行使であり、力の行使を主導しているのは内在する作者にほかならない。
>
> ［TRIII 289-90 二九二］

前節（第五章一節二項）において、リクールの解釈学は「意図の誤謬」と「テクスト絶対化の誤謬」の間隙を縫おうとしていることを述べた。テクストは「海辺の小石」ではなく、一人の人間が別の人間へと向けて制作した言語的構築物である。テクストの理解は、その制作者は何を伝え、何をしようとしているのかという、意図の理解から切り離すことができない。だが他方で、テクストの意味を現実の作者の人生経験や読書経験から説明したり、テクストを現実の作者の心の動きによって説明するといったアプローチ、またテクストの言わんとすることは現実の作者に訊けばわかるという考え方は「意図の誤謬」に陥っている。[24] 作者は言葉の公共的な意味に基づいてのみ何かを伝達しうるのであり、テクストの「意味論的自律」を否定して、作品の意味を作者の私秘的な意図に還元することはできない。コミュニケーションには話者の意図の理解と公共的な意味の両方が必要である。以上をふまえつつ、引用でリクールが論じているのは、実在する作者の意図を考慮に入れることは「意図の誤謬」につながり、内在する作者の意図であれば「意図の誤謬」には陥らないということである。しかし、この主張には検討の余地がある。実在の作者の意図を考えることが公共的な意味を無視することにつながるとは限らないし、フィクション作品の解釈において実在する作者の意図、あるいは少なくともテクスト外在的な作者の意図を参照しなければならない場面があるように思われるからだ。この可能性を検討するために、まずは内在する作者の意図に関する議論を確認することにしよう。

リクールは「作品を統一された全体として直観的に理解する限りにおいて、読者は内在する作者の役割を予感する」［TRIII 292 二九四］と述べる。諸々の文章をランダムに寄せ集められた文章の羅列ではなく、構造化された作品の一部として解釈するとき、読者はつねに、すでに、作品を組み立てた人間が存在することを認めている。作品を作品として読むということは、同時に解釈の対象をある人間によってデザインされたものとして把握することである。たとえば、最後には犯人の正体が解明されることを期待して物語を読み進めることや、上京した主人公にとって故郷の恋人の存在がいずれ問題になるだろうと予想しながら物語を読み進めることは、物語が作者によって統制された作品であると前提することなしにはありえないだろう。また読者は、物語内の行為に対して特定の反応をするように誘導されていることをもって、自分と世界観を共有しようとしている人間がいると考える。さらに読者は作品に書かれていることから作品の世界観を帰納的に推論するが、最終的にそれは作者という一人の人間に帰属させられ、作者の世界観と呼ばれることになる。[25]

要するに読者がフィクション物語を読むとき、その解釈は、デザインの意図をもち、特定の信念体系や価値観を備えた一人の人間を措定することによって遂行可能となっているのであり、解釈行為がパフォーマティヴな次元で前提せざるをえない作者のことをリクールは「内在する作者」と呼んでいる。現実の作者がどのような人間で、何を考えたのかを調べることがなかったとしても、内在する作者の意図や思想はテクストを読むことによって知られうるし、それを仮定することによってはじめて現実の解釈実践が始まるのである。我々はこうした事態を、読者の側からの〈ディスクールの再現働化〉としてとらえることができる。ただ、たしかにこうした議論は筋が通っているように思われるが、内在する作者の意図だけでフィクション作品を媒介したコミュニケーションを十全に記述することができるかというと、おそらくそのようなことはない。

引用〈説得の戦略〉で、リクールは「説得の戦略」を「発語内の力」と言い換えているが、このことが批判の糸口になる。言語行為論の「発語内の力」という概念をもちいてリクールが言わんとしているのは、ある文の発語内行為は「当該の文の意味の関数」であり、文の意味を理解すればそれが何を企図しているのかが理解されるのと同じように[26]、物語を読むことによって作品内在的にその説得の意図がおのずと知られるということなのだろう。このとき、文のレベルで成立する発語内行為を、複数の文からなる作品全体へと拡張することができるのかという問題が生じるが、この点についてはとりあえず置いておこう。むしろいま目を向けるべきは、はたして読者は作品の意味の関数として、作品が「フィクション」であることを知ることができるのかという問題である。リクールは、フィクション作品は「第一段階の指示」を中断するという意図のもとに成り立つと考えているが、そもそもこの中断の意図を読者が作品内在的に知ることは可能なのだろうか。

言語行為論の代表的論者であるジョン・サールは、ある文が「フィクション」であることを「当該の文の意味の関数」として理解しうる可能性を否定し、それゆえフィクションを語ることを独自の言語行為として認めることはできないと主張している。サールによれば虚構文を発話することは、その意味を文字通りに受け取れば「主張」や「宣言」などの発語内行為として理解されるはずの文を本気では発話しないこと、すなわち「主張」や「宣言」などの「ふり」をすることである。もしフィクションを語るという発語内行為を認めるとすれば、全く同じ文章が「主張」にも「主張のふり」にもなりうる以上、そのとき我々は全く同じ表現の文が二つの異なる文字通りの意味を持つことを認めなければならなくなってしまうだろう。(27) それゆえサールは次のように論じる。

> 一連のディスコースをフィクション作品として同定せしめるようなテキスト上の特性は存在しない。発語内行為の〈ふり〉としての遂行を構成しているのは、水平規約を発動する意図を伴った発話行為の遂行にほかならない。〔……〕フィクション作品を書く行為を構成しているのは発語内行為の〈ふり〉としての遂行であるが、その遂行は、発話が持つ発語内行為への通常のコミットメントを留保するところの水平規約「の発動」を伴った発話行為を現実に遂行することによって、成立するのである。　[Searle (1979) 68 一一二]

サールの議論が正しければ、フィクション作品そのものに、フィクションを語る意図を見出すことはできない。たしかにこうした主張については議論の余地があるものの、(28) それでも問題となるのは、サールが――そしてリクールも――水平規約を発動する意図が読者にどのようにして知られるのかについて、明示的な説明を提示していないことである。

この点に関して、モンロー・ビアズリーの説明は簡にして要を得ている。ビアズリーは「書き手は、自分が少なくとも〈報告〉の次元において主張を行ってはいないことを示すような、何らかの信号を採用していなくてはならないということを、必要条件として「フィクション」の客観的定義に導入しよう。〔……〕言語のフィクションとしての使用を告げる、よく知られた決まり事は様々に存在している」[Beardsley (1958) 421] と述べている。言い換えれば、フィクションの作品は、それがフィクションであることを示すメタディスクールやパラテクストを必ず付随させているということであろう。こうしたことは「嘘」や「詐欺」と「ふり」の違いを考えてみても首肯されるはずである。道徳的非難や処罰を受ける可能性がつきまとう以上、それを回避するために「ふり＝フィクション」はみずからの身分に関するメタディスクールを必要とするのである。

ビアズリーのように考えることにより、実在する作者にその意図を直接問い質さないとしても、我々は書かれたテクストから作品がフィクションであることを知ることが可能となる。ただし、あるテクストがフィクションであるかどうかを、当該のテクストに内在的に知ることはできないという点に注意する必要があるだろう。想像的な虚構世界の行為や出来事を報告するのが虚構文であるとして、それらの文が虚構的であることを伝えるメタディスクールは虚構世界を記述していないし、それ自身は虚構的ではないのである。そして虚構的かどうかを決めるのにメタディスクールが必要であるとするなら、原理的にそのメタディスクールがフィクションである可能性も排除されず、それがフィクションではないことを伝えるためにはメタメタディスクールが必要とされることになる（このことは無限遡及という問題を引き起こすだろう）。こうした意味で、フィクション作品の解釈をコミュニケーションの枠組でとらえようとするとき、我々はコミュニケーションに関わる作者の意図を完全に作品に内在的なものと見なすことができないように思われる。

いまここで、この問題に対する整合的な説明を提示することは筆者の能力を超えているし、その答えをリクールのテクストに求めることもできない。そのことが本論およびリクールのフィクションの解釈学にとって深刻な瑕疵になるとは思われないが、とりあえず〈フィクション物語を媒介としたコミュニケーションの条件と意義〉に関する考察として、いまだリクールの論述には空所が含まれていることを指摘し、本節の議論を終えることにしたい。

3　隠喩解釈と想像力——自由な遊び

解釈学と反省哲学は相補的であるというリクールの主張、より具体的には、詩的作品の解釈は自己理解や心的現実の変容を引き起こすというリクールの主張の妥当性を、フィクション物語の解釈に焦点を合わせて批判的に検討してきた。

〈読者は作者への信頼と美的な快への期待に基づいて異質な物の見方や考え方を受け入れ、その合理性や道徳性が維持されるように認知を調整し、そのことを通じて現実や自己について新たな発見をしたり、みずからの世界観に対して批判的な距離を取ったりする機会を手に入れる〉というのが、フィクション作品の解釈に関してリクールが提示しているモデルである。作品の仕掛けが正しく作動するように協力し、その作用を十全に被ろうとする読者の〈能動的受動性〉により、フィクション作品は人間と現実、また人間と自己との関係を「新しくよりいっそう創造的な仕方で媒介し続ける」［Kearney（2004）133 四七］機能を現実化することができるのであり、我々はフィクション作品の創造性を、作者と読者のコミュニケーションが達成する創造性として、すなわち解釈の創造性として理解することができる。

リクールは『時間と物語』において、誘導された想像活動とそれが惹起する現実をめぐる思索を、それぞれ「静止」と「反省」「送出」と呼んでいた。リクールは以下の引用で「自由な遊び」という言葉をもちいているが、「自由な遊び」とは「静止」と「反省」「送出」の両面によって構成される心の活動の全体を指すものと考えてよいだろう。

想像力とはまさしく次の定式によって我々が理解するすべてである。それは知覚や行為の世界に対して非関与の状態での可能性との自由な遊び libre jeu である。我々が新たな着想や、新たな価値や、世界に存在する新たな仕方を試みるのはまさしくこの非関与の状態においてなのである。［IDA 245］

この引用が含まれているのは、「ディスクールと行為における想像力」（一九七六年）という論文である（七〇年代の論文であるため二つの解釈過程が明確には区別されていない）。この論文は想像力が主題化されている貴重な論文であるが、注目すべきはリクールが論文のなかで、隠喩解釈における想像力の働き方を創造的想像力の範例的な働き方としてとらえようとしていることである。上記の「自由な遊び」とは、もともとは隠喩解釈における想像力の働きに対して用いられた言葉にほかならない。論文の冒頭でリクールは次のように述べている。

意味論的革新 *innovation sémantique* の概念の中心に置かれている、隠喩理論のなかで用いられる想像力についての考え方は、隠喩が特権的に属しているディスクールの領域を超えたところで一般化されるだろうか。この問いそのものは、私がかつて意志の詩学という野心的な名で呼んだ、より広範な射程を持つ探求に属している。 [IDA 237]

引用後半の「意志の詩学」は、第一節（第五章一節一項）で言及した「実存の詩学」に対応している。リクールが言わんとしているのは、「意味論的革新」を実現する想像力の「自由な遊び」が、人間の生き方に関しても同様に「革新」を引き起こしうるということである。我々は先立ってフィクション物語における「自由な遊び」（異質な世界に住みつく練習）がそうした「革新」をもたらすメカニズムについて考察した。ということは、我々は隠喩論において〈異質な物の見方や考え方の受容とそのための認知の調整、そしてそれに伴う先行理解の更新〉という解釈プロセスをより純粋なかたちで確認することができるはずである。それゆえ本節ではリクールの隠喩論を取り上げ、新たな観点から想像力の「自由な遊び」について詳しい分析を行うことにより、リクール解釈学の核心を抉出することを試みる。取り上げるのは『生きた隠喩』を中心に、「ディスクールと行為における想像力」、「隠喩と解釈学の中心問題」などの著作である。なおこの作業は、隠喩論の伝統に対するリクールの寄与分を明らかにし、カントの構想力論の影響作用史にリクールの想像力論を書き加えることにもつながるだろう。というのも「自由な遊び」という語の出所は、カントの『判断力批判』だからである。

（1）生きた隠喩

著作のタイトルが示すように、リクールが主題としているのは、隠喩のなかでも「生きた隠喩 métaphore vive」である。リクールにとって真正の隠喩とは、生きた隠喩にほかならない。では、隠喩が生きているとはどういうことだろうか。

「首相は狼である」という文は隠喩である。「首相は独身である」という文は文字どおりに理解することができるが、「首相は狼である」という文は文字どおりに理解することができない。首相はヒト科の生き物であり、オオカミはイヌ科の生き物であるから、ヒト科の生き物がイヌ科の生き物であるというのは矛盾であり、誤りである。同様に「空は死せり」という文も隠喩である。空は生き物ではないから、死ぬことはない。ここから、隠喩的言表では主語と述語のあいだに意味論上の「非関与性 impertinence」が存在していると一般化することができる。言い換えるなら、隠喩とは「文全体の枠組みの中で行なわれる述語の逸脱的使用」[IDA 237] あるいは「自己矛盾的な属性付与」[MPCH 102 九七] である。もちろんこれは生きた隠喩にも共通する特徴である。

ただし「首相は狼である」は生きた隠喩とは言えない。辞書を引くと、「狼」の項目に「表面は優しそうにしていても、すきを見せるとたちまち襲いかかってくるもの」という説明が載っている。「裏表があり、本性が残忍であること」は、すでに「狼」という語の公共的な意味として認められており、本義ではないにせよ、それとともに「狼」という語の多義性を構成している。それゆえ我々の多くにとって、「首相は狼である」という隠喩が主語（首相）のどのような性質を記述しようとしているのかを理解することはそう難しくない。「あの女狐」や「古狸が」といった隠喩にも同様のことが言える。こうした表現は人々の言語活動のなかで繰り返し使用されてきた。リクールによれば、それは「慣用的隠喩」であり「死んだ隠喩」である。(29)

これに対して生きた隠喩の場合、辞書を引いても問題は解決しない。リクールは「空は死せり」のほかに、「時間は物乞いである」、「自然は神の宮である」といった隠喩を生きた隠喩としてとりあげているが、こうした隠喩が言わんとしていることは、「死」や「物乞い」という語の意味を辞書で調べてみても理解することができない。それでは生きた隠喩の意味はどのように理解されるのだろうか。リクールは、英語圏の隠喩論――ブラックやビアズリーらの隠喩論――、さらにカントの図式論を参照することによってこの問いに答えを与えようとしている。順を追ってみていくことにしよう。

（2）隠喩解釈の創造性——先行する隠喩論との対話

（ⅰ）ブラックの隠喩論

ブラックの隠喩論を理解するうえで鍵となるのが「連想される通念の体系 system of associated commonplaces」という概念である。狼なら狼の、チェスならチェスの「連想される通念の体系」が存在しており、それは「普通の人が「狼について真実と思うところを特に意識して考えることなく述べよ」と言われたとして、そのときその人が口にするであろう言明の集合」［Black（1954）287 一七］である。同じ文化に属しているなら「連想される通念の体系」は人々のあいだで概ね一致するだろう。ときに通念は専門的知識と齟齬をきたすことがあるが、専門家も「「ふつうの人ならそれについてどのように考えるか」を知っている」。このときブラックによれば、「人間は狼である」という隠喩が企図しているのは——ブラックは「人間」を第一主題、「狼」を第二主題と呼ぶ——、狼の「連想される通念の体系」を人間に適用し、それによって「我々の人間観を組織する」ことである。つまり、狼になぞらえられるとき、人間の諸特性のなかでも狼と共通している特徴がフィルタリングされ、それ以外の特徴は捨象される。より詳しくは次のように言われる。

> しかるべき聞き手であれば、狼の含意の体系に導かれて、これと合致するものとして第一主題の含意の体系を構築することになるだろう。しかしそうした含意は、「人間」という語を本義的に用いるとき、通常その語に含まれているはずの通念には入ってこないような含意なのである。この新たな含意は「狼」という語の本義的用法から連想される含意のパターンによって規定されるに違いない。無理なく狼‐言語で語ることのできる人間の特徴はみな浮かび上がり、それができない人間の特徴はみな背景に押しやられることだろう。狼の隠喩はある細部を抑え、ある細部を強調する。要するに、それは我々の人間観を組織するのである。
>
> ［Black（1954）288 一八］

引用では、人間の諸特性が「狼」フィルターによって選別されるという方向で説明が行なわれているが、翻って、狼の通念のなかから人間的な諸特性が篩にかけられると考えることも可能である。それゆえ属性の選別には相互作用が認められ、選別された属性は二つの主題に共通する属性としてとらえられることになる。ここからブラックはみずからの隠喩理解を「相互作用説 interaction view」と呼ぶ。相互作用説は、「代替説 substitution view」――隠喩は本義的表現に一意に翻訳可能であり（隠喩では「裏表があり、残忍である」と直接に言うかわりに「狼」という語が用いられている）、文章表現としての美や快を追求するために隠喩は用いられていると考える――や、「比較説 comparison view」――隠喩を「人間は狼のようである」という直喩の省略（隠喩では二つの主題が類似しているという事実そのものが指摘されている）とみなす――に対する批判を含んでいる。ブラックによれば、隠喩は単純なパラフレーズを許すものではなく、主題間の類似性は、類似しているという事実の把握を超えて、具体的な実質をともなって理解される。

リクールは相互作用説の重要性を認めつつ、ブラックが「連想された通念の体系」によって隠喩解釈を説明しようとすることを批判する。先の引用でも「しかるべき聞き手なら」、「無理なく」思いつくのが通念の体系とされていた。別のところでは「隠喩が効果をあげるのに大切なこと」は「通念がすみやかに、かつ自然に想起されること」であるとも言われている。ブラックが力点を置いているのは、作者と読者で通念の体系が共通しており、隠喩の意味が正しく理解されることなのである。言い換えるなら、ブラックは隠喩の意味をあくまで伝達可能なものとしてとらえようとしている。なるほどブラックは、隠喩の意味の伝達がうまくいくケースを「作家が自分と読者が共有していると考える共通知識（そして共通理解）の貯えを利用するだけの最もありふれたケース」と呼び、「隠喩は一般に認められている通念だけではなく、特別に構築された含意体系によって支えられることもある」［Black（1954）290 二一］と認めている。しかしそのように言われるさい、ブラックが次のような補足を加えていることに注意を向ける必要がある。「作家は王権契約説を論じるに先立って、「契約」という語で言い表そうとしている意味について明確な説明を行なうことにより、その語の望まぬ含意をおおかた抑え込むことができる」［Black (1954) 290 二二］。すなわち公共的な含意を離れて、その場限りの含意によって隠喩が解釈されるときでも、その含意は作者によってあらかじめ公然とした仕方で読者と共有されている必要があるのだ。ブラックにしてみれば、読者が隠喩の意味の理解に頭を悩ませるようなケースは、隠喩解釈の中心的なケースではない。リクールが批判するのはこの点である。リクールは次のように言う。

大きな問題――もとより筆者もそれに気づいてはいる――は、「連想される通念の体系」に依拠することが、既に構築された含意を当てにすることになるということである。これにより、説明はありふれた隠喩にしか通用しなくなってしまう。〔……〕テーゼを列挙した最後の要約で、筆者は次のように述べている。「連想される含意は通常、副主題に関する「通念」からなるものの、しかるべき場合には、作者が特別に設定した特異な含意によって構成されることもある」。では、即興的に創出される含意はどうなるのか。

［MV 114-5 一九二―三］

引用末尾の問いかけが示唆しているのは、隠喩の解釈においては、読者が作者の想定した含意を超えて独自の含意を構築することがあり、それによって第一主題と第二主題のあいだに新たな類似性が発見される場合があるということだろう。そして生きた隠喩とは読者による独自の含意の構築を必要とする隠喩にほかならず、ブラックの隠喩論では生きた隠喩の解釈をうまく説明することができないというのがリクールの批判の骨子である。これは、ブラックの隠喩論は解釈における読者の創造性を看過しているという批判でもある。この点に関して、続いて取り上げるビアズリーの隠喩論はリクールの意に適うものとなっているように思われる。

（ii）ビアズリーの隠喩論

ビアズリーは、ある対象が持つ「偶有的属性の集合」を、その対象を意味する語の「含意の潜在的範囲 potential range of connotation」と呼ぶ。たとえば、木が持つ数多くの属性のうち、木という語の主要な含意になっているもの（葉が繁る、陰を作る、高いなど）もあれば、いまだ「公認の含意 recognized connotations」になっていないものもある。ただし、いまだ含意にとりこまれていない属性も「未来の文脈のなかで、その意味の一部として「木」という語によって捕捉されるのを待っている」［Beardsley（1962）300 四二］。したがって、対象の持つあらゆる属性が「含意の潜在的範囲」に含まれることになる。このとき生きた隠喩とは、主語に付与される属性が、隠喩的に用いられている語の公認の含意には含まれていない隠喩として理解することができるだろう。前もって共有されている含意のなかに適切な属性が見つからないため、読者は語が示す対象それ自体について思念をめぐらせなければならない。こうした隠喩の理解について、ビアズリーは次のように説明している（引用では「気まぐれな月」という隠喩について論じられている）。

〔隠喩に意味を与えようとして〕我々は一般に気まぐれな人が持ちあわせている偶有的ないし偶然的な属性へと目を向け、これらの属性を、あるいは可能な限り多くのその属性を月に帰属させる。そしてこれまでは気まぐれな人のものでしかなかった属性が、すくなくとも当面のあいだは「気まぐれ」という語の意味の一部となる。それゆえ隠喩は属性（現実のものであれ想定されたものであれ）を意味へと変化させる。

［Beardsley（1962）302 四五］

解釈において属性を意味へと変化させることにより、読者が隠喩の意味を創出するのだと言ってよいだろう。ビアズリーの隠喩論は、ブラックにくらべて解釈に積極的な役割を認めている。

ところがリクールは、「この含意の潜在的範囲に、まだわれわれの言語で含意の範囲に属していない特性の範囲を加えるだけではたして十分なのだろうか」と問い、「「共示的意味の潜勢範囲」と言おうが、「連想される通念の体系」と言おうが、変わりはない。［……］依然としてわれわれは隠喩の創造的過程を言語の非創造的次元へと結びつけている」［MPCH 103 九七―八］と述べて、ビアズリーに対しても批判の矛先を向けている。ビアズリーに対する批判には、その説明が「類似性」に対する言及を欠いているという点も含まれているのだが、少なくともビアズリーは解釈の創造性を認めていないというリクールの批判に関して言えば、それは不当であると言わざるをえない。

たしかに「含意」をあらかじめ作者と読者のあいだで共有されている語の意味と考えるなら、ビアズリーは「潜在的」という言葉を使って、ブラックのいう「通念」を無理やりに拡張しただけということになるだろう。隠喩の意味の伝達可能性を確保するために、〈作者と読者が共有する潜在的含意に基づいて隠喩が理解される〉などと説明するとき、「含意」はすべてを説明できる魔法の箱と化し、自力で含意を新たに構築しようとする読者の努力は見過ごされることになる。しかしビアズリーは、隠喩の解釈のために調達される対象の諸属性を、その調達と同時に「含意」と呼んでいるにすぎない。それゆえビアズリーは、「含意」が解釈の場で即興的に構築されることも、隠喩解釈が「公認の含意」を超えて対象それ自体についての思念を必要とすることも否定していない。ビアズリーが言っているのは、いまだ含意となっていない対象の属性が新たに含意として即興的に隠喩解釈にもちいられることがあり、[30]それゆえあらゆる対象の属性が潜在的な含意たりうるということである。それゆえ以下の引用はリクールがビアズリー批判をこめて書いたものではあるが、むしろそこで言われていることはビアズリーの主張とおおむね一致している。

しかし、いまだ意味されたことがないような事物や対象の属性について語ることは、出現しつつある新しい意味作用がどこからも引き出されないということ、少なくとも言語のなかからは引き出されないということを認めることである（属性とは事物に含まれているのであって、語に含まれているのではない）。新しい隠喩はどこからも引き出されないと言うことは、隠喩を隠喩として認めること、つまり瞬間的な言語創造として、意味論的革新として認めることである。意味論的革新は、すでに確立されたものとしての言語のうちには、指示としても含意としても居場所を持たない。
［MV 126 二一二］

リクールの主張の力点が解釈の創造性に置かれていることは言を俟たない。創造性を強調しようとする前のめりな態度が、ビアズリーの議論に関する誤解を生み出していると言ってよいだろう。引用で目をとめておくべきは「瞬間的創造」という表現である。リクールは引用につづく部分でも「読者の瞬間的な作品 œuvre instantanée du lecteur」［MV 126 二一三］という言い方をしているが、隠喩の意味が「瞬間的」であるとは、隠喩の媒体の含意が公認された含意を超えて即興的に構築されること、またその含意が必ずしも公認された含意として定着するわけではないことを意味している。どのような含意を構築するかは読者によって異なっており、隠喩の意味は読者の個性的な制作物なのである。

（3）隠喩解釈と想像力——隠喩論と図式論

英語圏の隠喩論に対するリクールの批判をみてきた。これまでの議論により、生きた隠喩とその解釈についての形式的説明を手にすることができたはずである。生きた隠喩とは自己矛盾的な属性付与であり、かつ媒体の「連想される通念の体系」を適用するだけでは理解できない隠喩である。そして生きた隠喩の解釈に求められるのは、非関与的な主意と媒体のあいだに関与性を構築する（類似性を発見する）ことであり、そのために媒体として用いられている語の指示対象について思念をめぐらせることである。リクールはこういった隠喩の解釈を遂行する能力を「想像力」としてとらえているが、すでに予告したように、その働きはカントの構想力概念を下敷きにして説明されている。本項ではこの点について確認することにしよう。

リクールによれば、生きた隠喩は解釈者に「衝撃 choc」を与え、理解に対する「挑発 défi」として現れる。[31] この衝撃を受け止め、挑発に応えるのは読者の想像力である。想像力は主語と述語のあいだに関与性を構築し、新たな意味作用を出現させせようとする。リクールは関与性の構築を「類似性」の発見ととらえたうえで次のように説明している。

類似とはそれ自身が奇妙な述語使用の関数なのだ。類似は、それまでは隔たっていた〔二つの〕意味論的領野のあいだの論理的距離を一挙に消し去る接近によって構成される。論理的距離は意味論的衝撃を生み出すためのものであり、今度はこの意味論的衝撃が隠喩の意味の火花を引き起こす。想像することは述語の新たな関与性 pertinence を洞察すること、言い換えればそれを突如として見ることである。すなわち、想像することは非関与性 impertinence のうちに関与性を構築する一つの方法である。［IDA 243］

このとき問題となるのは、リクールが「非関与性のうちに関与性を構築する」想像力のはたらきを、「生産的想像力の図式作用」に結びつけていることである。[32] 図式作用はカントの『純粋理性批判』に登場する概念であるが、リクールはその「図式論」を参照することによって隠喩解釈における想像力の働きをモデル化しようとしている。たとえば次のように言われる。

かくて隠喩は、まさにそのうちで隠喩的属性付与が成立する図式作用 schématisme としてとらえられることになる。この図式作用により、想像することは、同一性と異種性が引き合うなかで、比喩的な意味が立ち現れる場となる。〔……〕図式とは属性付与を出現させるもの、属性付与を具体化するものである。この述語過程によって「イメージが付与される」。意味論上の類似をもたらすのは図式である。すなわち、図式は字義通りの意味の次元における意味論上の両立不可能性を解消することに寄与するのである。［MV 253-4 二五二―三］

一読してただちに理解できるような説明になっているとは言えないだろう。リクールは図式論を前提に議論を進めており、引用の前後を読んでみても、上の記述によってリクールが何を言おうとしているのか判然としない。まずは『純粋理性批判』の図式論を直接参照する必要がある（以下、カントを参照するときには通例にならって「Einbildungskraft」を「構想力」と訳する）[33]。

カントが図式を論じるのは「判断力の超越論的理説（あるいは原則の分析論）」においてであり、そこでは「判断」、すなわち知性的なものの感性的なものへの適用、あるいは感性的なものの知性的なものへの包摂が主題とされている。「超越論的哲学」としての『純粋理性批判』という観点から言えば、とりわけ注意が向けられているのは「純粋悟性概念」と「経験的直観」の関係であり、両者が互いにとって全く異質であるがゆえに、「包摂」や「適用」が哲学的問題として浮上する。「しかるに純粋悟性概念は、経験的（むしろ一般に感性的）直観と比べてみるなら、それとは全く種類を異にしており、どのような直観においてもけっして見出すことができない。では経験的直観の純粋悟性の下への包摂、すなわち現象へのカテゴリーの適用はいかにして可能なのであろうか」［236: III 176 二四二］。かくして「判断」の問題は、異質な二つのものをいかにして接合するかという媒介の問題となり、図式はこの媒介の役割を担うものとして議論に登場することになる。カントは「一方ではカテゴリーと同種的であり、他方では現象と同種的であるに違いなく、カテゴリーの現象への適用を可能にしているところの第三者」［240: III 177 二四二］のことを、「超越論的図式」と呼ぶ。

知性的なものと感性的なものの媒介が問題となる限り、図式はさまざまな場面で言及されることになる。言い換えるなら、図式は超越論的図式に限られるわけではない。幾何学的概念（感性的概念）を感性化し、それに形像を与えるためには図式が必要であるとも説明されているし、経験的直観の経験的概念への包摂を可能にしているところの形像は、それ自体が図式の媒介によってのみ概念と結びつけられうるとも説明されている。そして「図式は、それ自体としては、つねにもっぱら構想力の所産である」［241: III 179 二四三］。構想力は、悟性とも感性とも同種性を持つ能力であると言われているから、このように説明されるのはカント哲学の内部では当然のことである。純粋悟性概念の図式の場合、それは「構想力の超越論的な産物」と言われ、幾何学的概念の図式は「ア・プリオリな純粋構想力の産物」、形像は「生産的構想力の経験的能力の産物」と言われている。

こうした設定のなかで、カントは超越論的図式を「超越論的時間規定」としてとらえ、具体的で精緻な考察へと踏み込んでいくのだが、その議論は割愛してもかまわないだろう。そもそも図式概念について明証的な理解を得るのは簡単なことではないし、現在の文脈では、図式論が異種的なものの媒介を問題としていて、そこでは構想力が知性的なものと感性的なもの——概念と直観、あるいは概念と形像——を接合するうえで不可欠の役割を果たしていることが把握できれば、とりあえず考察を前に進めることができるからである。すなわち、隠喩解釈における想像力のはたらきが、相互に非関与的な主語と述語のあいだに関与性を打ち立てることにあるとするなら、それが異種的なもののあいだに立ち、図式というそれぞれにとって同種的なものをつくりだす構想力の働きに重ね合わされることは合点がいく。とはいえ、図式論が問題にしているのは媒介一般ではない。〈知性的なものと感性的なものとの媒介〉という点を考慮に入れるなら、いまのところ図式論は隠喩論に対して過剰である。言い換えれば、悟性と感性、あるいは概念と直観という対立を捨象するとき、わざわざ図式概念を召喚する必然性はなくなる。それゆえ今度は図式論の方から隠喩論に問わなければならない。隠喩の解釈において、知性的なものと感性的なものとは何を指すのか。

この問いに対するリクールの答えは入れ子構造になっている。まずリクールは次のような説明を提示している。「隠喩の場合、時間を物乞いの特徴のもとに叙述することは、時間を物乞いと見ることである。それこそ我々が隠喩を読むときにしていることである」[MV 269 二七二]。つまりリクールによれば、「時間は物乞いである」という隠喩を解釈するとき、我々は〈時間を物乞いとして見る〉。隠喩解釈とは、主意（主語）を媒体（述語）「として見ること voir-comme」[IDA 243] なのである。このとき「見る」という言葉に力点を置くなら、我々は隠喩解釈を、主意に媒体のイマージュを付与する作業と見なすことができるだろう。概念に形像をあたえるという意味で、隠喩を解釈する想像力は、知性的なものと感性的なものを媒介する構想力のはたらきと重なり合うことになる。だが、こうした説明において、文字どおり感性的なものが議論に登場しているわけではない。リクールは〈隠喩とは主意を媒体として見ることである〉と定式化したうえで――〈隠喩を〈主意を媒体として見ること〉として見る〉というメタ隠喩を提示したうえで――媒体を視覚的イマージュになぞらえているにすぎないからである。あるいは含意を即興的に構築し、それに基づいて関与性を構築する作業が、形像付与の作業にたとえられているのであり、それゆえこの場合「イマージュとは幽かな知覚ではなく、新たに現出する意味作用である」[IDA 244]。リクールは次のように論じているが、「として見る」ことをめぐる上記の議論は、いまだ「再生的想像力あるいは想像的なものの問題」には触れていないと考えるべきだろう。

我々にとって重要なのは想像することの非言語的な核、つまり準視覚的、準聴覚的、準触覚的、準嗅覚的な意味での想像的なものをまずは括弧に入れることである[34]。意味論の方から、すなわち言語の側面から想像力の問題にアプローチする唯一の方法は、まずカント的な意味での生産的想像力からはじめ、再生的想像力あるいは想像的なものの問題は、できるだけ先延ばしにすることである。図式として扱われるイマージュは言語の次元を開示している。

[MV 253 二五一―二]

そしてこの引用からは、文字どおりの意味で感性的なものと知性的なものとの媒介が取り上げられるのが、再生的想像力をめぐる議論においてであることが理解される。リクールはそれが再生的想像力を論じた部分であると明言していないが、マーカス・ヘスターやガストン・バシュラールの詩論に言及した部分がそれに該当すると考えて間違いないだろう。たとえばリクールは、「〈として見る〉ことは、直観的な性格を有した行為‐経験であり、これにより、隠喩を読むさいに得られる準感覚的な想像的なものの流れのなかで、〔隠喩に〕適合したそれらのアスペクトが選び取られる」[MV 270 二七二]というヘスターの一節を引用し、「隠喩的な意味それ自体は、詩によって解放された想像的なものの豊かさの中でみずからを育む」［MV 271 二七五］と敷衍している。「準感覚的」という言葉がもちいられていることからもわかるように、ここで念頭におかれている想像力は再生的想像力にほかならず、リクールはその働きによって媒体のあらたな含意の構築が進展すると考えていることがわかる。隠喩解釈とは言語的なものと非言語的なものが接する場であり、前者を知性的なもの、後者を感性的なものとしてとらえることにより、改めて隠喩論と図式論が重なり合う。さらにリクールは、バシュラールの「反響 retentissement」概念に言及しつつ、次のように論じている。

われわれが反響や響きや残響の現象と出会うのは、まさに読書の経験においてなのである。その現象を通じて今度は図式がイマージュを産出する。隠喩的属性付与を図式化する際、想像力は先行する諸経験をもう一度生き生きとしたものにし、眠っている記憶を目覚めさせ、隣接した感覚諸領野を掘り起こし、あらゆる方向をかけめぐる。［IDA 244］

「反響」の現象ということで二つのことが言われている。反響を通じて「図式がイマージュを産出する」とは、解釈において主意と媒体のあいだに関与性が構築されることを指しているだろう。その担い手は生産的想像力である。他方、反響の現象において想像力は「眠っている記憶を目覚めさせ、隣接した感覚諸領野を掘り起こし、あらゆる方向をかけめぐる」。これはヘスターを参照するさいに言われた「準感覚的な想像的なものの流れ」、「詩によって解放された想像的なものの豊かさ」に対応しているはずである。この発生を担うのは再生的想像力である。再生的想像力は、経験や記憶に立ち返り、対象に由来するさまざまな経験的直観を走査する。それは既存の含意を超え出して新たな含意を構築するためであり、隠喩の意味（関与性）を創出するためである。実際バシュラールにとっても「反響」は解釈の創造性に関わる事態であり、「反響において我々は詩を語り、詩は我々のものとなる」(35)［Bachelard (1957) 6 一七］と言われている。

カントの図式論を参照することにより、リクールが隠喩の解釈を生産的想像力と再生的想像力の協働として、またその協働による新たな意味（主意と媒体のあいだの新たな関与性）の創出としてとらえようとしていることが明らかになった。[36] リクールが隠喩解釈における「自由な遊び」と呼んでいるのは二つの想像力の協働のことである。そしてその全体はバシュラールにおける「反響」の現象と重なり合っているが、バシュラールを参照することで浮かび上がったのは、隠喩解釈において知性的なものと感性的なものとが媒介されるというとき、感性的なものの射程は経験の「記憶」にまで及んでいるということである。ここから我々は生きた隠喩の解釈を以下のようにモデル化できるだろう。

先行理解（語の本義や「公認の含意」）に基づいて言語表現を理解しようとするとき、生きた隠喩は理解を拒む「衝撃」や「挑発」として読者の前に現れる。このとき読者の想像力は抵抗の経験によって触発され、主意（主語）と媒体（述語）とのあいだの関与性を見つけ出すという課題に応えるべく活動をはじめる。媒体（述語）の新たな含意を構築するために再生的想像力が記憶を走査し、「先行する諸経験をもう一度生き生きとしたものにする」。そして生産的想像力が選択と構築の作業を担うことにより、新たな関与性が発見され、現実についての新たな認識がもたらされる。

このモデルが〈異質な物の見方や考え方の受容とそのための認知の調整、そしてそれに伴う先行理解の更新〉という、『時間と物語』におけるフィクション物語の解釈プロセスと重なり合うことは明らかだろう。隠喩の読者は異質な物の見方（述語の逸脱的使用）を拒否するのではなく、その見方が有意味なものとなるように認知を調整し、現実についての新たな見方を獲得する。生きた隠喩もまた、読者に対する仕掛け（述語の逸脱的使用）を内包しているのであり、[37] 現実の読者はその仕掛けが作動するように協力しつつ、働きかけに応答するなかでそれぞれが何かを獲得する。このとき生きた隠喩による先行理解の創造的媒介を根底において支えているのは、作者のデザインを信じて隠喩を「挑発」として受け止め、関与性を再構築しようと努力する読者の姿勢、すなわち〈能動的受動性〉にほかならない。

カント	想像力（再生的／生産的）		悟性
リクール	再生的想像力	生産的想像力	悟性

表1 カントとリクールにおける想像力（構想力）と悟性の関係

（4）生きた隠喩と美的理念

我々は本節の冒頭で、現実理解や生き方の変容を引き起こす想像力の活動が「自由な遊び」と呼ばれていることを確認し、『生きた隠喩』の読解から、「自由な遊び」が作品の仕掛けに触発された再生的想像力と生産的想像力の協働を指していることを明らかにした。予告したように、「自由な遊び」とはカントの『判断力批判』に由来するものであるが、『判断力批判』において、この語が「構想力と悟性の自由な遊び」という言い回しで用いられていることに注意を向ける必要がある。カントにおいては「自由な遊び」とは二つの想像力ではなく、想像力と悟性の協調的活動について言われる言葉なのである。リクールは『生きた隠喩』の末尾で『判断力批判』の第四十九節（美的理念論）に言及し、「構想力と悟性の自由な遊び」という言い回しを用いているから、これまでの部分で「悟性」を脱落させているのはリクールの意図的な処理ということになるだろう。

このようなズレが生じているのは、リクールが生産的想像力を言語的な想像力としてとらえ直し、それに対して悟性的な能力（思考の能力）を積極的に認めているからである[38]（**表1参照**）。実際リクールは、隠喩解釈を論じる場面では「悟性」という語を用いていない。さらに言えば、リクールは既存の概念的分節の革新や再編に注意を向けており、解釈の創造性に光を当てるために（悟性ではなく）生産的想像力が選ばれたと考えることもできる。そもそもカントが「構想力と悟性の自由な遊び」に言及している場面も、解釈の創造性に光が当たる場面であり、確かにそこでの悟性の働きは通常の（つまり詩的な言語を前にするのではないときの）悟性の働きとは異なっている。したがってリクールの詩的言語論は、カントの美的理念論に根差しつつ、想像力の役割を強調することを通じてそれを展開させたものであると考えることができる。

以上をふまえ、本項ではリクールの詩的言語学の淵源としてのカントの美的理念論を取り上げることにしたい。カントの議論を確認することにより、悟性と生産的想像力の読み替えのほかに、リクールがもう一つ重要な読み替えを行なっていることが明らかになるだろう。前者がそうであるように、後者の読み替えにもまた、リクールの解釈学の精髄が宿っている。

『判断力批判』の第四十九節は「天才を形成する心の諸能力について」と題されており、芸術（美しい技術）における「天才」の活動が「美的理念」という切り口から解明されている。その考察の端緒となるのが「精神 Geist」に関する議論である。[39]

作品を受容する者は、ときに作品に対して「精神を欠いている」という否定的な評価を下すことがある。カントによれば「精神とは、美的な意味においては、心における生気づけの原理のことである」〔201: V 313 二〇七〕から、精神を欠いた作品はその受容者の心を生気づけることがない。このとき、心が生気づけられるとは、構想力と悟性という心の諸力が自由に、かつ調和的に関係しながら活動するようになること、またそうした心の状態が心に快として感じられることにより、心の活動が自己維持的となり、おのずと活発になることを意味している。言い換えれば、「精神」を有した作品は受容者の心の諸力を「遊動 Spiel」と「躍動 Schwung」のうちに置き入れる。

芸術家、すなわち天才はなぜ受容者の心を生気づけるような作品を作ることができるのか。カントの注意はあらたに芸術家の力能へと向けられることになる。カントは続けて「この〔心を生気づける〕原理は、美的理念を呈示する能力 das Vermögen der Darstellung *ästhetischer Ideen* である」と述べているが、この能力こそ天才に固有の能力である。美的理念については次のように説明されている。

もっとも、私が美的理念のもとで理解しているのは、多くのことを考えさせるきっかけとなるが、しかしいかなる規定された観念、すなわち概念もそれには適合しえないような、したがっていかなる言葉も完全にはそれには到達することができず、またそれを理解させることもできないような構想力の表象のことである。〔202: V 314 二〇八〕

美的理念とは構想力の表象であり、この表象が「多くのことを考えさせるきっかけ」となる。美的理念は理性理念に対置される概念であるが、理性理念が、構想力によって感性化できない（表象できない）という意味で、構想力にとって過剰な概念であるのに対し、美的理念は、悟性概念に包摂できないという意味で、悟性にとって過剰な表象である。そして過剰であるがゆえに、美的理念は悟性を触発することができる。次の引用に言われるように、悟性は構想力の表象を「統括」し、「把捉」し、「判明に」しようとするが、その作業には終わりがない。

ところで、ある概念のもとに次のような構想力の表象が置き入れられる場合、すなわち、この概念の描出に属してはいるが、それだけである規定された概念のうちに決して統括することができないほどに多くのことを考えさせるきっかけを与え、したがって概念そのものを制限されざる仕方で美的に拡張するような構想力の表象が置き入れられる場合、この構想力は創造的であり、知性的理念の能力（理性）を動かす。すなわち、ある表象をきっかけとしつつ、この表象において把捉され判明にされうる以上のもの（これもたしかに対象の概念に属しているのではあるが）を考えさせる。［203: V 314f. 二〇九］

引用で言われる、美的理念を産出する創造的な想像力とは天才の想像力である。天才とは、悟性にとって過剰な表象＝美的理念を呈示することができる存在のことであり、「天才は、ある一定の概念を描出する際にあらかじめ企図された目的を遂行するところに存するのではなく、むしろかの意図に対して豊かな素材を含む美的理念を呈示ないし表現するところに存する」［207: V 317 二一三］。すなわち天才はある概念を感性化するさい、その構想力の自由ゆえに、意図せず必要とされる以上に豊かな表象を生み出してしまうのである。「ホメロスやヴィーラントのような人は、想像に富みつつも同時に思想に満ちたみずからの諸理念が、どのようにして自分の頭のなかに浮かび、まとまるかを示すことはできない」［195: V 309 二〇一］。そして過剰な表象としての美的理念は「知性的理念の能力」を動かし、思考を誘発する。議論の出発点を振り返るなら、この思考の主体は受容者であると考えて問題ないだろう（ただしこのように言うことは、天才自身がその主体である可能性を排除しない）。第四十九節の冒頭部分を読むことにより、我々は〈天才の自由な構想力が生み出した表象＝美的理念は、その豊かさゆえに受容者の悟性を触発する〉というかたちで、美的理念論を理解したことになる。精神を有する作者は美的理念を産出し、作品は精神を内在させ、読者の心を生気づける。

しかし、この定式はいまだ多くの未規定箇所を含んでいる。たとえば、〈悟性が表象を「統括」し、「把捉」し、「判明に」するとはどのような事態を言い表しているのか〉、〈芸術の各ジャンルにおいて、精神を有した作品の具体例はどのようなものか〉、〈天才における心の諸力の調和は、認識一般における心の調和とどのように異なるのか〉、〈天才の必要条件は創造的な構想力のほかにも存在するのか〉といった問いが立ちどころに浮かび上がってくる。いまこれらの空所を『判断力批判』の全体、またカント哲学の全体を参照しながら一つ一つ補完していくことは、とうてい筆者になしうることではない。それでもリクールの隠喩論との接続、またカント自身の議論の整合性という観点から、次の点については明確にしておく必要があるように思われる。すなわち、精神を有した作品を前に、受容者の想像力は何をしているのか。カントは、精神を有した作品は心の諸力を「遊動」と「躍動」のうちに置き入れると言っていた。この心というのは、一人の人間の心であり、その諸力とは（芸術家の構想力と受容者の悟性ではなく）一人の人間の構想力と悟性を指すと考えるのが自然だろう。ところが、これまでの説明では受容者の想像力の役割に関する言及がない。そこであらためてカントが次のように言っていることに注目したい。

天才は本質的に〔認識諸能力のあいだの〕幸運な関係のうちに成り立つ。この関係は学問によって教えることはできず、勉励によっても習得することはできない。そしてこの関係において、ある与えられた概念に対して理念が見出される一方、またこの関係において、理念に対して〔適切な〕表現が的中させられ、この表現が、理念によってひき起こされた主観的な心の調和を、概念に随伴するものとして他の人びとに伝達することを可能にするのである。表現を的中させるという後者の才能こそ、本来精神と呼ばれるものである。
[206: V 317 二一二]

この記述から読み取ることができるのは、天才は図らずも美的理念を生み出すことにより、自身の悟性を触発し、みずからの構想力と悟性を「遊動」と「躍動」のうちに置き入れるということ、そして産出された美的理念に「表現を的中させる」ことにより、当該の表現を通じて、その受容者を自身と同じ心の状態に置くことができるということである。この説明では作品そのものではなく、作品を通じて受容者の構想力と悟性を「遊動」と「躍動」のうちに置き入れることのできる芸術家の「表現」の才能に対して、あらたに「精神」という言葉が使われているが、この点についてはのちほどあらためて触れることにしよう。

さて、天才の表現によって受容者の認識諸能力が生気づけられるのだとすれば、完全に自発的であるとは言えないにせよ、受容者の想像力もまた自由で創造的な性格を帯びることになるのではないだろうか。このことを確認するうえで重要となるのが、「美的属性 ästhetische Attribute」をめぐる議論である。

カントは美的属性を「論理的属性 logische Attribute」と対比している。論理的属性とは、ある概念に一般に内包されている属性、言い換えれば対象が特定の概念に包摂されるとき、その対象が有していなければならない諸属性のことであると考えられる（犬であれば四本足であるとか、毛が生えているとか、牙を持つといった属性）。それゆえ概念の「論理的描出 logische Darstellung」[204: 315 二一〇] と言えば、そうした諸属性を具備したものとして、概念にその形象を付与することを意味しているだろう（あるいは、その一属性を表象する）。これに対し、美的属性とは「与えられた概念そのものの描出を形成するのではなく、もっぱら構想力の副次的な表象として、当該の概念と結びつけられる結果や、それと他の諸概念との類縁性を表現する諸形式」[203: V 315 二〇九] を指す。いささか晦渋な説明であるが、仮にここで言われる論理的ならざる描出を〈美的描出〉と呼ぶとすれば、〈美的描出〉

とは比喩的な表現（隠喩だけではなく、換喩や提喩を含む）のことであり、比喩において概念に付与された形像ないし属性を、カントは「美的属性」と呼んでいるのである。たとえばカントは絵画を念頭におきつつ、ゼウスに鷲という属性（アトリビュート）を付与し、ジュノーに孔雀という属性を付与するとき、鷲や孔雀はそれらの美的属性であると述べる。鷲は「創造の崇高さや威厳をめぐる我々の概念」の論理的属性ではなく（なおカントは、ゼウスと「創造の崇高さ」の関係については何も説明していないが、この点については不問にしておく）、鷲によって当該の概念について何らかのことが判明にされるわけではない。鷲は、構想力が「多くの類縁的な表象のうえにみずからを拡張させるきっかけ」として、そしてまた表象の湧出を通じて悟性に「多くのことを考えさせるきっかけ」として機能しており、「心を生気づける」ために用いられている。この意味で「美的属性〔美的描出〕は、論理的描出の代わりとして、理性理念のために役立てられる美的理念を与える」〔204: V 315 二一〇〕。

カントは続けて「詩芸術や雄弁術がそれらの作品を生気づける精神を手に入れるのも、またひとえに対象の美的属性からである」〔204: V 315 二一〇〕と述べているが、むしろ詩芸術こそ比喩表現の本拠地と言ってよいはずである。実際カントが「美的諸理念の能力が最大限に示されうるのは、本来この詩芸術においてである」〔§49 V 314〕と述べているのは、おそらくこのことを理由にしているだろう。

カントは詩芸術における〈美的描出〉の例として、大王フリードリヒ二世の「〔……〕太陽は、一日の運行を終えたあとでも、なお柔らかな光を天空にひろげる。太陽が大気のうちに送りこむ最後の光は、この世の福利を願う最後の吐息である」〔204: V 315f. 二一〇〕という詩を取り上げている。これは「みずからの世界市民的な心構えについての理性理念」に「太陽」という美的属性を付与した〈美的描出〉の一例であり、この属性は「多くの感覚と副次的な表象を喚起させる」。なお、このとき「美的属性は、論理的属性と並行して構想力を躍動させる」〔204: V 315 二一〇〕と言われるが、「論理的属性と並行する」とは、悟性を触発する表象の豊かさが、構想力による太陽の論理的属性の描出を契機として湧出することを意味するものとして解釈することができるだろう。

美的属性に関する議論から、受容者の構想力は美的属性によって生気づけられ、多くの類縁的な表象をみずから生み出すという役割を担うことが明らかとなった。天才の作品はいきなり受容者の悟性を触発するわけではなく、まずは受容者の構想力を触発し、想像的なものの湧出を引き起こすことにより、はじめて受容者の悟性を生気づけることができるのである。だとすれば、「表現」という、作者と読者のコミュニケーションに注意が向かう場面で、カントが「精神」に関する説明を修正していることにも合点がいく。もともと「精神」は美的理念を提示する能力、概念に包摂できない豊かな表象を生み出す能力として理解されていた。実際に天才は、概念を感性化する際にそのような表象を生み出すことができるから、紛れもなく「精神」を有している。しかし天才は、豊かな表象（美的理念）をそのまま作品として受容者に提示しているわけではない。〈美的描出〉において、天才は受容者の心を自分と同じ状態に置き入れることを可能にする表現を創出することにより、受容者自身に豊かな表象＝美的理念を産出させようとしている。そしてその表現の解釈において、受容者がみずからの悟性を触発するだけの豊かな表象を生み出しているのだとすれば、受容者もまた「精神」を有すると言ってよいはずである。とはいえ、作品を介して作品の受容者へと伝播していく「精神」の起源は、あくまで芸術家のうちにある。そしてこのオリジナルの「精神」のはたらきを言い表すのに、「美的理念を呈示する能力」と言うだけでは足りない。なぜなら受容者の想像力もまた、美的理念を生み出しうるからである。それゆえカントは、美的理念を生み出しつつ、みずからの心の状態を他者へと伝達することを可能にする表現を創出する才能のことを「本来的な精神」と呼んでいると考えられる。

以上、『判断力批判』第四十九節の美的理念論を概観してきた。生きた隠喩の解釈に関するリクールの考察が、美的属性をめぐるカントの議論を下敷きにしていることについては、もはや贅言を要さないだろう。リクールは、カントの美的理念論においては潜在的にとどまっていた解釈者の役割に注目し、解釈する想像力の創造性に光を当てていると結論することができる。最後に次の一節を取り上げて、長くなりすぎた本章の作業を終えることとしたい。

隠喩が生きるのは、それが想像力の躍動を概念の次元において〈より多くのことを考える〉ことへと組み入れるからである。〈生気づける原理〉に導かれて、〈より多くのことを考える〉ための戦い、それが解釈の〈精神〉である。

[MV 384 三九五]

注目すべきは、リクールが「精神」の帰属先を移動させていることである。リクールは作者でも作品でもなく「解釈の精神」と言う。『判断力批判』にはそのような表現は見当たらないが、リクールはカントを誤読しているわけではない。リクールは意図的にそのような言い方をしている。では、解釈が「精神」を有するとはどのような事態を指すのか。「精神」とは「心における生気づけの原理」のことであった。それゆえリクールは、「生気づける原理＝精神」に導かれることが「解釈の精神＝生気づける原理」であると言っていることになる。前者の「精神」の帰属先は作者ないし作品であり、後者の「解釈の精神」が生気づけるのは解釈者自身の心であろう。結局リクールが言わんとしているのは次のようなことだ。すなわち〈解釈は、読者の心の諸力を生気づける作品の作用をすすんで受け入れることにより、解釈者自身の心の諸力を生気づける〉ということである。〈作品によって触発されようという解釈者の姿勢により、作品はその生気づける力をますます発揮することになる〉、〈解釈の目標は、作品の生気づける力を最大化するところにある〉などと言い換えてもよい。そしてリクールのフィクション論と隠喩論をくぐり抜けてきた我々には、これらの標語がみな、詩的作品をディスクールとみなし、解釈を作者とのコミュニケーションとみなすリクール解釈学の基本的姿勢の言い換えであることがわかる。すなわち〈能動的受動性〉である。リクールにとって解釈とは、動かされることを期待して動き、動くことによって動かされ、動かされることによって動くという循環のうちに身を投じることなのである。(40)

第六章　物語的アイデンティティ論——統合形象化と想像力

序　『時間と物語』という著作

第五章の冒頭で、七〇年代のフィクション論と『時間と物語』のフィクション論の相違を取り上げ、その相違は『時間と物語』において、フィクション物語が歴史物語と対照されていることと連動していると指摘した（第五章一節一項）。『時間と物語』は、そのタイトルが示すように、もともと「時間」と「物語」の関係を主題にした著作であり、フィクション論はあくまでその一部分を占めているにすぎない。少なくともそこには、フィクション論と対をなすかたちで歴史物語論が含まれている。我々は本章において、今度は『時間と物語』の物語論を取り上げることになるが、これに先立って『時間と物語』はどのような論証の構造を有した著作であり、時間論と物語論、また物語論とフィクション論はいかなる関係に置かれているのかを説明しておくことにしたい。そのすべてを取り上げるわけではない以上、本書が『時間と物語』という著作のどの部分に注目し、どの部分を切り捨てているのかを明らかにしておいた方が、公正かつ親切であるように思われるからである。

リクールが『時間と物語』で企てているのは、人間の時間経験を物語行為の観点から分析し、物語に固有の理解の機能を時間処理の観点から分析することである。時間を考えることが物語を考えることになり、物語を考えることが時間を考えることになるという考察の相互貫入性を浮かび上がらせるべく、リクールは時間論および物語論の重要文献の読解にとりかかる。

時間論のパートにおいて、リクールはアリストテレス、アウグスティヌス、カント、フッサール、ハイデガーらの時間論を検討することを通じて時間の「アポリア」を抉出する。そのアポリアとは、現象学的時間と物理学的時間とのあいだにある断絶であり、時間を現象学的時間あるいは物理学的時間に還元することの不可能性や、一方の時間から他方の時間を派生させることの不可能性を指す。リクールの見立てでは、従来の時間論はこの両義性を看過するか、不可能な還元を試みたために失敗を余儀なくされてきた。それゆえリクールは、人間にとって「時間」と呼びうるものは本来的に両義的であり、その両義性を受け入れるべきことを主張する。そしてこのときリクールが注目するのが、現象学的時間と物理学的時間を接合し、人間的時間を成立させているのが物語行為であるという事実である。我々は人間として物語られた時間を生きていると言い換えてもよい。リクールは次のように述べているが、それらは全一二〇〇頁からなる『時間と物語』という著作の「基本仮説」を構成するものである。

> 本書の最終的な目論みは、思弁が切り離してしまうものを再接合するうえで、物語の詩学がどのような寄与をなしうるのかを明らかにすることにある。
>
> ［TRIII 42 三〇］

> 物語られた時間とは、思弁が現象学的時間と宇宙論的時間とのあいだに穿ち続ける裂け目の上に架けられた橋のようなものである。
>
> ［TRIII 439 四四五］

時間はそれが物語の形式に基づいて分節されるのに応じて人間的時間となり、物語はそれが時間的実存の条件となるときにその十全な意味作用を獲得する。　［TRI 105 九九］

ただし本書では、リクールによる先行する時間論の読解の妥当性やオリジナリティ、また〈人間的時間とは、現象学的時間と物理学的時間のアマルガムとしての物語的時間である〉という主張の妥当性と哲学的意義については取り上げない。それらを明らかにするには、本書の主題、また筆者に与えられた能力と紙幅をはるかに超える作業が必要となるからである。本章では物語論のみを扱い、たとえそれが時間の問題に触れているとしても、そのまま時間論へと考察を進めることはしないつもりである。本章では「物語の形式」や物語の「意味作用」が分析の中心的対象となる。

物語論のパートにおいて、リクールは「物語る」ことを「統合形象化 configuration」や「筋立て mise en intrigue」と呼んでいる。それは人間の行為や出来事を特定の仕方で表象することであり、行為や出来事を表象する可能な諸方式のうち、まさに「統合形象化」が現象学的時間と物理学的時間の接合を可能にしていることを明らかにできれば、とりあえず『時間と物語』の「基本仮説」は確証されたことになるはずである。少なくとも〈物語を統合形象化としてとらえる限り、人間的時間は物語によって創出されている〉などと主張することができる。しかし『時間と物語』の物語論は、実際には上記の論証を大きく逸脱する内容を含んでいる。先に述べたように、リクールの関心は時間論と物語論の相互貫入性にある。リクールは物語論のために時間を論じているわけでもなく、時間論のために物語を論じているわけでもない。リクールは物語論（時間論）を独立した考察として完結させようとしており、そのための作業のなかで物語と時間のかかわりに議論が行き着くことになる。しかもリクールは、物語論の枠内でフィクション物語や歴史物語を論じるときも、フィクションと歴史を対照しつつ、フィクションの哲学と歴史の哲学を独立した考察として展開していく。まるで時間の問題など忘れたかのようにリクールはフィクションと歴史を論じ、そのなかで時間の主題が登場する瞬間が辛抱づよく狙われるのである。

時間の哲学は物語論を完結させる求心力として、フィクションの哲学と歴史の哲学はその論証を横滑りさせる遠心力として作用していると言えるだろう。それゆえフィクション論は議論の本筋に回収しきれない多くの余剰を含み込んでおり、たとえば〈フィクション作品のデザインに誘導された想像的活動のなかで読者の先行理解が活性化する〉とか、〈フィクション作品の解釈においては情動的反応を通して出来事に倫理的評価が与えられている〉といった指摘は、『時間と物語』の「基本仮説」に直接的なフィードバックを与えるものではない。同様の事態は歴史の哲学についてもあてはまる（歴史哲学への関心は、新たに『記憶、歴史、忘却』（二〇〇〇年）という著作を生み出すことになる）。『時間と物語』の論述が長大になるのも当然のことである。

本章では〈フィクションと統合形象化、また歴史と統合形象化は本当に切り離すことができないのか〉、〈二つのジャンルにおける統合形象化の形式に種差は認められるのか〉といった、フィクションの哲学や歴史の哲学の内部での物語の問題については検討を行なわない。したがって本章が扱うのは『時間と物語』という著作のごくわずかな部分ということになるだろう。本章が取り上げるのは、もっぱら「統合形象化」に関するリクールの考察である。

「統合形象化」とは人間の行為や出来事を特定の方式で表象することであるから、それについての探究は物語の形式的な分析に分類されることになるだろう。物語の形式的分析といえば、『時間と物語』に先立ってフランスで興隆した「ナラトロジー」のことがまずは頭に浮かぶ。実際リクールは『時間と物語』のなかで、ブレモン、グレマス、トドロフ、ジュネットらの著作を参照しながら、ナラトロジーについても詳しい検討を行っている（『時間と物語』の第二巻）。だが、リクールが「統合形象化」という表象の方式そのものについて分析を行なうのは、英語圏の歴史物語論者——たとえばミンク、ガリー、ダントーなど——の著作の批判的読解を通じてである（それらの記述は『時間と物語』の第一巻に集中している）。それゆえ本章では、リクールによる歴史物語論の批判的読解を取り上げつつ、「統合形象化」に関するリクール自身の見解を浮かび上がらせることを目指す。

ただし本章の作業は、「統合形象化」をめぐるリクールの思索を再構成して終わるわけではない。本書全体の主題は〈善く生きることと想像力〉であり、本章および次章は、想像力のなかでも物語る想像力、すなわち統合形象化にたずさわる想像力が人間の善き生とどのように関係しうるのかを解明することを目標としている。この関係について、我々は『時間と物語』という著作の内部に、物語論と倫理学が直接に交差する場面を確認することができる。『時間と物語』の結論で出し抜けに登場する「物語的アイデンティティ」の概念である。この概念にこめられているのは、通時的な自己同一性の構築や時間的存在としての自己の理解が「統合形象化」によって可能になるという着想であるが、本章の後半と次章ではこの概念を分析の俎上に載せ、その倫理的含意の闡明を試みる。『時間と物語』に続く『他者のような自己自身』（一九九〇年）は「物語的アイデンティティ」を主題とした著作にほかならないから、本章後半と次章では、『時間と物語』に加えて『他者のような自己自身』の論述も取り上げられることになる。

1　統合形象化

（1）時間的統一性と目的論的統一性

物語は物語る行為の産物である。リクールは論述において、物語ることを「筋立て」もしくは「統合形象化」と呼ぶ。それらはいかなる作業であり、その産物としての物語はどのような機能を有しているのか。次の引用から始めることにしたい。

筋立てる行為が、年代順的次元と非年代順的次元という二つの時間次元をさまざまな割合で接合させる行為である限りにおいて、筋立ての作業はそのうちに時間の逆説を映し出している。年代順的次元とは物語のエピソード的次元を構成するもので、それはもろもろの出来事から作られているという物語の特徴をあらわしている。これに対し、非年代順的次元とは本来的な意味での統合形象的次元であり、この次元のあることにより、筋はもろもろの出来事を一つの物語へと変換することができる。

[TRI 128 一二〇]

物語は年代順的次元と非年代順的次元という二つの次元によって構成されると言われ、筋立てることは、年代順に配置された出来事の羅列をそれとは別の秩序に基づく配列に変換する作業としてとらえられている（このとき、先在するエピソード的次元に統合形象化の操作を加えることにより、物語が実現するという方向で説明がなされている点に注意すべきである。この点については次項であらためて取り上げる）。さらに引用では、「時間の逆説」ということで物理学的時間と現象学的時間のアポリアについても言及がなされており、リクールが物語のエピソード的次元（年代順的次元）を物理学的時間に、統合形象的次元（非年代順的次元）を現象学的時間に重ねあわせていることがわかる。以上をふまえつつ、続いて物語のエピソード的次元に関する説明を見てみよう。

物語のエピソード的次元は物語の時間を線的表象のほうへ引きつける。それは次のような意味においてである。まず、諸々のエピソードは「そして……、そして……」という仕方で続いていき、我々はそのように語ることによって「それからどうした？」という問いに答えることになるわけだが、こうした語り方は筋 action の諸局面が外在的な関係のうちに置かれていることを示唆している。さらに、諸々のエピソードは出来事の開かれた羅列を構成し、この開かれた羅列は「そして……、そして……」と言ったあとに「以下同様」と付け加えることを可能にする。最後に、諸々のエピソードは、不可逆的な時間秩序にしたがって続いていくが、この秩序は物理的な出来事や人間的な出来事に共通の時間秩序である。

[TRI 130 一二二]

物語のエピソード的次元を構成するのは出来事の羅列である。この羅列には終わりがなく、（作業に対する外的な制約がない限り）出来事の列挙はどこまでも続けることができる。さらに、列挙する出来事を選択する原理は与えられておらず、特定の出来事を出来事の集合から排除することを正当化する理由は存在していない。ただし、この羅列は無秩序というわけではない。個々の出来事は、それが生起した時点に応じて、単一の時間軸の上にそれぞれ場所を割り当てられている。つまり出来事のあいだには時間的な前後関係が成立しており、それらの時点に関する情報を確認すれば、ある出来事が別の出来事よりも前に生起したかどうかを知ることができる。このとき無数の点によって構成されている、一定の方向へと無限に続いていく軸線――そのうえに諸々の出来事が定位される――とは物理学的時間の表象であり、それゆえにリクールは物語のエピソード的次元を物理学的時間に結びつけている。

では、こうした出来事の羅列を物語へと変換する統合形象化とは、具体的にどのような作業であるのか。「統合形象化 configuration」の「con」という接頭辞から、それが出来事の開かれた羅列に「まとまり」や「統一性」を与える作業であることは容易に予想がつく。ただしその統一性は二義的である。まずリクールは次のように説明している。

> 統合形象化の作業は、細細した諸行為や既に話の偶発事と名づけたものを「とりまとめる Prendre-ensemble」ことによって果たされる。それは様々な出来事から時間的全体という統一性を引き出すことである。
>
> ［TRI 129 一二〇］

> 「全体とは、始まりと中間と終わりを有するものである」（アリストテレス『詩学』1450 b26）。このとき、あるものを始まりにしたり、中間にしたり、終わりにしたりするのは、詩的な組み立てをおいて他にない。
>
> ［TRI 80 六九］

二つの引用で言われているのは、統合形象化には、始まりの出来事と終わりの出来事を決めることにより、出来事の開かれた羅列を閉じる作業が含まれているということである。このとき、どこで出来事の羅列を区切り、どのようなまとまり（時間的全体）を作るかを決めるのは物語の語り手である。語り手は区切り方を変えることによって、無数のまとまり（時間的全体）を作り出すことができるだろう。たとえば、あるまとまりでは、別のまとまりにおいて終わりの出来事であったものが、始まりの出来事になるということがありうる。言い換えるなら、一つの出来事が、語りの視点に応じて始まりになったり、中間になったり、終わりになったりすることがありうる。エピソード的次元において、客観的な時間軸上での出来事の位置づけは、それを見る視点の位置にかかわらず不変的であった。これに対し、統合形象化を経由した物語においては、出来事に与えられる時間的位置づけは語り手によって相対的、すなわち主観的である。これは現象学的時間における「過去」「現在」「未来」という時間様相が主観的かつ可変的であることと平行した事態であり、ここからリクールは、物語の統合形象的次元に特有の時間は現象学的時間であると考える。

以上見てきたように、諸々の出来事がひとつの時間的まとまりに包摂されるというのが、統合形象化による統一性の第一の意味である。ところでリクールは、上記の引用で「詩的な組み立て」が時間的まとまりを作り出すと述べていた。これは出来事を詩的に組み立てることが、同時に時間的なまとまりを作り出すことになるという説明として解釈できるが、組み立てとはそれ自体何らかの統一性を含意する概念だろう。これが統合形象化による統一性の第二の意味である。では時間的統一性からは区別される詩的な統一性とはどのようなものか。リクールは次のように説明している。

一つの出来事は、単一の偶発事以上のものでなければならない。出来事は、筋の展開への寄与の仕方に応じてその定義を受け取る。他方、一つの物語は、出来事を立て続けに列挙するだけのものであってはならない。物語は出来事を一つの理解可能な全体に組織して、その物語の「主題」は何であるのかとつねに問うことができるようにしなければならない。要するに、筋立てることは単なる継起から統合形象を引き出す作業なのである。
［TRI 127 一一九］

引用で、統合形象化は出来事の羅列を「理解可能な全体」に変換する作業であると言われている。全体が理解可能であるとは、それが「主題」を有していることと連動しており、全体に包摂される諸々の出来事はこの主題との関係のなかでそれぞれ「定義」を与えられる。リクールが出来事の定義を〈筋の発展への寄与に応じて付与されるもの〉と説明していることから、「主題」とは具体的にどのようなものであるのか、大まかにではあるが窺い知ることができる。すなわち、諸々の出来事はそれが引き起こした「結果」との関係において「原因」としての地位を与えられるのであり、物語の全体は（少なくとも）ある特定の結末の生起を主題にしている。言い換えれば、物語はある結果がなぜ生じたのかを説明するという機能を担っているのである。これは特定の結果が生起するうえで有意な因果的効力を有しているかどうかが、物語に包摂する出来事を取捨選択するさいの原理になっているということを意味しているだろう。ここから我々は、統合形象化を通じて諸々の出来事を「詩的に」組み立てることを、出来事を目的論的構造のうちに配置することとして理解することができる。次の引用はまさしくそのことを指摘するものだろう。

結末は物語に「終点」を与え、この終点により、一つの全体を形成しているものとして物語を把握する視点が与えられる。物語を理解することは、いかにして、またどうして、続々と生じるエピソードがこの結末へと至るのかを理解することなのである。
［TRI 130 一二二］

この一節では、物語の語り手にも、物語の読者にも共通する作業として統合形象化が説明されていると言えるのだが、リクールによれば統合形象化とは、特定の「結末」の生起を可能ならしめる出来事の因果連鎖を構築する（たどる）ことに等しい。それゆえ我々は、物語の終わりの出来事を設定することが、統合形象化の作業の発端になると考えることができる。結末を引き起こす出来事の因果連鎖を構築するという課題のもと、語り手は関連する出来事を収集し、選択し、組み立てていく。それは物語の「中間」の出来事を充填していくということにほかならない。このとき因果連鎖は理屈の上ではどこまでも遡及していくことができるから、どの出来事を始まりに設定するかは語り手に依存している。時間的統一性だけでは物語による理解は生まれないが、目的論的統一性だけでは物語を閉じることはできないと言うことができるかもしれない。

ところで、これまで出来事に付与される「定義」をたんに「原因」としてのみとらえてきたが、物語が与える出来事の意味はより詳細なものでありうる。たとえば物語の結末が〈破滅〉であるとするなら、そこに含まれる出来事は〈破滅への第一歩〉や〈超えてはならない分水嶺〉などと記述されることになるし、成功譚においても出来事は〈怪我の功名〉や〈再起の機会を掴んだ〉などの意味を与えられることになる。

(2) 統合形象化とエピソード化

前項の途中でも指摘したが、リクールは先在する物語のエピソード的次元に統合形象化の操作を加えることにより、統合形象的次元を兼ね備えた十全な物語が産出されるという論じ方をしている。これは統合形象化を通じて物理学的時間が人間化され、物語的時間に変換されるということでもある。そうするとリクールは〈物語がエピソード的次元と統合形象的次元を接合し、物理学的時間と現象学的時間を接合する〉という主張を、実際には〈エピソード的次元は統合形象化によって物語となり、物理学的時間は統合形象化を通じて人間的時間となる〉という主張に置き換えて考察を進めていることになる。わかりづらい説明ではあるが、指摘したいのは、我々はこれまでの論述のなかで物語の〈純粋な統合形象的次元〉には未だ出会っていないということである。出来事の羅列について、我々はとりあえずこれを純粋なエピソード的次元と考えることができるだろう。それに統合形象化の操作を加えることにより、エピソード的次元と統合形象的次元を兼ね備えた物語が産出される。ただしこの操作は、別のところで自立的に存在している統合形象的次元をもってきて、それとエピソード的次元を接合するという操作とは異なっている。議論に登場しているのは、あくまで統合形象化の操作である。二四八頁の引用でも、リクール自身が「筋立てることは〔……〕作業である」と述べていたし、別の場所でも、「筋」ではなく「筋立て」に焦点を合わせて考察を進めるのは、「統合形象化の作業の力動的性質」［TRI 127 一一九］を強調するためであると言われている。だが、純粋なエピソード的次元が存在するのであれば、純粋な統合形象的次元も存在しているのではないか。そしてそれが存在するのだとすれば、純粋な統合形象的次元をエピソード化することによっても、物語を産出することができるのではないだろうか。言い換えるなら、物語ることは統合形象化とつねに同一視することができるわけではなく、エピソード化が物語ることを実現する場合もありうるのではないか。

この指摘は、屁理屈に基づいた揚げ足取りというわけではない。次項ではリクールによる歴史物語論――ミンクの「統合形象的理解」をめぐる議論――の批判的読解を見ていくが、リクールがまさにそこで問題にしているのは、純粋な統合形象的次元をエピソード化（人間化）することなしに物語は物語たりえないということなのである。こうしたリクールの主張に注意を向けることは、その物語論を正確に理解するためには必要なことであるし、時間論に対しても重要なフィードバックを与えるはずである。というのも、純粋な統合形象的次元（および純粋なエピソード的次元）が、それ単独で自立的に物語として存立しえないのだとすれば、純粋な現象学的時間（および純粋な物理学的時間）もまた、それ単独では自立的に時間として存立しえないという見方が可能になるからである。もちろんそういった展望を示してみせたところで、本書が問題に解決を与えられるわけではないのだが、次項の議論は『時間と物語』という著作の核心に触れる内容になっているように思われる。

（3）物語文と因果連鎖

ヘンペルが、科学的説明の基本形を「演繹的・法則的モデル（D－Nモデル）」によって定式化して以降、〈歴史学の説明はD－Nモデルに還元できるか〉という問題が、二十世紀の歴史哲学――なかでも英語圏における歴史の認識論――の中心的問題となった。歴史物語論とは、D－Nモデルに還元できない歴史学に固有の説明方式を特定しようとする試みであり、還元可能性を主張する側との論争を通じて精緻化されてきた考え方である。[1] ルイス・O・ミンク（一九二一―一九八三）はその代表的な論者の一人であり、その考察は「理解の諸様式と知識の統一」（一九六〇年）という論文や「理解の様式としての歴史とフィクション」（一九七〇年）という論文にまとめられている。リクールはミンクの理論を――アーサー・ダントー、W・B・ガリー、ヘイドン・ホワイト、ポール・ヴェーヌらの理論とともに――「歴史物語論者の議論」という節（第一巻第二部二章二節）のなかでとりあげている。いま歴史物語論者のなかでも特にミンクに注目する理由は、「統合形象化」という概念はもともとリクールがミンクから借りてきたものであり、そのミンク読解を検討することにより、[2] リクールの統合形象化論の独自性を把握することができると考えるからである。

ミンクは「論証的な知性が、別の場合であれば継起において seriatim のみ概観しうるものを、一体のものとして一挙に把握する」［Mink (1960) 37］ことを、独自の意味で「理解 comprehension」と呼んでいる。「統合形象的理解 configurational comprehension」とは「理解」の一種であり、[3] それは物事を「具体的な諸関係からなる単一の複合体の要素」として理解すること［Mink (1960) 37］、より具体的に言えば、特定の出来事を、それが他の出来事と共に作り上げている「重なりあう記述のネットワーク a network of overlapping descriptions」［Mink (1970) 58］に包摂し、そこで出来事に何らかの意味を付与することを指している。

たとえば、ある朝ひとりの男が電話をかけているとしよう。[4] この行為は〈所有する土地を売ってほしいという提案をもらった〉という先行する出来事と関係づけられることにより、〈提案に返事をする〉、〈土地の売却を受諾した〉などと記述される。電話をかけることは、土地の売却を受諾する行為の一環として理解されるのである。このことをふまえ、ミンクは〈土地の売却を受諾した〉という言明は、「提案をもらったことを述べている、先行する言明と概念的に重なりあっている」［Mink (1970) 58］と述べる。ある出来事についての記述が、時間的に先行する出来事の記述に依存しているという言い方をしてもよいだろう。もし売却の提案をもらうのに先立って、〈死後十年は土地を売ってはならない〉という亡父の遺言を受け取っていたならば、電話をかけることは父親への裏切りとして理解されることになる。ただし記述の依存の方向は、現在から過去という方向に限定されないはずである。土地売却の帰結をふまえたとき、これに先行する売却の受諾が「多大な利益を取り逃すことを許した」とか「詐欺に引っかかった」などと記述されることもありうる。それゆえ言明が「概念的に重なり合う」とは、時間の向きにかかわらず、時間的に離れた少なくとも二つの出来事について言われることである。

上記の例をふまえるなら、統合形象的理解を通じた出来事の記述は、時間的な統一性をどのように設定するか（継起をどこで区切るか）によって可変的であるということになるだろう。原因はどこまでも遡及していくことができるし、ある原因によって引き起こされた結果はさらなる結果を引き起こさずにはいないからである。特定の出来事についての記述は、それが包摂される全体のありように依存しており、全体が変化するならば出来事の記述も変化せざるをえない。実際ミンクは、「出来事が何であるのかを知らせるその記述は、出来事が帰属する物語［の全体］によって統制される」［Mink (1970) 58］と述べている。

ところで、我々はこれと同様の考え方を、「物語文」をめぐるダントーの説明にも認めることができる[5]。ダントーは、生起したことを瞬時に転写する「理想的年代記 Ideal Chronicle」には、始まりもなければ終わりもないと述べ［Danto (1965) 152 一八八］、出来事を回顧することによってはじめて可能となる出来事についての理解があると主張する。この理解は、「ある過去の出来事を、その出来事にとっては未来に属するが、歴史家にとっては過去に属する他の出来事と関係づけて記述すること」［Danto (1965) 15 二七］によって与えられる。すなわち、いま行為している人間は、自分の行為が未来にどのような帰結を引き起こすのか完全に見通すことができない。未来は開かれており、それゆえ行為者はみずからの行為を、時間的に後にくる出来事と関係させることによって意味づけることができないのである。これに対し歴史家は、諸々の出来事を、それらがすべて過去になったときに回顧的視点から把握するため、ある行為をそれが現実に引き起こした帰結との関係のなかで理解することができる。ただし「同じ一つの出来事も、それが位置づけられる物語に応じて、あるいはそれが後のどのような一連の出来事と関係づけられるかによって、異なった意味を持つ」［Danto (1965) 11 二四］。したがって「どのような過去の説明も本質的に不完全」［Danto（1965）17 二九］であらざるをえない。

ダントーはこのようにして行なわれる過去の出来事の意味づけを、「過去の歴史的組織化 historical organization of the Past」や「過去の遡及的再整理 retroactive re-alignment of the Past」と呼んでいる［Danto（1965）168 二〇四］。たとえば〈一七一三年のその日『ラモーの甥』の作者が生まれた〉、〈三十年戦争は一六一八年に始まった〉などの文が、遡及的再整理によって産出された物語文の典型である。そこではディドロという個人や特定の戦争の来歴をふまえつつ、爾後の出来事を重ね焼きすることによって、始まりの出来事に関する特定の記述が作り出されている。意味づけられる出来事も、意味づけを可能にする出来事も、語り手にとっては過去の出来事であるという点で、ダントーのいう「過去の歴史的組織化」はミンクの統合形象化に比べて語りの視点の位置が限定されているものの（ミンクの統合形象的理解は、過去の出来事との関係をふまえて現在の出来事を意味づける作業を排除しない）、ダントーの論じる物語文制作を統合形象的理解の一種と考えることに問題はないだろう。

ミンクとダントーが共通して取り上げているのは、特定の出来事をどのように意味づけるかという問題であり、時間軸上のある出来事に意味を付与するためには、その出来事が他の出来事とともに同じ一つの区切られた全体（時間的まとまり）に包摂されていなければならないと主張されている。ただ、これまでの説明ではまとまりを作るのは二つの出来事であり、二つの出来事が重ね焼きにされるにとどまっていた。しかし、二つというのは物語に必要とされる最小限の出来事の数であり、重ね焼きにされる出来事はそれより多くても構わない。実際ミンクは、統合形象的理解として次のようなケースをとりあげている。それは『オイディプス王』の物語を再読するとき、その冒頭においてライオスのことを、〈テーバイの王であり、自殺するイオカステの夫であり前夫、みずからの目を潰し、みずからの国を追われることになるオイディプスの父親、そしてこの息子によって殺されるところの者〉として理解するようなケースである［Mink（1960）58-9］。これは出来事の継起のなかで把握されたライオスの一生が、継起が終わったあと、その名前のうちに圧縮され内包化される事態と言えるだろう。ライオスの名前を聞けば、その全生涯が一瞥のもとに直観される。それは生涯のどの時点でライオスのことを考えるとしても変わらない。息子に殺される王がいま生まれ、息子に殺される王がいま王になったのである。

リクールにとって、ミンクのいう「統合形象的理解」こそ、純粋な統合形象的理解とみなしうるものだろう。リクールは、ミンク的統合形象的理解にとっての理想は「全てを同時に totum simul」理解することであると述べ、次のように説明している。

> 思うに、最高度の統合形象的理解とみなされているものは、むしろ理解の廃止を示しているのではないだろうか。物語理論にとってのこの厄介な帰結を回避するために、〈全てを同時に〉という理念に反対の機能を与えるべきだろう。すなわち、まさにそうした理解の野心を制限するという機能、言い換えれば、筋立てのエピソード的側面の基底にある時間の継起的性格を廃棄してしまおうとする理解の野心を制限するという機能である。したがって〈全てを同時に〉は、目標や指針ではなく、カント的な意味での理念、すなわち「限界理念」としてとらえられねばならない。［TRI 284-5 二七〇］

リクールが念頭に置いているのは、『純粋理性批判』における、「限界概念 Grenzbegriff」としての「ヌーメノン（可想体）」に関する議論であろう［367f.: III 310f. 三五六―八］。そこで実質的に問題となっているのは「物それ自体」であるが、カントは「物それ自体」という概念を、人間にみずからの認識の限界を自覚させる機能を有した「限界概念」とみなしている（物自体はヌーメノンとして限界概念の機能を持つ）。物それ自体は人間の感官に与えられることはできず、人間にとっての現象であることはできないとされる。この意味で人間は物それ自体を認識することはできない。ただし人間は、物それ自体という見方をとることにより、空間・時間のうちにある一切のものが主観的表象にすぎず、全ての実在を覆うものではないことを自覚するに至る。これは翻って、みずからの認識が否応なく感性の制約を受けていることを自覚することでもある。こうしたカントの議論をふまえるとき、（物語の統合形象的次元とエピソード的次元の関係を、認識における悟性と感性の関係になぞらえつつ）リクールは出来事の継起について、その「全てを同時に」理解することは人間には不可能であると主張していることがわかる。

当然これは、〈神とは異なり〉人間にはそのような理解は不可能であるという主張なのだが、実はこの点に関して、ミンク自身が（ボエティウスの名前を出しながら）「全てを同時に」という仕方での理解は、神による統合形象的理解であると述べていることは注目に値する。ミンク曰く、「全てを同時にというかたちで説明される神の理解」においては、「神の一瞥の知覚のもと、時間内のあらゆる瞬間がみな同時に現前してとらえられることだろう。我々が風景を見るときのように、神にとって歴史は単一の光景として眼前にひろがっている」[Mink (1960) 38]。神の場合、「全て」とは永遠の時間のなかで生起した出来事の全てであり、そのいずれの出来事に焦点を合わせるにしても、(6) 神はそこで同時に世界の全歴史を知覚する。そのさい、ある出来事に重ね焼きされている別の出来事もまた、それぞれ世界の全歴史を重ね焼きしているわけだから、神が歴史を「光景」として知覚するというとき、それは無限の延長と奥行きを有した光景ということになるはずである。にもかかわらず、神はそうした光景を一瞬にして細大漏らさず知覚する。当然、人間にはそのような認識は不可能であり、人間はそれを「部分的にしか達成できない」[Mink (1960) 56]。

問題となるのは、この「部分的に」の解釈である。おそらくミンクは〈有限の時間的広がりにおいて、そのなかのいくつかの出来事を同時に理解することができる〉ということを、人間的な統合形象的理解としてとらえている。ライオスの即位を〈自殺する妻を娶り、息子に殺される王の即位〉としてとらえ、そのような物語文を作成することができるというのが、人間的な統合形象的理解ということになるだろう。ミンクにとって「同時に（一瞥のもとに）」という点は固定されたままである。だが、「全てを」の方を固定する解釈の仕方もあるのではないか。実際に「全てを」理解することは不可能であるとしても、時間をかければ、一瞥における以上に多くの出来事を理解できるはずである。この点をふまえたとき、ミンクとリクールの違いを「全てを同時に」の解釈の違いとして理解することができるように思われる。図式化が過ぎるかもしれないが、ミンクが「同時に」の方に力点を置くのに対し、リクールは「全てを」の方に力点を置いている。言い換えれば、ミンクにとって人間的であることは一瞬で理解できる出来事の数の少なさを意味するのに対し、リクールにとって人間的であることは、諸々の出来事を理解するのに時間がかかるということを意味している。重ね焼きされる出来事の数が少ないとしてもそれが一体的な理解であるのと同じように、時間がかかったとしても人間は諸々の出来事を一体のものとして理解することができるというのがリクールの考え方だろう。

ミンクの統合形象的理解が物語文の制作を典型とするのに対し、リクールにとって統合形象化の典型が目的論的構造を備えた物語の制作であるというのも、こうした相違に連動しているはずである。リクールはミンクの言う統合形象的理解について次のようにも述べている。

ある行為を、ある出来事への反応として把握する（「電報を送ること」は「オファーをもらったこと」への反応である）ときに、理解が果たされると主張する議論はやはりまちがっていない。しかし、電報を送ることとオファーをもらうこととのあいだの関係を確実なものにするのは、「オファーを受諾する」という媒介項なのであって、この媒介項が始まりの状態から終わりの状態への変化を生み出している。〔……〕重なりあう記述のネットワークにおいて、動詞の時制によって有標化される文が廃棄されていることは、そこでは歴史の物語的特性が時間関係とともに消失していることを示している。

［TRI 285 二七二］

指摘されているのは、ミンクの言う統合形象的理解によっては、物事の変化の原因をとらえることができないということである。ところで、この主張には二つの論点が圧縮されている。整理しながら話を進めることにしよう。

まず、始まりの出来事と終わりの出来事という、二つの出来事のみからなる統合形象的理解（二つの出来事のみからなる最小物語文）は、終わりの出来事が生起するにいたる経緯を捨象しているから、変化の原因を説明することができない。上の例で言えば、何らかの提案をもらうことは、それに返事をすることの十分な原因となるわけではなく、それは〈提案を受諾することを決める〉という出来事なしには生じることがなかった。それゆえ中間の出来事による「媒介」があってはじめて、そうした経緯を理解することができるようになるだろう。リクールにとって「物語を理解することは、いかにして、またどうして、続々と生じるエピソードがこの結末へと至るのかを理解すること」［TRI 130 一二一］であり、物語制作とは、中間の出来事を挿入していくことにより、特定の結末を引き起こす出来事の因果連鎖を構築することである。リクールにとって統合形象化（物語）とは、一つの出来事についての理解ではなく、因果連鎖の理解であると言ってよいだろう。そして因果連鎖を理解するとき、人は時間をかけて出来事の継起を追うことになる。

ただし、一つの出来事を、因果連鎖を含んだ物語文のなかで記述することは不可能ではない。たとえば〈ガンで母親を亡くしたことを理由に美学の研究をやめて医学部に再入学し、免疫の研究を通じて新たな治療法を発見した功績から、日本人ではじめてノーベル賞を受賞した女性が昭和十八年に帝王切開で生まれた〉という物語文は因果説明を含んでいる。そうすると、リクールはあくまで「最小物語文」と因果連鎖としての物語を比較したうえで、「最小物語文」にはなしえないことを指摘しているだけのようにも思える。しかし、指摘の主眼はそこにはないはずである。むしろリクールが言わんとしているのは、そのような物語文を作成して因果連鎖も同時に理解しようとするとき、その理解はもはやミンク的な統合形象的理解の枠組には収まらないということ、言い換えるなら、因果連鎖を一瞬で理解することはできないということだろう。人間が物事の変化とその原因をとらえようとするとき、その理解はどうしてもエピソード的次元を必要とし、その把握には時間がかかってしまう。

先の引用で、リクールが、ミンクの統合形象的理解においては「時制」や「時間関係」が消失していると論じていることに注意を向けるべきだろう。たしかにミンク自身、「時間は物語の本質ではない」［Mink (1960) 57］、「物語の理解において、時間的継起に関する考慮は消えてしまう」［Mink (1960) 56］、「物語を全体として理解するさい、そこに発見はないし、そこでの記述は時制を持っていない」［Mink (1960) 58］などと述べ、物語において重要なのは「意味の秩序」であると説明している。だが「時制」や「時間関係」というのは、現象学的時間の特質なのではないだろうか。だとすれば、エピソード的次元を欠いた純粋な統合形象的次元は、現象学的時間をも欠いているということになる。実際「ミンクの分析には、統合形象化の作業の特性である「理解」の作用そのものから、一切の時間的性格を取り去ろうとする傾向が看取される」［TRI 282 二六八／強調は櫻井による］と言われているのだから、やはりそこでは物理学的時間のみならず現象学的時間の特性も失われているのである。とはいえ、リクールは統合形象的次元と現象学的時間を結びつけていたのではなかったか。

ここから我々は次のように考えてみることができるだろう。過去、現在、未来という出来事の配置は、点ではなく線（ひろがり）を必要とする。すなわち、時間様相はエピソード的次元を必要とするのであり、現象学的時間は物理学的時間なしには成立しえない。おそらくこれと同様の事態は物理学的時間にもあてはまるのだろう。すなわち、人間は主観性を密輸入することなしに物理学的時間を把握することができない（たとえば、すでに有限の時間的まとまりとして物理学的時間を表象している）。結局、人間は純粋な現象学的時間にも純粋な物理学的時間にも出会うことができないのである（すなわち、それらは思弁が事後的に分離したものである）。こうした仮説に基づいて『時間と物語』を読み直すことにより、我々はその時間論に関してより深い理解を獲得することができるかもしれない。しかし、今はこれ以上先には進まず、物語論へと踵を返すことにしよう。

（4）物語ることと想像力

これまでの議論では、自分で物語を制作するにせよ、他人が制作した物語を読むにせよ、出来事の継起がいったん終わった段階で、回顧的視点から行為や出来事を理解する場合に焦点を合わせて分析を進めてきた。ただし、「統合形象化」をめぐる議論では、読者が物語を読み進めるときのように、まだ結末が与えられていないなかで話の全体を先取りするような理解のモードも取り上げられている——リクールはこうした理解のモードについて、W・B・ガリーの議論を参照しつつ、「話を追う suivre une histoire」という観点から分析を行なっている——のだが、これについてはとりあえず置いておくことにしよう（第七章三節でこのタイプの理解を主題化する。なお第五章二節で取り上げたフィクション物語の読書は、「話を追う」こととしての統合形象化と親和的である）。ここでは、歴史的理解としての統合形象化を、語り手の能力の観点から考えておくことにしたい。

物語の制作は、終わりの出来事と始まりの出来事を設定した上で、結末に至るまでの出来事の因果連鎖を構築する（中間の出来事を充填する）という作業を必要とする。(7) 物事の原因は原理的にどこまでも遡及していくことができるから、始まりの出来事を設定しないことには物語を制作することができない。一方、この設定により物語は否応なく主観性を帯びることになる。始まりの出来事をどこに置くかは語り手の関心に依存し、独自の仕方で始まりの出来事と終わりの出来事を設定することにより、すでに物語は何らかの理解を読者に与えていると言うことができるだろう。

語り手は始まりと終わりの出来事のあいだに中間の出来事を充填していくわけだが、この充填はどのようにして行なわれるのだろうか。ダントーによれば、歴史の説明において、説明されるべき被説明項は物語文それ自体であり、物語文によって指し示された変化を引き起こした出来事（原因）を特定することが歴史的説明の課題である［Danto（1965）234 二八三］。このとき、物語の中間部分は一般概念や一般法則に照らして選び出される［Danto（1965）238 二八六］。たとえば駐車していた車のバンパーが陥没しているとき、我々は〈陥没していなかった車のバンパーが、陥没している〉という物語文を作成しつつ、陥没という変化を引き起こした出来事を特定しようとする。そしてそのさい、我々は自動車が自発的にそのような状態になることはなく、陥没ができるためには何か外部からの圧力が必要であるという知識を用いて、原因について推論を行なう。ただし一般法則からの推論だけでは、中間の出来事が実際に何であったのかを特定することはできず（何が当たったのか、事故か人為的な嫌がらせか）、特定のためにはさらなる調査や研究を行なって「史料証拠 documentary evidence」［Danto（1965）234 二八九］を手に入れる必要がある。

リクールも「分類上のものであれ、因果に関するものであれ、理論的なものであれ、最も小さな物語でさえ一般化をそのうちに組み込んでいる」［TRI 275 二六二］と述べ、物語的理解が法則を必要とすることを論じている。またリクールは「歴史科学は物語の骨組みから、説明の過程を引き離し、その過程を明確な問題系に昇格させる」と述べ、歴史物語において「説明の形式は自律的なものとなる」［TRI 311 三〇六］と主張する。すなわち歴史家はただ出来事の因果連鎖を構築するにとどまらず、様々な「史料証拠 preuve documantaire」を集め、みずからの説明が他の説明よりも真実らしいことを正当化しなくてはならない。そしてその説明は、他の歴史家からの批判的検証にさらされることになる。リクールはこうした実践を「認証と正当化をめぐる訴訟 un proces d'authetification et de justification」［TRI 311 三〇六］と呼んでいる。[8]

我々は次節から議論の場を物語的アイデンティティ論へと移すことになるが、そこでは学問的実践としての歴史が主題となるわけではない以上、物語的理解と法則の関係や、物語的理解の認識論的正当化の問題は後景に退くことになる。むしろそこでは、次の引用のように、自己理解の可変性が強調されることになるだろう。

物語的アイデンティティは、安定した、断絶のないアイデンティティではない。同一の出来事について異なるいくつもの筋を組み立てることが可能である（このとき、もはやそれらを同一の出来事と呼ぶことはできない）のと同じように、〈私〉自身の人生について異なる筋を、さらに言えば正反対の筋を織り上げることも可能である。［TRIII 446 四五二］

リクールが言わんとしているのは、別の出来事に関係づけたり、別の因果関係に注目したりすることにより、我々はみずからの人生をこれまでとは異なる仕方で物語ることができるようになり、それに伴って過去の出来事や行為に新たな意味を与えることができるようになるということである。そしてリクールが考えるに、フィクション物語の読書はそうした語り方の変化を引き起こす重要な媒体となりうる。だが、人生の理解が可変的であるとはいえ、それでも自己物語の構築が一定の知識なしには不可能であること、またその正しさをめぐって他者から批判を受ける場合もあることを看過すべきではないだろう。我々は次節において、自己物語の共有可能性が問題となる場面に出くわすことになる。

さらに他方で、歴史物語がつねに異なる語り方へと開かれていることも看過すべきではない。リクールは、統合形象化には「生産的想像力」が関与していると述べる。それはまず、「筋立ては物語の核心や主題や「思想」と、状況や人物やエピソードや運命の変転の直観的提示——これらが特定の結末を引き起こす——とのあいだで、合成的な理解の可能性を産み出す」［TRI 132 一二三］という意味においてである。すなわち物語において、主題や思想を感性化したものが出来事の継起であり、出来事の具体的な展開を追いかけることにより、主題や思想が理解されるという事態が成り立つ。「知性的であると同時に直観的でもある綜合を生み出す」ことが生産的構想力の働きであるから、(9)こうした事態を可能にしているのは生産的想像力であると考えることができるのである［TRI 132 一二三］。第二に、リクールは筋立てには「パラダイム」があり——そこには形式、ジャンル、類型が含まれる［TRI 134 一二五］——、パラダイムを生み出したのは生産的想像力であると論じている。いまパラダイムは物語の制作を規制する「伝統」として機能しているが、もともとそれは、先行するパラダイムの作用を受けるなか、新しい語りの形式として生産的想像力によって生み出された。それゆえパラダイムは新しい語り方の創出を阻害するものではなく、むしろ筋立ては「伝統と革新の弁証法」のなかで行なわれる。あるいは「革新は依然として諸規則に統制された行為であり、想像力の働きは無から生まれはしない」［TRI 135 一二五］。文学であれ、歴史であれ、つねにそれらの物語は生産的想像力による新たな語りの可能性に開かれているのである。

2　物語ることと人間の生

統合形象化とは、時間的統一性と目的論的統一性を構築するという課題、すなわち結末を引き起こす出来事の因果連鎖を構築するという課題のもと、関連する出来事を収集し、選択し、組み立てていく作業であり、またそこに包摂される出来事を意味づけていく作業である。

統合形象化という観点から定義を与えられるとき、「物語」が対照されている他の表象の方式は「年代記」と

「物語文」であることを思い出そう。歴史記述も小説も共に物語を必要とすると主張したとして、両者を年代記や物語文として理解している人がどれだけいることだろうか（歴史と年代記の結びつきについては例外かもしれない）。反対に統合形象化の定義に基づくなら、地質学や自然地理学の研究も物語を必要とするという帰結が生じることにも注意する必要がある。つまり、いま手にしている「物語」概念によって、現実に行なわれている歴史研究や小説制作の実態や個性を把握できるかと言えば、おそらくそのようなことはないのである。もちろんこれは〈物語ること＝統合形象化〉という見方が無意味ということではない。言わんとしているのは、それは人間の諸学や諸実践を横断的に俯瞰する視点、あるいはそこから詳細な考察や検討が展開されるべき起点を我々に与えているということである。実際リクールはこうした視点から、歴史研究と小説制作を同じ土俵に並べ、両者を対照させながら、それぞれの特徴を解明するべくより詳細な分析へと歩を進めている。それゆえ本章前半の考察は、『時間と物語』という著作でリクールが展開している物語論の一端に触れているにすぎない。それでも、序において予告したように、我々は以下でその詳細な分析を取り上げない。〈想像力と善き生〉を主題とする本書は、これまで紹介してきた統合形象化という想像力の働きが、人間の自由や幸福にどのように関わりうるのかを明らかにすることを目指す。リクール自身が、物語的アイデンティティ論というかたちでこの点に関する考察を提示しているから、その議論を追うことが本章後半の課題となる。読解の俎上に載せる著作は『時間と物語』および『他者のような自己自身』である。第一章と第二章で扱った『意志の哲学』の議論も参照しつつ、物語的アイデンティティ概念にこめられた倫理的含蓄の闡明に努めることにしたい。

（1）『意志の哲学』と『時間と物語』

まずは『意志的なものと非意志的なもの』の一節を取り上げることにしよう。この議論そのものは物語的アイデンティティ論と直接に結びつくわけではないのだが、『意志の哲学』と『他者のような自己自身』の議論を重ねて読むという企ての正当性と生産性を証示することになるという意味で、出発点に相応しい。リクールは企投と熟慮について次のように述べていた（本書五〇頁）。

まず、日付や期限、未来の状況についての素描を前もって手にしているという条件に従ってのみ、私は企投をなすことができるように思われる。それらは本質的に私の掌握を逃れた出来事なのであるから、私はそれらを予見するよりほかにない。私は、天体の運行や全体の秩序によってその大枠が決定された世界の隙間に、みずからの企投を収めるのである。さらに、私の企投そのものが、様々な手段を用いる一つの行為［＝目的］を先取りしている。しかるに、ある手段を他の手段や目的に従属させることは、遷移や因果についての知識を前提とする。目的とはそれを引き起こす原因を組み立てる規則として考えられた結果にほかならない。

［VI 74 八五］

自分のすることを決めるのに、人間はその行為が遂行可能であるのか、またどうやってそれを遂行するのかを熟慮する必要がある。特定の仕方で遂行可能と判断されたとき、行為は実際に決意され、遂行に向けての努力が開始されることになる。それまで行為はかりそめに企投されているにすぎず、熟慮は現在の状態と未来の行為とのあいだに、両者を結びつける中間の行為を充填していくことで決意を準備する。「projet」の一般的な語義が示すように、企投は行為の計画を立てることを要請するのであり、人は目的を実現するための手段をさらに企投することにより計画を詳細化していく。熟慮（＝中間の充填＝計画の詳細化）とは、「遷移や因果についての知識」を駆使して行なわれる目的論的な推論のことである。

統合形象化に関する議論を経由したいま、熟慮に統合形象化の作業が含まれていることを理解するのはたやすい。実際リクールは一九七六年の論文のなかで、「企投は物語に構造化の力を借り、物語は企投から先取りの力を受け取る」［IDA 249］と述べている。フィクションや歴史のみならず、人間の意志的行為もまた『時間と物語』の物語論が射程に収めうる領域なのである。むしろ次の引用（本書五一頁）を見るならば、すでに『意志の哲学』のうちに『時間と物語』の着想は含まれていたとさえ言いうるはずである。

企投から企投へ、私は死せる時間の上を跳んでゆく。私は先行する時点へと引き返す。私は最も関心のある未来の行為の軸線をデッサンし、空隙を埋め、目的を〔実際には〕その目的に先行する手段に先立って定置し、漸次的充填もしくは付加などによって単純な企投のうちに二次的な企投を挿入していく。これこそが、現在の前方に時間を組織する人間の合目的性の方式なのである。不連続性と可逆性は空虚に指示されたこの時間の法則であり、その時間においては行為の最も注意すべき期日同士のあいだの実践的関係だけが示されている。［VI 73 八四］

目的の実現へと向けて諸々の企投を筋立てるさい、現実は主体にとって禁止と許容の組み立てからなる総体として立ち現れる。現実は、人間の意志とは無関係のたんなる非意志的なものではなく、人間化された非意志的なものとして我々に理解されるようになるのである。引用において、リクールは同様のことを時間についても言おうとしている。「企投から企投へと死せる時間の上を跳んでゆく」とは、目標を結末として先取りし、無数の等価な点によって構成される不可逆的な物理的時間を逆行して、その特定の時点に意味を与えること――時間を「人間的合目的性の方式」に従って組織化すること――を通じて、我々が非意志的な時間を人間化する（人間的な非意志的なものとする）ということを意味しているだろう。こうした見方が、「時間はそれが物語の形式に基づいて分節されるのに応じて人間的時間となり、物語はそれが時間的実存の条件となるときにその十全な意味作用を獲得する」［TRI 105 九九］という『時間と物語』の「基本仮説」に通じていることは明らかである。こうした照応をふまえてみても、統合形象化という想像力の働きを実践の領野へと再適用すること――『時間と物語』から『意志の哲学』へと折り返すこと――は、リクール哲学の理解にとって有意義な作業になることが予想される。

（2）『時間と物語』の物語的アイデンティティ論

リクールは『時間と物語』（一九八三―五年）の結論部において、「物語的アイデンティティ」という着想を提示し、つづく『他者のような自己自身』（一九九〇年）では、この着想を土台に議論を多方面へと展開させている。ただし、人間のアイデンティティと物語の結びつきを指摘したのはリクールが初めてというわけではなく、リクール自身が発想の起源を他の哲学者の著作に求めている。それはハンナ・アーレント（一九〇六―一九七五）の『人間の条件』（一九五八年）であり、[10] リクールはアーレントに言及しながら次のように述べる。

> 個人、あるいは共同体のアイデンティティが告げられるのは、次のような問い、すなわち「この行為を為したのは誰か？」「その行為の主体は誰か？」「その張本人は誰か？」という問いに答えが与えられるときである。とりあえず、このような問いに対しては、ある人を名指すことによって、つまり固有名でその人を指し示すことによって答えを与えることができる。しかし、固有名〔が指し示すもの〕の恒常性を保証しているのは何か？　そのように名前で指し示されているところの行為の主体が、生まれてから死ぬまでのあいだずっと同一の存在であるとみなすことを正当化しているのは何なのか？　「誰？／qui?」という問いに答えること、それはハンナ・アーレントが力を込めて言ったように、人生の歴史を物語ることなのである。語られた歴史が行為の「人／qui」を告げる。だから「人／qui」のアイデンティティは物語的アイデンティティ以外のなにものでもない。
> ［TRIII 442-3 四四八］

「アイデンティティ」概念そのものの曖昧さに由来する事態であると言えるが、引用ではいくつかの論点が癒着したまま同時に提示されている。順を追ってみていくことにしよう。

まず引用の冒頭では、「identifier」という行為の観点からアイデンティティが説明されている。念頭に置かれているのは、複数いる存在者のなかから特定の属性を有した一人の存在者を見つけ出すという状況、たとえば〈ある時間ある場所においてYを殺害した犯人〉という属性を持つ人間を捜し出そうとする場合である。このとき、捜し出された人間Xは〈Yの殺害犯〉として同定され、人間Xは〈Yの殺害犯〉というアイデンティティを与えられることになる。Xは何者かと問われれば、Yの殺害犯であると答えることができるだろう。ただしXは、これまでの人生においてYを殺害する以外のことも行なってきたはずで、場合によっては〈Yの殺害犯〉というだけでは、Xは何者かという問いに十分な答えを与えたことにならない可能性がある。また身も蓋もない例だが、Yの殺害犯が複数存在すれば、当然その属性によってXだけをフィルタリングすることはできなくなる。引用の「語られた歴史が行為の「人」を告げる」というのは、こうした事情をふまえた主張だろう。すなわち、ある人物の人生を物語ることにより、我々はその人物がどのような人間であるかをよりよく理解することができるようになり、かつその人物の個性や独自性を把握することもできるようになる。実際、アーレントは『人間の条件』のなかで次のように論じている。

> はじまりにおいて、他とは異なる唯一のものとしての人間の「誰」がはっきりとかたどられて示されることはないのだが、ただ物語という媒体においてのみ、行為と言論を経たあと、遡及的にその「誰」をはっきりとかたどることが可能となるのである。ある人が誰であり、誰であったかということは、その人自身が主人公である物語――言い換えるならその人の伝記――を理解することによってのみ、理解されうる。〔そのほかの仕方で〕我々がその人について知る場合――生前に遺した作品があるとして、それによってその人のことを知るような場合であっても――その内容はみな、その人が何であり、何であったかを告げるにすぎない。
>
> ［HC 186 三〇二］

引用では、ある人が「誰」であったかを理解することと、ある人が「何」であったかを知ることが区別され、

「誰」であるかを理解するためには物語が不可欠であると言われている。では、「誰」と「何」の違いは何か。「誰」を理解することは、ある存在者を「人間」として理解することであると言い直しても問題はないだろう。物語という媒体がないとしても、ある人物について多くの情報を得ることはできるし、DNAの塩基配列によって個人を特定することもできる。だが、ある人物を「人間」として理解しようとする限り、我々は物語を必要とするというのがアーレントの言わんとしていることである。

当然この主張の背後には、アーレント特有の「人間」理解が控えている。アーレントは『人間の条件』において、人間の活動を「労働」「仕事／制作」「行為」の三類型にわけ、それぞれの活動の特性を、それらがそのもとに置かれている制約（条件）との関係のなかでとらえようとしている。このときアーレントにとって人間に本来的な活動の次元は「行為」であり、その条件は「複数性」であると言われる。言い換えれば、アーレントにとって人間らしい生き方とは、対等かつ異質な他者たちと共に生きること、そして共生の場の維持と発展に寄与することを通じて実現される。[11] それゆえ「行為」の主体としてとらえてはじめて、我々はある人を真に「人間」として理解することになるわけだが、そのさい「人間」の理解が「物語」を必要とするのは次のような事情による。すなわち、他者の自由を尊重し、自律した他者と共に生きようとするとき、物事の成り行きはおのずと予見不可能とならざるをえない。一人一人の人間はみずからの目的を達成しようと努力するものの、その「行為」はつねに他者の新たな「行為」を引き起こし――「行為する人はたんに〈為す人 doer〉であるのみならず、つねに同時に〈被る人 sufferer〉でもある」[12]［HC 190 三〇七］――相互作用のなかで物事は当人が予想していたのとは異なる方向へと進んでいくからである。したがって、「行為」する者は自分がいま何をしているのかを正しく理解することができない。「行為」の意味は、それが引き起こした帰結との関わりにおいてはじめて確定させることができるが、「行為」する者にとって「終わり」は未だ与えられていないのである。だからアーレントは「行為の場合、行為の過程を照らす光は、それが終わってはじめて出現する」［HC 192 三一一］と述べる。回顧的視点から「行為」の過程に〈光を当てる＝物語る〉ことにより、人間は「行為」の本当の意味を理解することができるようになるのである。「行為」する存在者として人間をとらえようとする限り、人間の理解には物語が必要となる。『人間の条件』のアーレントは、（リクールとは異なって）行為主体による自己理解を主題化しているわけではないが、人間は「伝記」によって他者を理解するのみならず、自伝（自己物語）によって自己自身を理解することができるはずである。むしろそうでないとすると、自他の区別なく未来の予見不可能性が当てはまる以上、人間は自分が何をしたのかをいつまで経っても理解できないことになる。前段落の議論に基づくなら、〈私〉によって語られる自己の物語もまた、それが「行為」の物語である以上、〈私〉と他者との共生の歴史物語となるだろう。このとき、共生の歴史に関する正しい理解は、〈私〉が未来において他者との共生を維持していくうえで重要な意味を持つ。歴史理解が共有されることがなければ、今後の活動の方向や内容を他者と共有することは難しくなってしまうからである。アーレントが「行為とは自分で作ったのではない織物に自分自身の糸を縫いつけることである」［VA 226 二三二］という隠喩をもちいて言うように、新たな「行為」は真空状態で始められるわけではなく、すでに「行為」の流れが存在している状況のなかで始められるほかない。それゆえ〈私〉は、自分が将来において何をなすかを決めるために、〈我々〉の物語を語らねばならず、〈我々〉の物語のなかに〈私〉の物語を埋め込まなくてはならないのである。

　回り道が長くなったが、アーレントによれば、人間とは「複数性」と「予見不可能性」によって特徴づけられる「行為」の次元に生きる存在者であり、ひとりひとりの人間を理解するためには回顧的視点からその人を主人公とした共生の歴史物語を語らなければならず、また共生の歴史物語を他者と共有することなしに個人はその未来の生を構想することができない。アーレントの思想において、物語は〈私〉と他者、過去と未来を媒介する役割を与えられているとまとめることができるだろう。これは逆に言えば、物語によって理解される「誰」とは、過去と未来のあいだに、そして他者たちのあいだに生きる存在者にほかならないということである。

　リクールが「主体は自分が、自分について、自分に語る物語のうちに、自分を認める Un sujet se reconnaît dans l'histoire qu'il se raconte à lui-même sur lui-même」［TRIII 444-5 四五〇］と述べるとき、そこではアーレントの人間理解が同化されたうえで、主体による自己理解に照準が定められている。「アイデンティティ」とは、第一に、自己の人間性と個性に関する理解を意味しており、「物語的アイデンティティ」と言われるとき、そこには物語こそがそうした理解を可能にしているという主張がこめられている。

アーレントの議論を経由したことにより、引用におけるリクールに固有の論点（第二の論点）が見えやすいものとなった。それは通時的同一性としてのアイデンティティという論点であり、「名前で指し示されているところの行為の主体が、生まれてから死ぬまでのあいだずっと同一の存在であるとみなすことを正当化しているのは何なのか」と問うとき、リクールは通時的同一性と物語の関係についての検討を開始している。

〈それぞれの属性が等しく、両者を識別できないことこそ、あるものとあるものが同一の存在者であることの根拠となる〉と考えるならば、性質の異なる二つの存在者が数的に同一の存在者であると言うことはできなくなるだろう。ドングリと樫の木、新生児と老人は同一の存在者ではない。しかし〈小さなドングリが、いまは大木となった〉、〈この老人も、八十年前はすべすべであった〉などと物語ることを通じて、我々は性質の異なる二つの存在者を同じ一つの存在者としてまとめあげることができる。時間的パースペクティヴが導入され、存在者が歴史化されることにより、新生児と老人はそれぞれ同一の四次元的個体の部分と見なされるようになるのである(13)。

こうした意味において、歴史化＝物語ることは、異質の存在者の数的同一性という問題に一定の解決を与えている。異なる時点における諸々の性質が四次元的個体に統一的に属しているというとらえかたをするならば、偶有的な性質をはぎとったところに不変の「実体」や「本質」を措定する必要はなくなるし、逆にそのような「実体」を拒否することで、通時的同一性を有した存在者を存在論から消去するはめに陥らずにも済むようになる。リクールは、変化を内包しうる同一性概念のことを「物語的アイデンティティ」と名づけ、次のように主張する。

じじつ、物語るという拠り所がなかったとしたら、人格のアイデンティティの問題は解決不能のアンチノミーに陥ってしまう。すなわち、さまざまな状態に置かれていながらも「つねに」それ自身と同一であり続ける主体を措定するか、ヒュームやニーチェに倣って、そのような同一の主体など実体論的な幻想にすぎず、それを取り払えば、認知や情動や意欲がただただ雑然と現れ出てくるにすぎないと考えるよりなくなる。だが〈同一 *idem*〉の意味で理解されるアイデンティティに代わって、〈自己自身 *ipse*〉の意味で理解されるアイデンティティを導入するなら、ジレンマは解消するだろう。〈*idem*〉と〈*ipse*〉の違いは、実体的あるいは形式的アイデンティティと物語的アイデンティティの違いにほかならない。〔……〕〈同一 Même〉の抽象的なアイデンティティとは異なり、〈自己性 ipséité〉を本質とする物語的アイデンティティは、一つの生というまとまりのうちに変化や可変性をとりこむことができる。

［TRIII 443 四四八―九］

引用では、ラテン語で「同じもの」を意味する指示代名詞「*idem*」と、「それ自身」を意味する再帰代名詞「*ipse*」が対比的に用いられ、不変の実体や形式によって通時的な数的同一性を担保するアイデンティティ理解が「*idem*」として、物語によって通時的な同一性を担保するアイデンティティ理解が「*ipse*」として説明されている。なお、敷衍するなら（『時間と物語』では以下の論点には触れられていない）二つのアイデンティティの対比は、アイデンティティの〈身体説〉と〈心理説〉の対立とは重ならない。後者の対立は、人間の通時的な数的同一性とは何の同一性であるのかという問いをめぐる解答の対立である。〈身体説〉と〈心理説〉のいずれを採用したとしても（身体が通時的同一性を保持しているなら二つの異なる時点における人間存在は数的に同一であると考えてみても、心理状態が通時的同一性を保持しているなら二つの異なる時点における人間存在は数的に同一であると考えてみても）そこで念頭に置かれている〈身体〉と〈心理〉が可変的であると考える限り、両説は物語的アイデンティティ説を必要とすることになる。言い換えるなら、物語的アイデンティティ説の内部に〈身体説〉と〈心理説〉があり、また実体的アイデンティティ説の内部にも〈身体説〉と〈心理説〉がある。たとえば、ＤＮＡの塩基配列や魂が同一である限りリクールはリクールであり続けると考えるなら、その人は実体的な身体説や実体的な心理説を採用していることになるだろう。

A 個人の通時的な数的同一性 （複数の時点において性質を異にする人間存在の同一性）	1. 時間経過のなかで不変的・恒常的なものの措定 実体的・形式的アイデンティティ *idem*	［心理説］ ［身体説］
	2. 歴史物語による変化の説明 物語的アイデンティティ *ipse*	［心理説］ ［身体説］
B 個人の人間性と個性の把握 （人間とは，時間のなかで他者と共に生きる存在を指す）	1. 物語による個性の把握と人間性の理解 物語的アイデンティティ *ipse*	
	［2. 実体的なもの，不変的なものによる個性の把握］	

表2　『時間と物語』におけるアイデンティティ概念

以上、大きく分けて二つの論点を確認してきた。アイデンティティ概念は、個人の通時的な数的同一性としてのアイデンティティと、個人の人間性と個性の理解としてのアイデンティティという二つの側面によって構成されている。「*idem*」と「*ipse*」は通時的な数的同一性を説明する二つの異なる方式として議論に導入され、「*ipse*」の方が物語的アイデンティティと呼ばれている。このとき「自己*ipse*」や「自己性ipséité」といった語は、物語的アイデンティティが我々の自己理解にも深く関わっていることを示唆しているだろう。つまり「物語的アイデンティティ」（『時間と物語』では「*ipse*」）という概念には、人間は物語によって個人の人間性と個性を理解するという考え方と、時間の経過と共に変化していく人間の場合、その通時的同一性を担保するうえで物語が必要になるという考え方が同時に含み込まれている。他方、通時的同一性を不変の実体や形式によって——古典的な意味での「実体」やＤＮＡの塩基配列によって——説明する場合、それら同一性の根拠は、同時にその所有者の人間性や個性に関する理解を与えることはできない。表にするならば、**表2**のようになる。

ところで、ＡとＢの二つの側面は必ずしも独立しているわけではなく、両者のあいだには何らかの交通が認められるように思われる。より具体的に言えば、自己の人間性や個性の理解を可能にする物語が、同時に歴史として自己の通時的同一性の説明になるという事態や、Ｂで〈人間性〉に関して何らかの実質的な理解を採用することにより、Ａにおける〈人間〉の通時的同一性の説明の仕方にも何らかの影響が及ぶという事態を想定することができるのではないだろうか。『時間と物語』の論述には、この点に関するリクールの解答を期待することはできない。だが『他者のような自己自身』（第五研究および第六研究）において、まさにリクールはこうした点について思索を繰り広げているように思われる。見ていくことにしよう。

（3）『他者のような自己自身』の物語的アイデンティティ論

『他者のような自己自身』の物語的アイデンティティ論を理解するうえでまず押さえておかなければならないのは、考察に使用される概念の配置が『時間と物語』のそれとは異なっているという事実である。リクールは『他者のような自己自身』で、「同一性／*idem*／idémité」と「自己性／*ipse*／ipséité」の対比を軸に議論を進めているが、この対比はもはや実体的・形式的アイデンティティと物語的アイデンティティの対比とは重なっていない。リクールは新たにこの対比を人間のアイデンティティの二つの側面を指し示す語として使用しており、「同一性 *idem*」は（不変的・恒常的なものを根拠とした実体的・形式的同一性に限定されない）〈人間の通時的な数的同一性〉一般を、[14]「自己性 *ipse*」は〈主体による自己の人間性と個性の理解〉を意味するようになっている。前掲の表で言えば、*ipse* と *idem* の対比はAとBの対比へと移行し、物語的／非物語的という対比ではなくなったということである。そして物語的／非物語的という対比は「自己性 *ipse*」と「同一性 *idem*」それぞれの内部で成立するようになり、結果としてリクールは物語的自己性、非物語的自己性、物語的同一性、非物語的同一性という四項でアイデンティティを論じるようになっている。詳しく見ていくことにしよう。考察の出発点で両者は次のように対比されている。

> 「même」という語における比較の用法は大変に重要であると思われるので、以後私は「同一性 mêmeté」という語を「*idem* としてのアイデンティティ」と同じ意味で扱い、かつ「同一性 mêmeté」と「自己性 ipséité」とを対立させることにしよう。「自己性 ipséité」は「*ipse* としてのアイデンティティ」を指し示す語である。 [SA 13 四]

「自己性」の概念について、リクールは著作のなかで積極的な定義を与えていないように思われる。たとえば「我々の終始一貫したテーゼは、〈*ipse* の意味でのアイデンティティは、いわゆる人格の不変の核の存在に関してどのような主張も前提としていない〉というものである」[SA 13 三] という消極的な説明や、「約束」という「自己維持 maintien de soi」においては「自己性が同一性から解放される」[SA 143 一五四] といった間接的な説明は認められるものの、「自己性」に関する端的な説明となるとなかなか見つからない。ただし一九八七年（一九八五年発表）の「個人と自己同一性」という論文に、それに近い説明が含まれているので参照しておくことにしよう。(15)リクールは次のように述べている。

「*ipse*」とはすなわち、異なるものではないという意味において、自己と同一であるということだ。[IIP 67-8 九二]

だから「私のもの性 miennetê」なるものが存在するわけであり、それは必ずしも *idem* の意味での「同一性 mêmeté」と重なるものではない。[IIP 68 九二]

引用で言われているのは、〈私〉をいかなる存在者に同一化させるか、〈私〉をどのような存在者として同定するかが「*ipse*」における関心事であるということだ。〈私〉とは、いま〈私〉自身のことを意識しつつ、他人にはとりえない唯一のパースペクティヴから世界を知覚しているところの、すでに他ならぬこの〈私〉である（コギトと呼んでもよい）。リクールは、他ならぬこの〈私〉がみずからを同一化させるべき存在者、すなわち「自己」のことを「私のもの mien」としてとらえているが、〈所有物〉という見方には〈自由に扱える〉という意味に加え、〈引き受ける〉や〈背負う〉といった意味も込められているだろう。〈私〉がみずからを同一化させるべき「自己」は、特定の環境のなかで、身体を備え、他者とともに生きている具体的な存在者であり、それへの同一化を通じて私は諸々の関係のうちに繋累されることになる。それゆえ同一化は〈引き受け〉という意味を持つが、この諸関係を〈私〉が変更することができる場合もあり、この意味で〈私〉は自己を自由に扱うこともできる。「私のもの」の両義性に注目するなら、〈私〉の自己への同一化は、被投性のうちでの企投として理解することができるはずである。

議論が先走ったが、以上をふまえて「約束」に関する分析を読解するとき、我々は「自己性」に関するリクールの見解をさらに深く掘り下げることができるようになるだろう。そしてそのことは、翻って上述の考察の正当性の裏付けにもなる。

リクールは、「約束」という極限事例において「同一性の支えを欠いた自己の自己性が剥き出しになる」[SA 148 一五八]と述べたうえで、次のように論じている。

この点で、約束を守ることは、まさに時間への挑戦、変化への挑戦となる。たとえ私の欲望が変わったとしても、たとえ私が自分の意見や性向を変化させたとしても「私は維持する」。死への存在(死に向かう存在)の地平のうちに置き入れなければ、約束を守ることは意味をなさないというわけではない。言語制度を保全しなくてはならないという義務と、私の誠実さに対する他者の信頼に応えなくてはならないという義務から引き出されてくる、約束の倫理に固有の説明が存在し、それで十分なのである。そのようなものとして理解される約束の倫理の説明は、時間に関して固有の含みを示す。すなわち時間における恒常性の一様態を示し、それは性格による恒常性の様態とは対極に位置づけられうるものである。まさにここにおいて、自己性と同一性は一致するのをやめる。[SA 149 一五九]

「約束」とは、未来の行為に関する他者とのあいだでの取り決めである。約束を通じて、私は自分を約束された行為を履行する者として企投するのであり、約束の相手に対して、未来の私は現在の私と同一であること、すなわち私はそのときまで約束された行為を履行する義務を負った人間であり続けることを同時に約束している（自己維持）。そしてそれは私が他者とのコミュニケーションにおいて「約束する」という言葉を用いた以上、私が引き受けなければならない帰結である。この意味で、約束し、それを守ろうと努力することにより、同時に私は公共の言語と他者との関係を破壊しないように配慮していることになる。約束において、私は〈公共の言語を正しく使うことができ、他者と共に生きていくことのできる自己〉を選択し、引き受けていると言うこともできるだろう。ただしこのとき、未来の自己と現在の自己とのあいだの通時的な同一性は、たんに宣言されているだけで、実際に何ものかによって根拠づけられているわけではない。過去の私と現在の私がなぜ数的に同一の存在であるのかと問われたとき、問いに対していくつかの答え方がある。だが、現在の私と未来の存在者がなぜ数的に同一の存在であるのかと問われても、未来の私が実際にどのような存在者になっているかは未確定であり、答えようがない。答えがありうるとすれば、それは〈ある未来の時点にいたるまで公共の言語と他者によって拘束され続けることになる存在者を、その存在者が他にどのような属性を有しているにせよ、自己自身として引き受けることを今この私が決めたから〉というものだろう。[16] 自己理解が企投としてのみ成立し、かつそれが時間における恒常性を構成しているという意味で、約束においては自己性が単独で露呈し、自己性が同一性を代替している。

極限の事例としてリクールが取り上げているのがあくまで「約束」であり、「決意」や「企投」ではないことに注目する必要がある。「約束」の事例が取り上げられたのは、そこにおいて、現実の諸関係に繋累された存在者にみずからを同一化させることとしての「*ipse*」の側面が露出しているからだと考えられる。言い換えるなら、〈私〉が引き受ける「自己」は、どのような場合でも未来次元を備え、言語の規則のもとで、他者と共に生きている存在者にほかならない。企投される自己は必ずそうした被投性を伴っているのである。

こうした自己観ないし人間観は、リクールが「正しい諸制度のもとにあり、他者と共に他者のためにあるものとしての「善き生」を目指すことを、「倫理的目標」と呼ぶことにしよう」［SA 202 二一三］と主張していることときれいに対応している。リクールにとっても、アーレントと同様に「複数性」が人間の善き生の条件を構成していると考えることができるだろう。アーレントによれば、「複数性」という制約のもとに置かれたとき、個人の人生は他者との相互作用のなかで当人が構想していたのとは異なる方向へと進んでいくことになるのだった。行為の過程は事前の計画通りには行かない。それゆえ人間はみずからの行為を正しく理解し、将来における他者との共生を可能にするために、物語によって過去の行為を反省する必要がある。リクールは「物語的アイデンティティを論じるさい、人生物語の複雑な絡み合いのなかで行為する者と行為を被る者とを結びつけるのが物語の力であることを我々は確認した」[SA 370 三九四] と述べているが、この一節はアーレントの「行為する人はたんに〈為す人〉であるのみならず、つねに同時に〈被る人〉でもある」[HC 190 三〇七] という記述をふまえたものだろう。両者は人間の生に関する実質的な理解を共有している。

なお誤解のないように振り返っておくなら、もともと「約束」は自己性が同一性から引き離されているという点で極端な事例とされていたが、それは自己性が自己の歴史物語を欠いているという点で、自己性としても極端な事例である。逆にいえば自己性と同一性が乖離していない通常の場合、自己理解は物語によって与えられる。このことは、人間の同一性と物語とのつながりを予感させるものだろう。続いて「*idem*」に関する議論を見ていくことにしよう。

「アイデンティティ」というとき、通常、哲学の文脈では「A　人間の通時的な数的同一性」を何の通時的同一性に求めるのかということが問題となる（リクールも当然そのことは把握しており、注において人格の同一性を論じた英語圏の著名な文献を紹介している）。ロックやヒューム、ウィリアムズやパーフィットらのアイデンティティ論に親しんだ読者は、リクールの論述を前に戸惑うに違いない。そこでは人格の同一性に関して何らかの解答が与えられていないからである。むしろリクールは「アイデンティティ〔同一性〕の最良の基準は身体の領域に求めるべきか心理の領域に求めるべきかという問題には、私は関わらないことにする」[SA 154 一六四] と述べてさえいる。とはいえ、これはリクールのアイデンティティ論が人格の同一性をめぐる考察を放棄していることを意味するわけではない。注目すべきは、〈人間の通時的な数的同一性の根拠を、何の通時的同一性に求めるのか〉という問いに対する答えが、解答する者の人間観と相関していることである。たとえばリクールのDNAがプレートに保存されているとき、あるいはリクールが脳死状態にあり人工呼吸器で心臓の運動を維持しているとき、あるいはシカゴ大学の廊下で衝突してアーレントとリクールの心が入れ替わってしまったとき、リクールのDNAやリクールの身体や〈アーレント〉を、リクールその人としてとらえることができるのかという問題に対する解答は、リクールがその一例であるところの「人間」に関する先行理解と切り離して考えることができないだろう。[17] すなわち「*ipse*」の問いに答えを与えることなしに、人間の同一性の問いに答えを与えることはできない。これが「*idem*」に関するリクールの基本的な主張であり、すでにリクールは「*ipse*」の問いに対して二つの仕方で答えを与えている。

第一にリクールは、人間のアイデンティティが同一性と自己性の二面から構成されているという主張を通じて、「人間」に定義を与えている。すなわち人間とは、〈他ならぬこの私〉という意識をもち、みずからを同一化させるべき存在者について考えることができる存在である。たとえば「私の身体が私自身に属していることが、自己性を同一性に還元できないことの最大の証拠となる」[SA 154 一六五]と言われるとき、リクールは人間を「コギト」としてとらえている。第二にリクールは、〈私〉が同一化する存在者を現実の諸関係に繋累された存在者として、すなわち〈未来次元を備え、諸々の制度のもとで、他者と共に生きている存在者〉としてとらえている。したがって「人間」の同一性について考えるとき、リクールは、自己意識と自己身体を有し、時間のなかで諸々の制度のもと、他者と共に生きる存在者としての人間の通時的な同一性を考えることになる。リクールにとって、「人間」の同一性の根拠や基準を〈身体〉か〈心理〉かという二分法の内側で検討しなければならない道理はそもそも存在していないのである。

以上のような仕方で「*idem*」の問題を処理しつつ、さらにリクールは人間の通時的同一性は変化を内包する物語的同一性であると考えている。このとき、アイデンティティの二つの側面を構成する二つの物語の内容は同一でありうるのか（同一性を根拠づける物語が同時に自己性の理解を与え、自己性の理解を与える物語が同時に同一性を根拠づけるという事態が認められるのか）という点は未解決にとどまるものの、同一性と自己性がいずれも物語という媒体を必要とするということは問題なく認めることができるだろう。『時間と物語』の結論において、リクールはこうした見解を提示していた。新たに『他者のような自己自身』のリクールが試みているのは、自己性と同一性が物語に依存しない極限事例を紹介することを通じて、両者が通常は物語に支えられていることを間接的に照らし出すことであるように思われる。

この極端な事例の一つは、先に取り上げた「約束」である。そこでは自己性が同一性から解放され、自己性が単独で露出すると言われていた。それが具体的に意味するのは、「約束」においては自己理解が私の決意のみによって与えられ、自己の歴史物語の支えを欠いているということ、そして現在の私と未来の私とのあいだの通時的同一性もまた、私の決意によってのみ担保されているという事態である。私は約束することを通じて同時に未来の私のアイデンティティを構成するが、そこでは限界まで希薄化された自己性が、同一性の次元を補完しつつ、アイデンティティの両面を支えている。

もう一つの極端な事例は、人間の同一性が、人間のそれでありながらも実体的・形式的な（非物語的な）同一性として成立しているケースである。リクールにとって、人間の同一性の根拠は人間に関する実質的な理解と整合していなくてはならない。このとき不変的で恒常的な何ものかが、そうした根拠になりうるとは考えにくい。だがリクールは、実体的・形式的な同一性の根拠でありながら、同時に自己理解との結びつきを失っていない不変的なものがあると言う。それが「性格 caractère」である。リクールによれば、「性格」とは「ある個人を同一人物として再同定することを可能にする」［SA 144 一五四］「永続的な傾向性の集合」［SA 146 一五五］である一方、「性格は、自己性の問題系が同一性の問題系と識別できなくなり、相互に区別できなくなるような限界点を構成する」［SA 144 一五五］。簡単に言うなら、性格とは、ＤＮＡの塩基配列と違い、〈自己の人間性と個性〉について何らかの理解を与えうる実体的・形式的同一性の根拠である。物語による支えがないのにもかかわらず、そこでは最大限に人間化された実体的・形式的同一性が、自己性の次元を補完してアイデンティティの全体を構成していると言えるだろう。

おそらく二つの極限事例は、次のような対比を引き出すために導入されている。すなわち〈同一性の根拠としての自己物語を欠いていながら、自己性が同一性を兼担することによってアイデンティティの構成が遂行されるケース〉（約束）と、〈自己理解を与える自己物語を欠いていながら、同一性が自己性を兼担することによってアイデンティティの構成が遂行されるケース〉（性格）の対比である。そしてリクールはこうした二極を設定することにより、人間の通常のアイデンティティ構成が両極のあいだで、物語を媒介として行なわれていることを主張する。実際、すでに二つの事例が物語を要請しかかっていることがその証左となる。「企投は物語に構造化の力を借り」［IDA 249］、諸々の企投を計画として構想することを必要とする一方、性格は行為のなかで明らかになる以上「性格を展開させるには、よりいっそう物語らなくてはならない」［SA 172 一八六］。以上をふまえるとき、次のリクールの主張はおおむね理解されたと言ってよいのではないか。

物語的アイデンティティは、鎖の両端を結びあわせる。すなわち、時間を通じた性格の恒常性と、時間を通じた自己維持の恒常性である。［SA 196 二一四］

これから私が掘り下げようとする〔同一性と自己性とのあいだの〕両極性は、人間のアイデンティティの概念構成に物語的アイデンティティが介在していることを示唆している。同一性と自己性が合致するようになる〈性格〉の極と、自己性が同一性から解放される自己維持の極とのあいだで、物語的アイデンティティは独自の媒介を行なうということである。［SA 143 一五四］

以上をまとめるなら、『他者のような自己自身』のアイデンティティ論は**表3**のように図式化されるだろう。

A **同一性** *idem* （人間の通時的な数的同一性）	・非物語的な同一性 極限事例としての「性格」（アイデンティティの同一性への還元） ・物語的同一性
B **自己性** *ipse* （自己の人間性と個性の把握）	・物語的自己性 ・非物語的な自己性 極限事例としての「約束」（アイデンティティの自己性への還元）

表3　『他者のような自己自身』におけるアイデンティティ概念。人間の通常のアイデンティティ構成においては，物語を基盤として同一性と自己性が重なり合う（　　　の部分）

それでも一つ疑問が残る。なぜリクールは、人間のアイデンティティは物語を必要とすると主張するにとどまらず、わざわざ二つの極限を設定しなければならなかったのか。不変的・恒常的なものを根拠とした実体的・形式的同一性なしで（人間には恒常的なものを根拠とする非物語的な同一性は適用できないとしたうえで）物語的アイデンティティ論を構築することもできたのではないか。おそらくここには還元を嫌い、弁証法を好むリクール哲学の性格が関わっている。我々は『時間と物語』の物語論を扱うさい、〈物語が物理学的時間と現象学的時間を媒介して人間的時間を構成する〉というリクールの主張を横目に通り過ぎた。リクールはこれと同じような見方をアイデンティティ論においても採用しようとしているのだろう。たしかにリクールは「物語的アイデンティティの真の本性は、自己性と同一性の弁証法においてのみ明らかにされる」[SA 167 一八二] と述べている。だが「性格」をめぐる議論からは、弁証法を組み立てるために〈同一性の根拠となりうる不変的・恒常的なものでありながら、人間の自己性の次元をも補完しうるもの〉という極限を設定し、それに「性格」を無理矢理当てはめているという印象を受ける。それは自己性と物語が全面を覆い尽くそうとするなか、非物語的な同一性を捨て去ることへの不安が生み出した弥縫策ではないのか。

いま本書には、こうした疑念をあらためて主題化するだけの余裕はない。疑問に答えを出すためには、少なくとも「性格」概念に関するより詳細な検討が必要だろう。身体説と心理説の二分法を拒絶するその姿勢や、同一性と自己性を弁証法的関係に置くという発想を含め、リクールのアイデンティティ論全体が、人間のアイデンティティをめぐる議論のなかでいかなる意義を持ちうるのかということについては、そもそも独立した論考が必要となる。こうした考察を将来に行なうことを約束しつつ、いったん本章の議論を終えることにしたい。次章では、物語と善く生きることの結びつきを別の観点から掘り下げる。

第七章　フロネシス論——反省的判断力と物語的アイデンティティ

序　フロネシス論としての反省的判断力論——美的判断の再倫理化

第六章では、リクールの「統合形象化」概念を分析したうえで、統合形象化による人生の物語的理解が、人間が善く生きることにとってどのような役割を果たしうるのかを検討した。物語的アイデンティティ論を読み解くなかでまず確認されたのは、リクールが人間の善き生を「正しい諸制度のもとにあり、他者とともに他者のためにあるもの」としてとらえていること、また自律した対等な他者とのやりとりのなかで、個人の生は当初の構想とは異なる方向へと進んでいかざるをえないということである。これらの事実をふまえたとき、過去の生を物語ることは自他の行為の意味や理由を正しく把握し、物語の共有を通じて未来の共生を準備するという機能を担っていることが明らかとなる。

以上のような理解を獲得するさい、手がかりを与えてくれたのは「行為」と「複数性」をめぐるハンナ・アーレントの考察である。議論の途中でも触れたが（第六章注10）、リクールは『時間と物語』の執筆と同時期に、

『人間の条件』のフランス語新版に序文を寄せており、アーレントの著作の読解が『時間と物語』や『他者のような自己自身』の議論に有相無相の影響を及ぼしていることは想像に難くない。そしてその影響が顕著に現れているのが、物語的アイデンティティ論である。切り口の相違はあるものの（リクールは自己理解に焦点を合わせている）、人間観や物語と「自己性」との相関に関して両者のあいだには理解の一致が認められる。リクールはアーレントの継承者であると言ってよいだろう。しかし、リクールの物語的アイデンティティ論はアーレントの議論のたんなる再生産というわけではない。リクールはみずからの思索によって議論を新たな方向へと展開させており、前章で我々は、同一性 *idem* と自己性 *ipse* の弁証法をめぐる一連の考察に、リクールの物語的アイデンティティ論の独自性を認めた。本章でも引き続き『他者のような自己自身』の読解を行ない、リクールによる物語的アイデンティティ論の展開を追いかけていく。

本章が注目するのは、物語的アイデンティティ論を独自の仕方で展開させることにより、リクールが同時にアーレントの別の議論を継承し、発展させていることである。言い換えるなら、アーレント哲学においては別々に論じられていた二つの主題が、リクール哲学のなかでは合流する。この別の議論とは、フロネシス論（反省的判断力論）である。もともとアーレントは〈フロネシス論としての反省的判断力論〉というかたちでフロネシス論の歴史に新たな頁を書き加えていると言えるが、リクールはこれをさらに物語的アイデンティティ論というかたちで展開させた（そのさいリクールは物語的アイデンティティ論を前の章とは別の仕方でさらに展開させている）。考察を開始するのに先立って、この文脈を概観しておくのがよいだろう。

H・G・ガーダマーは『真理と方法』（一九六〇年）のなかで、カントの「共通感覚」理解や「趣味」理解が伝統的な理解からは逸脱したものであることを指摘している。本来これらの概念が属するのは、アリストテレスのフロネシス論にはじまり、ストア派やヴィーコを経てベルクソンの良識論へといたる思索の系譜（人文主義的伝統）である。そこでは道徳や政治を論じるさい、それらの働きが引き合いに出されるのがならわしであった。しかしカント美学の中心概念として議論に登場するとき、「共通感覚」や「趣味」はそれがもともと有していた倫理的性格を喪失することになる。批判哲学によって中断された人文主義的伝統を再開することが、当該の著作におけるガーダマーの基本的関心にほかならない。

カントの美的判断力論を政治の場へと差し戻し、人文主義的伝統の重要性を強調している点で、アーレントの政治哲学はガーダマーの企図に呼応するものである。カント以後のフロネシス論の現代的展開として、その思索は広く関心を集めている。他方、ガーダマーと同じ解釈学者として紹介されることもあるリクールが、カントの美的判断力論を再倫理化するような考察を提示していることはあまり知られていない。だがその考察はアーレントのフロネシス論を補完する内容を有しており、哲学史の陰に留めておくべきようなものではない。

アーレントが「公的領域」と「私的領域」を区別し、「公共性」を重視していることはよく知られている。これに相関して彼女の思索は統治者の俯瞰的な視点から繰り広げられており、そこでは一人称的視点から〈私はいかに生きるべきか〉という問いが主題化されることはない。その政治哲学は人間の私的領域を捨象し、「市民」(共同統治者)へと抽象化された個人の善き生のみを論じている。すなわち公的領域の存続や発展に貢献し、仲間から卓越性を承認されることが市民としての善き生であると言われる。(1) これに対し、リクールの考察は、「私的領域」と「公的領域」を横断する個人の生と美的な判断との関わりについて触れている。リクールはアーレントとは異なる仕方で反省的判断力の道徳的意義を浮かび上がらせていると言えるだろう。そしてリクールは、そうした議論を物語的アイデンティティ論というかたちで我々に提示しているのである。

アーレントの政治的判断力論の紹介からはじめ、つづいてリクールの議論をとりあげることにしよう。ただし、圧縮されたリクールの記述を解凍し、その潜勢力を解放するための準備作業として、我々は途中でアラスデア・マッキンタイアの自己物語説を経由することになる。マッキンタイアもまた、現代における代表的な物語的アイデンティティ論者の一人である。

1 アーレントの政治的判断力論――共通感覚と反省的判断力

(1) 行為者モデルの判断力論、あるいは常識としての共通感覚

カントは共通感覚について、それは「みずからの判断を他の人々の現実的な判断というよりも、むしろたんに可能的な諸判断と照らし合わせ、また我々自身の判定に偶然に付随する諸々の制約を捨象することにより、他のあらゆる人々の立場に我が身を置き換えてみる」[174: V 294 一八〇] 能力であると言っている。この能力により〈主観的でありながら同時に普遍的でもありうる判断〉の領域が切り開かれることになるが、カントに先行するイギリスの道徳哲学、たとえばアダム・スミスの『道徳感情論』において〈他人の立場に立つこと〉を通じてその妥当性が裏付けられる判断には道徳的な判断が含まれていた(2)。しかし、カントにとってそのような判断は美的判断に固有のものである。カントは道徳の領域から美の領域へと共通感覚の本領を移行させ、共通感覚が不在となった道徳の領域に実践理性を配置する。カントにとって道徳的な善とは「理性的存在者としてのあらゆる理性的存在者のすべてに妥当する根拠に基づいて意志を規定する」[IV 413 35 一〇五] ものにほかならず、人間が何をなすべきかは、それが理性的存在者であることによって既に定められている。

アーレントの政治哲学は、カントの共通感覚論をふたたび道徳の場に差し戻す。アーレントにとって、共通感覚とは「主観的で私的な諸条件から解き放たれた」「拡張された考え方」をもち、他者との「潜在的な合意」に達することを可能にする政治的な能力である(3) [CIC 217 二九七]。たとえば彼女は次のように言う。

判断力が、まさにカントが示しているような意味において際立って政治的な能力であるということ、すなわち、判断力は物事を自分自身の視点からだけではなく、そこに偶然居合わせている全ての人間の視点から見る能力であり、さらには、公的領域や共通世界のなかで人間がうまくやっていくことを可能にしてくれると

いう意味で、政治的存在たる人間の根幹にかかわる能力の一つであるとさえ言いうること――こういったことは古くから、つまり政治の経験が特有の経験として切り出されたときから存在する直観です。古代ギリシア人たちはこの能力を〈思慮 φρόνησις〉あるいは洞察力 insight と呼び、哲学者の知恵 wisdom からは区別した上で、それを政治家の枢要な徳 virtue あるいは卓越性 excellence とみなしました。判断する洞察力と観照的な思考 speculative thought の違いは、前者がふだん我々が共通感覚〔＝常識 common sense〕と呼んでいるものに根ざしているのに対し、後者はそれをたびたび超越するという点に求められます。［CIC 217-8 二九八］

『ニコマコス倫理学』で、アリストテレスは「知恵」を「学問的知識」と結びつけ、「思慮（フロネシス）」を「政治」や「家政」と結びつけている（第六巻第七―八章）。この対比に言及することでアーレントが言わんとしているのは、共通感覚に基づく合意は普遍的な真理や必然的な真理からは区別されるべきものであり、共同体のありよう――その歴史やその構成員――が異なれば、形成される合意の内容も変わってくるということだろう。そして統治はそのような可変的あるいは不安定な合意にこそ基づくべきである。プラトンのごとく客観的な真理を僭称し、トップダウン式に共同体の成員を統制しようとすることは政治の否定にほかならない(4)。それぞれの市民が共同の統治者として公共の事柄に積極的に関与するというのが政治のあるべき姿であり、〈思慮＝共通感覚〉とはあらゆる市民が行使すべき能力である。アリストテレスは『政治学』において、思慮を支配する者に固有の徳としつつ、「善き市民は、支配されることと支配することの両方の知識をもち、かつ能力があるのでなければならない」と述べている［第三巻第四章 1277b15］。

対等な市民たちのあいだでのボトムアップ式の合意形成を重視する統治観は、善き生に関するアーレントの理解と無関係ではないだろう。彼女は、自分とは異なるさまざまな他者と共に生きていることを人間の生に固有の条件とみなし、これを「複数性 plurality」と呼ぶ。「複数性」を受け入れることは他者の個性と自発性を承認すること――また翻ってみずからの自由が制約されるのを認めること――を意味しているが、諸個人が相互の自由を承認することにより、自由な領域としての公的領域が確保されることになる。そして公的領域のなかで、その維持や発展に寄与することにより、人は他者からその卓越性を承認される。ときにそのはたらきは公的領域において語り継がれ、顕彰されることになるだろう。それは人間が生物としての有限な生命を超えて生き続けることに等しい。そうした生に価値を見出すことと、市民たちの水平で対等な関係を重視することは連動している[5]。アーレントは公的領域を「競技場」とみなしつつ、「つねに卓越性は他者の臨席を必要とし」、「あらゆる活動は公衆の面前で行なわれてこそ卓越性を獲得することができる」［HC 49 七三］と述べている。承認は対等な他者のそれであってこそ意味を持つはずである。

とはいえ、その政治哲学は一つの難問を抱え込んでいる。個人同士の対等な関係、また諸個人の個性や自発性を尊重することと、共同体としての統一性や調和を保持することをいかにして両立させるのかという問題である。複数性の追求が紛争や衝突に、統一性の追求が抑圧につながらないようにするにはどうすればよいのか。共通感覚という概念には、このような問題を解決可能にする調整原理が織り込まれている。共通感覚とは、他者の立場に立つことを通じて対立や衝突を乗り越え、市民間の合意を実現することを可能にする能力であったが、この能力が機能しているおかげで、現実に共同体は一定の調和を保つことができ、市民たちの諸活動は円滑に遂行されている。共通感覚は「常識」として他者を一般化し、他者の立場に立つことを容易にしていると言えるだろう。

（2）観察者モデルの判断力論、あるいは反省的判断力としての共通感覚

衝突を回避する能力としてであれ、合意を先取りする能力としてであれ、上記の政治的判断力論が焦点を合わせているのは活動する人間のうちではたらいている共通感覚である。だからそれを行為者モデルの判断力論と呼ぶことにしよう。わざわざこのような名称を導入するのは、アーレント哲学にはこれとは別の判断力論、すなわち観察者モデルの判断力論が存在しているからである。アーレントは『人間の条件』で「活動的生」を論じ、最晩年の『精神の生活』では「観照的生」を論じている。行為者モデルの判断力論は「活動的生」における判断

を、観察者モデルの判断力論は「観照的生」における判断を論じていると考えてよい[6]。アーレントは後者において、共同体の活動に参加しない人間の判断が、その非実践的な性格のゆえに担いうる機能を論じている。観察者による判断の典型は、歴史的出来事の意味を回顧的な視点から理解する場合の判断である。出来事の渦中にいる行為者にはその意味が理解できないのに対し、結末を知る観察者は、行為の意味を結末との関係において理解することができる[7]。このような対比をふまえ、いま注目すべきは、共同体内部での実践的機能を欠いた判断力への関心が強まるなかで、カントの美的判断力論に登場する概念のなかでも「反省的判断力」に注意が向けられるようになっていることである。次の引用を見てみよう。

ほかの誰もが行ない、信じていることに、あらゆる人が考えもなく流されているとき、思考する人はもはや隠れていることができなくなります。参加することに対する彼らの拒絶は異彩を放ちますから、拒絶それ自体が一つの行為となるわけです。思考、すなわちソクラテス的産婆術に内在する浄化の作用は、吟味されていない意見に暗黙のうちに含みこまれているものを暴露し、それら——価値や、教義や理論、さらには信念——を破壊します。ただし、この作用は政治ともつながっています。というのも、思考による破壊は、結果として判断力というもう一つの人間的な能力の解放に結びつくからです。いくつかの理由から、判断力を人間の心的な諸力のなかでも最も政治的な能力と呼ぶことができるでしょう。判断力とは、特殊なものどもを一般的な諸規則に包摂することなしに判断する能力です。ここに言う一般的諸規則とは、教育によって習得され、習慣となっているようなもの、そして他の習慣や規則に取って代わられることもありうるようなものです。[TM 187 三四二]

理性的な「思考」と連動しうると言われている点で、この判断力は前項で言及した判断力とは異なっている。ただし、理性と判断力（思慮）との連動は、判断力（思慮）と対照される理性の働きが、アリストテレス的な「知恵」からソクラテス的な懐疑の「思考」へと変更されたことと切り離して考えることができない。常識を意図的に攻撃するという点で、懐疑的思考は観照的思考に比して判断力（思慮）との関係が直接的である。では懐疑的思考による「破壊」に続いて判断力が新たな判断を下すというとき、そのはたらき方はどうなっているだろうか。さきの文脈では、多様な個人の調和的統一を可能にする原理として共通感覚が言及されていて、衝突が事前に回避されている場面においてそれは「常識」と訳すことができた。しかしここでは常識が通用しない。次のように言ってもよいだろう。行為者モデルにおいて、その立場に我が身を置き換えてみるべき他者は、同じ共同体に属する他者に限定されていた。しかし現在のケースでは、常識は懐疑的思考によって機能停止に追い込まれており、個人は常識が共有されていないなかで他者とのコンセンサスを形成し、共生していくことが求められている。ソクラテスがそうであるように、この他者というのは、合意を拒否することもありうる、共同体の周縁あるいはその外部に存在する他者にほかならない。だが、もしそのような他者とのあいだで合意を積み上げていくことができるなら、その過程で新たな〈共通感覚＝常識〉が醸成されることになるだろう。それゆえいま言挙げされている判断力というのは（懐疑的思考とともに）既存の〈共通感覚＝常識〉から新たな〈共通感覚＝常識〉への移行を可能にするような根源的な能力、言い換えれば共同体と共同体のあいだ、実践と実践のあいだではたらく判断力である。もともと共通感覚が他人の立場に立つことを通じて対立や衝突を乗り越える能力であったことをふまえるなら、我々としてはこの能力を依然として共通感覚と呼び続けることもできる。ただし引用の「判断力とは、特殊なものどもを一般的な諸規則に包摂することなしに判断する能力です」という記述から、アーレントが新たにこの能力を「反省的判断力」と呼ぼうとしていることが窺える。カントによれば「特殊なものだけが与えられており、特殊なもののために普遍的なものが見出されなければならないとすれば、判断力はもっぱら反省的である」［19: V 179 二六］。さらにアーレントは次のようにも論じている。

いずれ確実な足場を見出すことができるだろうという期待を抱きつつ、私たちがこのきわめて滑りやすい道徳の地に足を踏み入れることができるとすれば、それは次のように想定するときだけでしょう。すなわち、情動や自己利益に左右されることなく理性的に判断を下すことを可能にする能力、そしてそのときそれ自身は自発的に働いている能力、言い換えるなら、特殊な事例をたんに包摂するだけの基準や規則によって制約されることなく、判断するという活動を通じてみずからの判断原理を産出するような能力を、人間が持ち合わせていると想定するときです。〔PRU 27 四六〕

この一節は明らかに『判断力批判』序論における反省的判断力の説明をなぞったものである。なぜアーレントが「反省的判断力」というタームを導入しないのか一抹の謎は残るものの、ここで述べられているような議論を、反省的判断力モデルの政治的判断力論と呼ぶことに問題はないだろう。(8) そこで判断力は、懐疑的理性の働きに触発されることにより、先入見や習慣の自明性や束縛を打ち破って、行為や世界についての新たな理解を生み出す能力としてとらえられている。

新たな判断力論の登場には、ナチス・ドイツのユダヤ人虐殺に関する哲学的分析を行ったことが深く関わっているものと推測される。アーレントはこの問題をめぐる一連の論考のなかで、「悲しいことに、自分では善をなすか悪をなすかを決めることのできない人間が、最大の悪をなす」〔TM 180 三二八〕と述べ、「あらゆる慣習的な基準の機能停止を引き起こすような前例のない出来事」〔PR 26 四六〕が生起したのにもかかわらず、ドイツ人が「伝統的な概念と基準を適用し続け」、「良心を自動的にはたらかせた」〔PRU 44 七二〕ために、虐殺を止めることができなかったと指摘している。このような分析をふまえるなら、準拠すべき法を欠いた法外な状態でなお正しい判断を下すことを可能にする能力として、反省的判断力が要請されていることがわかる。晩年のアーレントは、〈共通感覚＝常識〉による安定性が、ときに硬直性や排他性に結びつく可能性のあることに気がついた。とはいえ、反省的判断力モデルの政治的判断力論は、〈共通感覚＝常識〉モデルの政治的判断力論の意義を否定するものではないだろう。それなしに平時における共同体の諸活動のなめらかな進行はありえないからである。しかも常識としての共通感覚を論じるさい、アーレントが対等な市民たちのあいだでのボトムアップ式の合意形成を重視していたことを看過すべきではない。そこでも根本においては「特殊なもののために普遍的なものを見出す」ことが課題とされていたのである。

（3）私的領域と思慮

これまで二種類の判断力論を紹介してきたが、両者には明白な共通点もある。それは判断力が〈善き市民〉が備えるべき政治的能力であり、公共性や統治にかかわる能力としてとらえられていることである。裏を返せば、アーレントには私的領域と判断力を結びつけるような議論は存在していない。アーレントによれば、私的領域とは個人の生存や再生産という生命に由来する必然性に支配された領域であり、そこに人間としての自由は存在していない。それゆえ、家庭内の衝突や恋愛をめぐる悲哀といった卑俗な事柄は、彼女の思索のなかではどうしても周縁的な位置に追いやられてしまう。たとえば〈私的な生における反省的判断力の働き〉といった着想は、彼女には思いつきようもないものだっただろう。

しかし、我々が個人として善く生きることをめざすとき、その実現は〈善き市民〉であることだけではなく、〈善き親〉であることや〈善き伴侶〉であることと切り離すことができないのではないか。たしかにアリストテレスは思慮を政治家に固有の徳とし、公的領域の重要性や優先性を説いている（『政治学』第一巻第二章）が、「家政」にも思慮が関わることを指摘していたはずである。「思慮」は私的領域においても必要とされるし、なにより公的領域にも私的領域にも属する〈私〉がみずからの善き生を構想するうえで欠くべからざる能力と言えるのではないか。リクールの「物語的アイデンティティ」論は、そのような場面ではたらいている「思慮」を「反省的判断力」と結びつけて論じようとしている点で注目に値する。ただしリクールは、アラスデア・マッキンタイアの「自己物語説」に対するコメントのなかで、みずからの見解を断片的に開示するにとどまっているから、我々はマッキンタイアの「自己物語説」を経由しなければならない。

2 マッキンタイアの自己物語説——物語的探求とは何か

マッキンタイアは、人間は本質的に「物語を語る動物 story-telling animal」［AV 216 二六四］であるとして、「自己を物語としてみる見地 the narrative view of the self」［AV 221 二七一］（以下、「自己物語説」と表記する）を採用する。そして「共同体」、「徳」、「卓越性」、「善き生」などの概念に「物語」という概念を撚りあわせていくことにより、反個人主義としての自身の倫理学の強度を高めようとしている。

「私は、望みさえすればいつでも私の実存にたまたま付随する社会的特性とみなされているものを疑問に付すことができ」、「自己はその社会的・歴史的役割や身分から分離可能である」［AV 220 二七〇］とみなす「個人主義」に対し、マッキンタイアは懐疑の眼差しを向ける。そこでは「私とは、私が自分自身で選ぶもの」と理解され、選択する自己は「いっさいの歴史をもたないとしても済まされる」［AV 221 二七一］。これに対し、マッキンタイアは「私の人生の物語はつねに諸共同体の物語のなかに埋め込まれていて embedded、私はみずからのアイデンティティをまさにそこから引き出してくる」［AV 221 二七一］と主張する。このように言われるとき、「諸共同体の物語」という語は、「歴史」という語と意味を共有しつつ、人間活動の歴史的被制約性を強調するものとなっている。すなわち個人は、自分が生まれる以前から存続している共同体の制度や実践に参加することなしに善き生を構想することができず、過去から未来にわたる共同体の物語の数多くの登場人物のなかの一人として、他者と関わることなしに善く生きることができない。それゆえ他方で「私の人生の物語」という語には、〈私の生き方〉や〈私の未来の生〉というニュアンスもこめられている。物語とは、既存の部分に依拠しつつ、ある限定された方向へと向かっていくものであるという理解がそこには含まれており、同様のことは「諸共同体の物語」にもあてはまる。これまでの共同体の活動は特定の目的（共通善）の実現に向けて行なわれてきたし、今後もそうである。個人は共同体の歴史に参加することを通じてこの目的（共通善）をみずからのものとし、今後のみずからの生を方向づけていく。過去と未来の連続性、あるいは歴史の潜在的な目的論的性格を言い表すためにマッキンタイアは物語という語を選択しており、共同体の物語への参与（共通善の己有化）と個人の善き生の構想との結びつきを強調する点に、自己物語説の基本的な姿勢を認めることができる。こうした見方は「我々が生きている限りにおいて関与している現実の物語〔＝共同体の物語〕は、眼に見えるか見えないかにかかわらず、作者を持っていない」［HC 186 三〇二］としつつ、「行為とは自分で作ったのではない織物〔＝共同体の物語〕に自分自身の糸を縫いつけることである」［VA 226 二三二］と述べるアーレントの実存論と共鳴している。

ところで、マッキンタイアは著作のさらなるキーワードとして「物語的探求 narrative quest」［AV 219 二六八］という概念を導入している。ここに看取されるのは、善き生は個人の能動的な探求なしでは実現できないという考え方だろう。それはいかなる探求なのだろうか。この点を明らかにするべく、順を追って読解の作業を進めていくことにしたい。

（1）行為の理解可能性と物語

自己物語説の出発点となるのは、特定の文脈に定位されてはじめて人間の行為は「理解可能 intelligible」になるという事実である。この文脈のことをマッキンタイアは物語あるいは歴史と呼ぶ。

> ある人がしていることを首尾よく同定し理解しているとき、我々はきまって次のような手続きをふんでいる。それは特定のエピソードを、一組の物語的な歴史からなる文脈のうちに定位する作業であり、ここでいう歴史というのは、関係している諸個人の歴史と、諸個人の活動と受動の場である舞台 settings の歴史の両方をふくんでいる。
>
> ［AV 211 二五九］

人間の行為が定位される文脈として、個人の歴史と舞台の歴史という二種類の歴史が取り上げられている。個人の歴史に定位することを通じて行為を理解するというのは、どうしてある人が特定の行為をしたのかを、当人の「意図」に基づいて説明することを指している。言い換えるなら、我々はある人の行為を、その人に独自の目的－手段連関へと包摂することを通じて意味づける。ただし、ある意図は他のさまざまな意図とも連関しているから、行為を単一の目的のもとに包摂しさえすればその意味が十分に理解されたことになるわけではない。ある目的を達成することは、別の目的を達成するための手段かもしれないし、同じ一つの行為が異なる二つの目的を実現する手段になっている場合もある。さらに、ほとんどの場合、ある人の意図は別の人の意図と連動している（ゆえに引用では「諸個人」という言い方がされているのだろう）。したがって、ある行為を理解するには、関係する諸々の意図を目的論的に構造化し、そのなかに行為を定位する必要がある。[9]

たとえば、ある大雪の日、一人の男性が人気のない道を急いで歩いているとしよう。この男性の歴史を知らなければ、我々は男性の行為を「歩いている」とか「移動している」などと理解するしかない。だが次のように語られるとき、我々はなぜ男性が大雪の中を歩いているのかを理解し、その行為を重層的に意味づけることができるようになる。[10] また男性の将来についても一定の展望を抱くことができるようになるだろう。

十二月二十四日、前夜からの大雪で公共交通機関が麻痺するなか、俊一は十キロ先の市役所に向かってひたすら歩き続けている。仕事終わりの昭子と待ち合わせをして、婚姻届を提出するためだ。

つまり、俊一は恋人と待ち合わせをして、入籍するために歩いているのであり、俊一の〈移動〉は〈待ち合わせ〉や〈入籍〉という共同行為を達成するための手段として理解されるようになる。さらに我々は、俊一と昭子が愛し合っており、今後それぞれが共同生活を維持するためにさまざまな配慮を続けるであろうことを予測する。ただし、俊一が過去に離婚をし、別居している子供がいることを知れば、俊一の〈移動〉は自身の〈再婚〉のためなのだと理解することになるし、俊一がすでに他の女性と入籍していることを知っていれば、その〈移動〉は

〈重婚〉という犯罪行為の一環として理解されることになる。いずれの場合でも、未来についての期待は複雑化するだろう。行為の理解は、個人の歴史の理解の変化とともに変化する。このとき、さらに注目すべきは、もし俊一の目的がコンビニの鮭おにぎりを買いに行くことであるとすれば、我々はなぜ俊一がわざわざ大雪の中を歩いているのか理解することができなくなるということである。そのコンビニに鮭おにぎりだけが存在していなかったとして、そのことによって俊一がコンビニに行くのをやめるとは考えにくいのであり、それゆえ我々はその行為を理解するために、俊一の家の近くには商店が存在しないのかもしれない、希少なおまけ付きのおにぎりなのかもしれないなどと推測を働かせることになる。他方、その日がクリスマスイブではなかったとしたら、また結婚が市役所への婚姻届の提出を必要としなかったなら、そして結婚という制度が存在せず、結婚が人生の重要な出来事ではなかったとしたなら、俊一が大雪のなかを歩くことはなかっただろう。こうした制度的要因や文化的要因〈背景要因〉は、そもそも俊一が〈入籍する〉という意図を持つことを可能にするものでありつつ、まさにそのときに〈移動〉という行為がなされなければならなかった理由を説明してくれる。どうしてある行為がなされたのかを理解しようとするさい、我々は必ずこうした背景要因に言及することになるだろう。マッキンタイアが「舞台」と呼ぶのは、こうした背景要因のことにほかならない。

ただし、先の引用では「舞台の歴史」と言われていた。以下の引用でも、マッキンタイアは舞台が歴史を持つことを強調している。

私はここで「舞台」という語をかなり包括的な用語として使っている。社会的舞台とは、制度であったり、さきに私が実践 practice と呼んだものであったり、何か他の人間的な環境であったりする。だが、私が理解しようとしている「舞台」という概念にとって中核的であるのは、それが歴史を持つということである。この歴史の内部に個々の行為者の歴史は位置づけられるが、それはそのように位置づけられる必要があるということでもある。なぜなら、個々の行為者の歴史と変遷は、舞台とその変遷について何も知らなければ、理

解することができなくなってしまうからである。［AV 206-7 二五三］

では舞台が歴史を持つとは具体的にどのようなことであり、なぜマッキンタイアはそのことを強調するのだろうか。行為を個人の歴史に定位することが意味するのは、その行為の意図や目的を理解することだった。我々は行為を理解しようとするとき、ある人がこれまでどのような生き方をしてきたのか、またこれからどのような生き方をしようとしているのかを把握し、行為をそのあいだに位置づける。だとすれば、行為を舞台の歴史に定位することは、制度や実践の目的、またそれらがこれまでどのように営まれてきて、今後どのように営まれようとしているのかを把握し、そこに個人の目的を関係づけることを意味しているように思われる。続く部分では、引用で言及されている「実践」に関する論述を取り上げ、そのことの具体的な意味を明らかにすることを試みる。

（2）実践――内的善と徳

マッキンタイアによれば「実践の範囲は広く、諸芸術、諸科学、諸競技、アリストテレス的な意味での政治、家庭生活の創始や維持など、あらゆるものがこの概念に包摂される」［AV 188 二三一］。他方、実践の内包についてマッキンタイアは次のように述べている。

私が「実践」という語で言い表そうとしているのは、統一的で複合的な形態の社会的に確立された人間の共同活動であるが、そこでは〔諸個人が〕その活動形態に固有で、その活動形態を部分的に規定してもいるような卓越性の基準を満たそうとつとめるなか、活動形態に内的な諸々の善が実現される。そしてその結果、卓越性を勝ち取る人間の能力、また活動に関連する諸目的や諸善についての人間の理解が体系的に拡張されることになる。［AV 187 二三〇］

定義的な説明であるだけに論述が込み入っているが、まず押さえるべきは、各実践にはそれにとっての「内的な善 internal good」が存在していることである。実践に内的な善は、さまざまな実践を通じて到達することが可能な外的な善（金銭や健康など）とは異なり、特定の実践を通じてのみ実現が可能な善である。たとえば大学教育という実践や、医療という実践においては、善い大学教育であることや善い医療であることが目指されている。これを実践者（以下、マッキンタイアが実践一般を「競技場 arena」になぞらえていることをふまえ、実践者のことをプレイヤーと呼ぶ）の視点から見るなら、チェスをプレイするという実践や、肖像画を描くという実践においてて実践者が目指しているのは、善いチェスプレイヤーや善い肖像画家になることである。このとき、善いプレイヤーが備えているべき特性、言い換えればプレイヤーを卓越したプレイヤーたらしめている特性のことを、マッキンタイアは「徳」と呼ぶ。「徳とは、獲得された人間の性質であり、その所有と行使によって、我々は実践に内的な諸善に到達することができるようになる」［AV 191 二三四］。

以上のような形式的説明を前にしたとき、ただちに問題となるのは、各実践における「善さ」の内実や、善いプレイヤーが備えているべき「徳」の内実であろう。マッキンタイアは、すでにそれが実践であるという事実、すなわち実践は他者との共同活動であり、他者との競合としての性格を有しているという事実から、あらゆるプレイヤーが備えているべき「徳」が導出されうることを指摘している。それは正義、勇気、正直といった徳である［AV 191 二三五］。だが、それらを具備するだけで卓越したプレイヤーになれるわけではなく、各実践には卓越性を規定する固有の基準が存在していて、プレイヤーはその基準に服従することなしに善いプレイヤーになることができない。このとき注目すべきは、実践に固有の基準は実践の歴史のなかで培われたものであるということである。マッキンタイアは次のように言っている。

実践には諸善の実現だけではなく、卓越性の基準とルールへの服従とが含まれている。実践に参入するとは、そういった基準の権威を受け入れることであり、それに依拠してみずからのふるまいの不十分さ inadequacy

を認めることである。それは自分自身の態度、選択、好み、趣味を、実践〔の実態〕を〔全面的ではないにせよ〕部分的に規定している現行の基準に服従させることである。すでに指摘したように、もちろん実践には歴史がある。諸競技、諸科学、諸芸術はみな歴史を持っている。この意味で諸々の基準は批判を免れているわけではない。だがそれでも、これまでに具現化された最善の基準が持つ権威を受け入れることがなければ、我々が実践への入門を許されることはありえないのである。

[AV 190 二三三]

各実践には固有の規範や卓越性の基準が存在している。それらに従って各プレイヤーが活動することにより、特定の実践はまさにそのような実践として維持されてきた。また先達たちはそれらに依拠して卓越を勝ち取ってきたのであり、そのことを通じて実践全体の発展や活性化に貢献してきた。現実にそこで運用されている規範や基準に従うことなしには、そもそも実践に参入することはできないのであって(自分勝手にラグビーをプレイできないのと同じことである)、新入りにとって重要なことは、これまでに実践のなかで共有されてきた規範や基準を把握して正統的プレイヤーになることである。ただし、それらはどこかに明記されているわけではない。善いプレイヤーになるためには、過去や同時代の卓越したプレイヤーを模範にしたり、評価的言説に注目したりすることを通じて、善いプレイヤーのありかたを自分自身で会得する必要がある。

ただしマッキンタイアも指摘しているように、規範や基準の先行性を強調することは、規範や基準が絶対的で、懐疑や批判を受け入れないということを意味しない。むしろ、善いプレイヤーになることが、善いプレイヤーとはどのようなプレイヤーであるかに関する探求と切り離すことができないのだとすれば、規範や基準はつねにその正統性を問い直されているということができるだろう。善いプレイヤーが集まっている実践はおのずと活発になると言えるが、そのとき、善いプレイヤーたちの解釈を通じて伝統それ自体が活性化しているのである。たとえば次のように言われる。

ある制度――たとえば大学、農場、病院など――が実践や諸実践の担い手であるとき、そこでの共同生活というのは、部分的ではあるとしても決定的に重要な仕方で「大学とは何であり、どのようにあるべきか」、「善い農場とは何か」、「善い医療とは何か」という問いをめぐるたえまない議論によって構成されることになるだろう。伝統はそれが生きた伝統であるとき、論争の継続を内含している。［AV 222 二七二］

だから実践に内的な善の理解は固定的ではなく批判に開かれているし、結果として規範や卓越性の基準は歴史のなかで変化している。「実践には不変的で固定的な目的ないし諸目的があるわけではなく――絵画にも物理学にもそのような目的はない――目的自体が活動の歴史によって変更されてきた」［AV 193 二三八］。固有の内的善の実現が目指されつつも、これまでにその具体的な理解は変化し、今後も変化していくという意味で「生きた伝統は未完成の物語を続けている」［AV 223 二七四］のである。それゆえ実践者には「みずからが帰属している、あるいはみずからが直面している伝統への適切な感覚」［AV 223 二七三］を保持することが求められる（マッキンタイアはこの感覚の保持を一つの徳としてとらえている）。実践の歴史に学びつつ、現行の規範や卓越性の基準を理解しているプレイヤー、そして善いプレイについての自分なりの解釈を獲得しているプレイヤーこそ、内的な善に関する理解の変化を行き渡らせることができるだろう。

以上の説明をふまえたとき、〈舞台の歴史に行為者の歴史を関係づける〉という記述の意味を十全に理解することができるようになる。それが意味するのは、行為者を特定の実践における内的な善の追求者として把握すること、言い換えれば、個人をある実践における一人のプレイヤーとして把握することである。このとき、行為を理解する人間が行為者と同じ実践に属しているならば、その理解には行為の善さに関する評価的次元が含まれることになるだろう。そしてその行為の善さに疑問を抱くとき、我々は行為者に〈なぜそのように行為したのか〉と問う。反対に他人から同様の問いかけを受けることもあるだろう。この場合、〈なぜ〉という問いかけが具体的に意味しているのは、〈なぜそのようなプレイをしたのか〉、〈なぜそのプレイを善いプレイと判断したのか〉

ということであり、問いを通じて規範や基準に関する行為者の理解の内実や程度を明らかにすることが企図されている。解答によっては行為者が未熟者あるいは余所者と判断されることもあるだろうし、ある解答が質問者に基準や規範に関する新たな理解を与えることもあるだろう。実践が共同活動であることに焦点を合わせるなら、生きた伝統は〈なぜ〉という問いのやりとりを通じて維持されると考えることができる。

（3）物語的探求——諸善の統合

前置きが長くなった。これまでの読解によれば、人間の行為を理解することは〈個人が参加している実践を把握し、個人を実践に内在する善を己有化したプレイヤーとみなして、行為を善の実現という観点から記述・評価すること〉を含んでいる。「自己物語説」とは、我々が自己自身のことをそうした観点から理解しているという考え方である。

マッキンタイアは「私の人生の物語はつねに諸共同体の物語のなかに埋め込まれている」と述べていた。プレイヤーの視点から見れば、「埋め込まれている」ということが意味するのは、人は自分が何のプレイヤーであるかを自由に選び取ることができるわけではなく、すでに何らかのプレイヤーになってしまっているということである。〈私〉は特定の実践に帰属するプレイヤーとして、その内的な善からの呼びかけを受けているのであり、善いプレイヤーになるという義務を負わされている。それは〈私は何をなすべきか〉という問いに対する答えはすでに部分的に与えられているということにほかならない。マッキンタイアは「〈私は何をなすべきか〉という問いに答えを出すことができるとすれば、それは〈どのような物語あるいは諸物語のなかで私は自分の役を見つけるのか〉という、先行する問いに答えを出すことができている場合に限られる」［AV 216 二六五］と論じている。自分がいかなる実践のプレイヤーであるのかを自覚し、どのような規範と卓越性の基準が当該の実践を構成しているのかを考えることにより、一人のプレイヤーとしての「私」のなすべきことはおのずと具体化されていく。

こうした解釈実践こそ、マッキンタイアが「物語的探求」と呼ぶものだろう。すなわち「物語的探求」とは、プレイヤーとしての役割や義務を理解して、善いプレイヤーになろうと努力すること、実践の歴史を理解しつつ、その「未完成の物語」に参与して実践を継承・発展させていくことである（ただし物語的探求はこれにとどまるものではない）。このとき「物語的」という形容詞が指し示しているのは、過去と未来の連続性という事態であり、「物語的探求」は〈物語を続ける〉という意味を持つ。実際マッキンタイアはキルケゴールの「美的生」と「倫理的生」の対比を取り上げて次のように述べている。

キルケゴールが『あれかこれか』において倫理的な生き方と美的な生き方を対比するとき、彼は美的な生き方について、そこでは人間の生はつながりを欠いた刹那的現在の連続へと解消され、人生のまとまり unity は視界から消えてしまうと述べている。他方、倫理的な生について、そこでは責務が生じたことや、借りを作ったことを告げる諸々のエピソードから未来に対する関与と責任が発生し、この未来への関与と責任によって現在は過去と未来に結びつけられ、人生が一つのまとまりとして構築されると言われている。キルケゴールが言及している統一性とは物語的統一性 narrative unity であり、それが徳ある人生のなかで中心的な位置を占めていることは前章で確認した。［AV 241-2 二九五］

他方、「探求」という名詞が示唆しているのは、物語の続け方は一通りでなくプレイヤー次第であるという事実だろう。実践の目的や善いプレイヤーをどのように理解し、どのようにして務めを果たすかは開かれており、個人は自分なりの仕方で自己の物語を繋いでいく。マッキンタイアは次のように述べている。

したがって我々が生きている物語というのは、予測不可能性と一定程度の目的論的性格の両方を有している。もし我々の個人的かつ社会的な生の物語が理解可能な仕方で続いていくとすれば――どちらのタイプの物語も理解不可能な状態に陥ることがありうるが――、そこでは必ず物語の可能な続き方に関する制約が存在している一方で、そうした制約のなかでも無限に多様な仕方で物語を続けていくことができるのでなければならない。
[AV 215-6 二六四]

自己物語が目的論的性格を持つとは、ある実践に帰属していることにより、〈善いプレイヤーになるべき〉というかたちで、すでに〈私は何をなすべきか〉という問いに答えが与えられているという事態を指している。他方、それが予測不可能性を有するとは、実践に固有の善に関する解釈や、善いプレイヤーについての解釈は各プレイヤーに委ねられており、個人の人生物語や実践の物語が具体的にどのような展開を示すかは、実践のルールや規範のみによっては決まらないことを意味している。この予測不可能性には、プレイは他のプレイヤーと共に行なわれ、かつプレイの内容は現実の具体的な状況のなかではじめて決められるということも関係しているだろう。プレイヤーはさまざまな状況のなかで善いプレイをしようとするが、何が善いプレイであるかは、そのときの状況や他者のプレイを離れては決めることができない。

個人の物語が予測不可能であらざるをえない理由を考えるうえで、もう一つ重要な点がある。それは、個人は一つの実践にのみ属しているわけではないという事実である。「私の人生の物語はつねに諸共同体の物語のなかに埋め込まれている」と言われていた。個人は同時に複数の物語の登場人物であり [AV 213 二六二]、実際にはさまざまな善からの呼びかけを受け、さまざまな義務を背負っている。そしてこのこともまた、個人の生を予測不可能なものにしている。役割の複数性については次のように言われている。

私は誰かの息子か娘であり、別の誰かのいとこかおじである。私はどこかの都市の市民であり、何かしらの団体あるいは職業グループの一員である。私は特定の一族、部族、民族に属している。したがって、私にとって善いことは、こうした役割を生きている人間にとっての善いことであるはずだ。そしてそのような「役割を生きる」者として、私は私の家族、私の都市、私の部族、私の民族からさまざまな負債と遺産、相応の期待と義務を受け継いでいるのである。これらは私の人生にとって所与のものであり、私の道徳の出発点となっている。私の人生に固有の道徳的性格は、〔全面的にではないにせよ〕部分的にはそれらに基づいていている。

［AV 220 二七〇］

このとき注目すべきは、諸々の善を同時に追求することがしばしば困難をともなうということである。すなわち「人は諸徳を行使して諸々の善を追求するが、人間の実践の多様性やそれに由来する善の多様性ゆえに衝突conflictが生じることになる。諸々の善は具体的な状況のなかでしばしば両立不可能となり、それゆえ我々の忠誠心に対して競合する要求を課してくることだろう。衝突はたんに個人の性格の欠点からのみ生じるものではない」［AV 196-7 二四二］。いわゆる板ばさみと呼ばれる状況であるが、そうした状況のなかで個人は諸善からの要求を調整し、それらにうまく対処していかなければならない［AV 202 二四七］。そのためには実践間の関係を考えつつ、諸実践の優先順序を決める必要がある。このとき、ある役割における成功や失敗は、その役割に対する評価だけではなく、他の役割の評価にも波及効果を及ぼさずにはいないはずである。場合によっては特定の役割そのものから降りるということも考えられる。こうした意味でも、個人の人生物語は否応なく予測不可能である。

では、様々な善がせめぎあい、様々な義務を背負った一人の人間の生において、その目的論的性格はどのようになるのだろうか。それはそうした性格を欠くことになるのだろうか。そのようなことはない。マッキンタイアによれば、どのように生きるかを思案するとき、〈私〉はその作業を一つの善の実現に向けて行なっている（諸々の善に対処する必要があると感じているとき、〈私〉はすでに一つの善の実現にコミットしている）。すなわち「人生全体の善さ、一つのまとまりとして把握された人生の善さ」［AV 203 二四八］の実現である。一つの全体としてとして把握される生は、諸々の役割に還元することのできない〈私〉の生である。諸善の統合を考えるとき、人は諸々の役割の担い手としての〈私〉を措定し、〈私〉はどのように生きればよいのかを考えている。逆に言えば、諸善の衝突を前に、その場しのぎで恣意的な対応をしている限り〈私〉は存在しないということになるだろう[11]。それゆえ〈私〉の善き生も、〈私〉はどうすれば善く生きることができるのかという問いを離れて成立しうるものではない。人生の善さは、生を諸部分からなる全体とみなし、その諸部分の統合を模索するさい、同時に熟慮の地平として立ち現れる。「〈人間にとっての善き生〉とは、〈人間にとっての善き生〉を求めて過ごされる生なのである」[AV 219 二六九]と言われるとき、マッキンタイアが考えているのはこうしたことだろう。

善の複数性や役割の複数性を考慮に入れることにより、「物語的探求」が重層化したことに注意しよう。もともと「物語的探求」は、実践の歴史を理解しつつ、その「未完成の物語」に参与して実践をプレイヤーなりに継承・発展させていくことを意味していた。それは同時に、個人の過去を未来へと結びつけ、人生に通時的な一貫性を与える営みであり、それによって生はバラバラの刹那的現在の連続であることをやめて〈私の人生〉となる。だが善の複数性に関する直前の分析が明らかにしたのは、人間はさまざまな役割を背負っており、もし人間が〈私の人生〉を生きようとするなら、特定の実践における物語的探求は、おのずと諸実践の配置や序列に関する探求へと向かわざるをえないということである。人生を構成する諸部分の調和的な統合に関する構想を欠くならば、〈私〉は相互に独立した諸々の役割へと分割されることになる。したがって「人間の生の統一性は物語的探求に由来する統一性である The unity of a human life is the unity of a narrative quest.」[AV 219 二六八]と言われるとき、この「物語的探求」は、過去と未来のあいだ、そして諸善のあいだで営まれると考えなければならない。

なおマッキンタイアは、徳を「男女がともに善を追い求める場としての家庭や政治共同体を維持していくために必要とされる徳」と「善そのものの特性についての哲学的探求を行なうために必要とされる徳」の二種類にわけている[AV 219 二六九]。前者は「実践を支え、我々が実践に内的な善を達成することを支えてくれるだけでなく、害悪や危険や誘惑や雑念を克服せしめることにより、我々が適切な仕方で善を追い求めることを支えてくれる性向」と言い換えられ、後者は「自己に関する知識や善に関する知識を、漸増的に与えてくれるような性向」と言い換えられている[12]。前者に相当するのは、「高潔 integrity」や「志操堅固 constancy」といった徳だろう。実際、マッキンタイアはそれらの名前を挙げている。対して後者に相当するのは、「思慮」や「知恵」といった徳であるように思われる。ところが第二の徳について、マッキンタイアはその名前を紹介していない。それゆえ、当然のことながら思慮（フロネシス）に焦点を合わせ、それを物語的探求に関係づけることも行なわれていない。次節で取り上げるリクールの物語的アイデンティティ論の重要な特徴は、マッキンタイアにおいては潜在的なものにとどまっている両者の関係に注目していることである。

3　リクールの物語的アイデンティティ論——物語的探求と反省的判断力

リクールが『他者のような自己自身』の第七研究「自己と倫理的目標」で提示している考察は、マッキンタイアの自己物語説に依拠した内容となっている。結論を先取りするなら、マッキンタイアの「物語的探求」をフロネシスに結びつけ、さらにそれらを物語を読むさいに働いている「反省的判断」に結びつけているところに、リクールに独自の物語的アイデンティティ論が成立する。

ただ、いささか厄介なことに（先立つ我々のマッキンタイア読解が正しいとすれば、であるが）、リクールのマッキンタイア読解は理解に不正確なところが見受けられる。もともと記述がかなり断片的であるので解釈が難しいところではあるが、リクールが「人生構想 plan de vie」というマッキンタイアの論述には存在しない概念を独自に導入していることをふまえてみても、誤解の可能性は高いように思われる。誤解の中核は、リクールがマッキンタイアにおける「人生の物語的統一」を過去の生の統合形象的理解としてのみとらえ、それを過去と未来の統一、また諸善のあいだの統一としてはとらえていないところにある。そしてリクールは、生き方をめぐる未来志向の構想を指し示すべく、新たに「人生構想」という概念を導入していると考えられるのだが、こうした分割のゆえに、リクールの読解では「人生の物語的統一」が人間の善き生とどのように関わるのか、その理路を十分に明らかにすることができていない[13]。

こうした齟齬が認められるとはいえ、「人生の物語的統一性」と「人生構想」に関するリクールの考察が、マッキンタイアの自己物語説と共鳴し、相互補完的な関係に立つものであることは問題なく主張することができる。以下では「人生構想」に関するリクールの論述を取り上げ、それがマッキンタイアの「物語的探求」をめぐる議論をどのように深化させているのかを検討することにしたい。

（1）人生構想とフロネシス

リクールが議論に導入する「人生構想」は、前節で紹介した「物語的探求」のなかでも、実質的には諸善の調和的な統合をめぐる探求に対応する概念である。リクールは「部分的な行為を人生構想というより大規模なまとまりへと統合することにより、同時に〈実践に内在する善〉という概念も拡張されることになる」［SA 208 二二八］と述べているが、この一節が言わんとしているのは、人生構想の次元において〈私の善き生〉という個々の実践を超えた包括的な善が導入されるということだろう。リクールはさらに次のように論じている。

むしろ、全体としての人という観点からその「善き生」と見なされているものについて、そこに見出される漠然とした理想を、〈フロネシス〉という概念をもちいて特定することが問題となるのであり、我々はフロネシスについて、それは目的‐手段モデルを逃れ出るものであることを先に示した。我々が人生構想と呼ぶ諸行為の統合形象化は、遠くの理想――いまその何であるかを特定しようとしている――と、実践の水準において特定の人生構想を選択することに付随するメリット・デメリットを考量することとのあいだの往復運動から生じてくる。ガーダマーはまさにこのようにアリストテレスのフロネシスを解釈している。

［SA 208 二二八］

まず引用で言われているのは、善き生をめぐるフロネシスは、特定の目的を実現するための工程を設計する思考の働きとは異なっているということである。言い換えるなら、善き生とは、そこからの逆算によって諸々の善が序列化され、配置されるような究極的かつ実質的な目標ではない。それは生を諸実践からなる全体としてとらえ、諸部分のあるべき関係を模索するときに熟慮の地平（「遠くの理想」）として出現するものである。それがどのような関係であるかは、各人がそれぞれの仕方で埋め込まれている諸実践を離れて決定することはできず、選び取られた全体に関する特定の構想が〈正解〉である保証はどこにもない（ボトムアップ式の合意形成において、合意の内容がつねに開かれているのと同様である）。別の構想もまた可能であり、いずれが善き生に関する正しい構想であるかを決定する基準は存在していないのである。だから引用のなかで、リクールはフロネシスが関与する理想を特定すると言っているが、本来それは〈特定不可能なもの〉として特定するよりなく、実際リクールはそれを「地平」、「限界理念」、「漠然とした理想」、「成就の夢」と言い換えるにとどまっている［SA 210 二三〇］。フロネシスとは、定まった正解が存在しないなか、可能な構想の多様性を念頭に置きつつ、最善の全体（諸部分の配置）を選び取ろうとする思考の働きなのである。なお、引用では「メリット・デメリット」という言い方がされているが、ある生き方を選択することに伴う「メリット・デメリット」は、特定の実践（善）を優先するがゆえの人生の可能事と不可能事という意味に等しく、諸構想を比較考量するというとき、そこでは諸構想を点数化して最高点の構想を選択するといった作業が想定されているわけではない。なるほど各実践の優先度が確定しているのなら、重みづけを介した点数評価も可能になると言えるだろうが、まさに問題となっているのはどの実践（善）を優先すればよいのかということなのである。それゆえ、各人はみずからの生き方の問題として、数多ある実践のなかからまずは特定の実践（善）に賭けるよりない。

以上をふまえて目を向けるべきは、リクールがこうしたフロネシスの働きを「統合形象化」の作業に結びつけていることである。リクールは『時間と物語』のなかで、物語を制作することを「統合形象化」と呼んでいる。リクールがフロネシスを物語の観点から説明しようとしていることは明らかだろう。ただし次の点には注意が必要である。基本的に「統合形象化」とは、特定の「結末」の生起を可能ならしめる出来事の因果連鎖を構築すること、あるいは諸々の出来事を目的論的に構造化することを意味している。だがここでは、物語の制作よりはむしろ物語の読書に焦点が合わせられている。リクールは「人生構想は指針を与える理想の未規定性と、実践による規定性との交換の中間領域を構成する」［SA 187 二〇四］と述べたうえで、「それゆえ実践の領域は二重の規定原理に従っているように見える。この二重の規定原理の存在は、実践の領域を、全体と部分のあいだでの交換を通じたテクストの解釈学的理解に近づける。この二重の規定原理の作用ほど、物語的統合形象化に親和的なものはない」［SA 187 二〇四］と論じている。言われているのは、諸実践に内在する善からの呼びかけと、人生全体の善さからの問いかけを受けるなかで、人生構想は形成されていくということ、そしてこうした構想の形成は、部分についての理解と全体についての期待が循環するなかで進行していく物語（テクスト）の解釈に似ているということである。それゆえリクールは、フロネシスを解釈学的循環のなかで進行する解釈の働きになぞらえていることがわかる。つづいて「解釈学的循環」について詳しく見ていくことにしよう。

（2）解釈学的循環と反省的判断

リクールは七〇年代に書かれた論文のなかで、解釈学的循環について次のように説明している。

テクストは一つの全体、一つの総体である。芸術作品や動物におけるのと同様に、〔テクストにおいて〕全体と諸部分の関係は特殊なタイプの判断を要求する。カントはこのタイプの判断を『判断力批判』で理論化した。このタイプの判断、すなわち反省的判断にとって、テクストの全体は中心的トピックと副次的トピック、あるいは中心的テーマと副次的テーマからなるヒエラルキーとして現出する。テクストを全体として再構成することは、結果として〔解釈に〕循環的な性格を帯びさせることになるだろう。諸部分についての評価には、全体に関するある種の予想が織り込まれており、翻って、全体の組み立ては細部の組み立てを通じて行なわれるという意味においてである。何が重要で何が重要でないか、何が本質的で何が本質的でないかを確定させる必然性や証拠は存在しない。重要性の判断は推測の域を出ない。［MT 224］

テクストを全体として理解することは、その主題を理解し、その話の流れや組み立てを理解することであるとしよう。読者はテクストの諸部分を読み進めるにつれ、主題や話の方向性について一定の期待を抱くようになる。この期待が得られることにより、注意を向けるべきポイントが定まり、読解への負荷は軽くなる。逆に言えば、何に注意を向けてよいのかわからない状態での読解は全方位への注意を必要とするため、読者を疲弊させる。とはいえ、読み始めるさいにも全く予想が立っていないということはなく、ふつう読解は期待に導かれるなかで諸部分の解釈を行ない、諸部分の理解が成立し、整合することにより、期待が強化されるという循環のなかで進んでいく。

リクールは『時間と物語』で、現在進行形の読書を（ガリーの歴史物語論を参照しながら）「物語を追う」こととしてとらえているが、それは「目的論的に方向づけられた注意の形式」［Gallie（1964）64］に従って、物語を「約束されてはいるがつねに開かれている結末」［Gallie（1964）65］へと向けて読み進めていくことである。そしてそこでそれぞれの読者は、結末について何らかの実質的な期待を抱きながら物語を読み進めることになる。これはまさに解釈学的循環における読書行為の特徴を言い表したものだろう。しかし、こうした循環が問題なく続くとは限らず、読み進めていくうちに、全体への期待と諸部分の理解とが適合しなくなる場合もある。期待がまちがっていたということであり、読者はすでに読んだ諸部分の解釈を再検討し、全体についての期待を再構築しなければならない。さらに言えば、読解が問題なく進んでいるとしても、目下の理解が最善の理解であるとは限らない。別の主題、別の話の流れも不可能ではないのである。テクストをよく読むことを目指す限り、読者は他の解釈の可能性も視野に入れながら最善の解釈を目指すことになる。

引用で、リクールが以上のような解釈の働きを反省的判断力の行使としてとらえているのは、「特殊なものだけが与えられており、特殊なもののために普遍的なものが見出されなければならないとすれば、判断力はもっぱら反省的である」という『判断力批判』の記述をふまえてのことである。『時間と物語』でも、リクールは「統合形象化の作業に固有の「とりまとめる」働きと、カントにおける判断の行使とのあいだの共通性については、いくら強調しても強調しすぎることはないだろう」［TRI 129 一二一］と論じているが、この判断も反省的判断と考えて間違いない。人生構想についてもリクールは次のように論じている。

我々の生の理想と〔実践における〕我々の決定――それ自体が重要なものである――とのあいだの適合の探求は、観察に基づく諸科学に期待されるような検証を受けいれない。解釈の適合は判断力の行使を必要とする〔……〕。［SA 211 二三二］

解釈学的循環のなかで作動する反省的判断を人生構想に適用するなら、おそらく次のようになるはずである。すなわち、物語における中心的主題とは〈私〉のアイデンティティの中核となるような実践（役割）であり、〈私〉はそれを基軸に諸実践を配置して生き方の方針（善き生の構想）を立てる。自己を特定の役割を担ったプレイヤーと見なすことにより、〈私〉の未来はある程度予想可能なものとなり、一定の方針のもと〈私〉は日々の出来事に優先順位をつけ、対処していく。このとき人生構想においていかなる善（実践）を重視すればよいかについて、それを決定する客観的な基準や指標は存在しない。逆に言えば、諸善から人生構想を引き出してくる仕方は一つとは限らず、そうしたなかで我々は一つの生き方に賭けなくてはならない。〈物事がうまく回っている〉限り、〈私〉が現在の生き方について疑問を抱くことはないだろう。しかしマッキンタイアが指摘するように、「諸々の善は具体的な状況のなかでしばしば両立不可能となり、それゆえ我々の忠誠心に対して競合する要求を課してくる」。したがって〈私〉の人生構想は、つねに別の可能な人生構想との緊張関係のうちに置かれ、それは最善の構想であるのか、本当にこの実践を構想の軸に据えていてもよいのかという問いにさらされることになる。そして「人生の方向に関して、疑念が我々をとらえるとき」［SA 210 二三一］、我々は別の実践を軸に人生を再構想し、場合によっては別の生き方を選択する。

以上のように考えるとき、我々はたんに解釈学的循環を成立させることだけが反省的判断力の働きではないことに気がつく。たしかに、読み進めるなかで物語の方向性に関する期待を獲得し、期待に導かれるなかで諸部分の解釈を行ない、諸部分の理解を通じて期待の妥当性を保持することは、反省的判断力の重要な働きである。だが同時に、そこには現行の循環の妥当性を批判的に問い直す働きも含まれている（アーレントの議論において、反省的判断力の働きが懐疑の思考と連動していたことを思い出そう）。仮説の形成には仮説の検証の作業も含まれると言い換えてもよいだろう。そして場合によっては、反省的判断力はみずからが構築した期待や理解を棄却し、諸部分の再解釈を通じて全体に関する新たな期待を再構築する。次の引用で、リクールは反省的判断力のそうした自己批判的な働きに焦点を合わせている。

より現代的な言い方をするなら、我々の諸実践を統制する優先順位の選択と、我々の生の全体にとって最善であると思われるものとを適合 adéquation させようとする探求は、行為と自己自身についての終わることのない解釈の作業のなかで行なわれるのである。［SA 210 二三二］

こうした問い直しの作業は、人生構想の場合、テクストの読解にくらべてはるかに頻繁に行なわれるように思われる。それは我々がすでに諸善の葛藤を生きているから、また我々は何度も生き直すことができるわけではないからである。テクストの場合、とりあえず一読の上で再読するという選択を採用することができるが、人生の場合はそうはいかない。それゆえ人生物語の理解においては、既存の読み方に対する懐疑の作用が強力なものとなる。しかも、それにもかかわらず人生の理解はたいてい期待を裏切る。身体的実存として、他者と共に生きている我々の人生の理解は、テクストの理解に比べるなら、全くと言ってよいほど思い通りにはいかないのである。生き続ける限り、必ず我々の身に何か思いがけないことが起こり、我々は構想の見直しを余儀なくされる。過去の諸部分はその都度その意味を連鎖的に変化させるだろう。我々の人生構想はつねに反省的判断力による再構築の作業を必要としている。

実際、リクールはマッキンタイアと同様に、義務の複数性に起因する安定した人生構想の困難さを指摘している。たとえば次の引用を見てみよう（『意志的なものと非意志的なもの』からの引用であることを強調しておきたい）。

家族共同体、職業共同体、文化共同体、スポーツ共同体、芸術共同体、宗教共同体などによってずたずたに引き裂かれているため、個人はそこから自己の統一、自己の自立、自己の個性を創出し、自分なりの生き方を敢行しなければならない。個人はさまざまな義務の葛藤のなかで板挟みになり、そこから生まれてくるのである。［VI 193 二五〇］

このとき、一つの実践に限ってみても、〈私〉はプレイヤーとしていつも義務や役割を十全に果たすことができているわけではない。病気や事故、またみずからの能力や意欲の欠如を理由に、特定の役割から降りることを決断する場合もある。他者からの要請や他者への配慮によって、実践の優先順序を変更せざるをえない場合もあるだろう。リクールは「人間は動くと同時に被る存在として、また人生の偶然事にふりまわされる存在として物語に登場する」［SA 210-1 二三二］、あるいは「物語的アイデンティティは、安定した、断絶のないアイデンティティではない」［TRIII 446 四五二］と論じている。特定の実践に賭け、それを〈私〉のアイデンティティの中核として選択してみたところで、我々はどこかで一度は賭けに負けることになるのだ。それゆえ我々は人生をつねに読み直さなくてはならず、そこから新たな期待を練り上げなくてはならない。それは、善き生に関する我々の探求が反省的判断力の不断の行使によって支えられていることを意味しているだろう。人間の生において、一度は瓦礫と化したかにみえる過去から新たな期待を構築するのが反省的判断力の仕事なのである。

我々は第三章五節で「情念」に由来する生の悪さを主題化し、幸福と諸々の欲望の関係は一義的ではなく「象徴的」であるというリクールの指摘に注目した。多くの欲望を充足させる汎通的な手段を獲得しさえすれば、確実に幸福へと到達できるわけではなく（「図式化」によっては幸福になれない）、むしろ短絡的な解決方法を採用することにより、人間は幸福へと向かう運動のなかで幸福から逸れていくことになる。義務やアイデンティティに焦点が合っているものの、本節で問題になっているのもまさに幸福の困難さにほかならない。結局、欲望や義務を含め、諸々の善は複雑なトレード・オフ関係に立っており、また生きていくなかで身体や人間関係も変化していく。幸福の理解は人間にとって難問であり、この問いに急いで答えを出そうとしたり、答えを出すために立ち止まって熟慮し続けたりすることはかえって人間を幸福から遠ざけてしまう。それゆえ人間は、自身の不自由さに苦しみつつも、生きていくなかで善き生の構想と現実の生を漸近させていくよりない。

こうした幸福の概念的な未規定性をふまえ、カントは「どのような行為が幸福をもたらすのかを確実かつ普遍的に確定するという課題」は遂行不可能であるとしつつ、「幸福は理性の理想ではなく、構想力の理想である」[IV 418 42 一二二]と論じている。他方『意志の哲学』の段階において、リクールは善き生の構想を想像力の働きとしてはとらえていなかったが、詩的言語論と物語論を経由することにより、幸福の理解や人生構想の不断の構築を想像力ならびに反省的判断力の働きとしてとらえるようになったと考えることができるだろう。物語的想像力という観点から想像力と反省的判断力を結びつけ、さらにそれを物語的アイデンティティ論において実践の領域へと適用することにより、リクールはアーレントとは別の仕方で、カントの美的判断力論をフロネシス論の伝統へと再接続させている。

アーレントによる反省的判断力の倫理的領域への適用と、リクールによる適用はそれぞれ趣を全く異にしているものの、異質なもののあいだでの合意形成——複数の人間のあいだでの合意形成と、複数の実践のあいだでの合意形成——を可能にする能力として、また危機的状況において既存の合意を批判的に問い直しつつ、新たな合意を再構築する能力として反省的判断力に注目している点で、両者は共通している。いずれもカント以後のフロネシス論の展開として今なおその重要性を保持していることは間違いないが、マッキンタイアの「物語的探求」

概念に依拠しつつ、それを〈フロネシス＝反省的判断力論〉として再構築することにより、リクールはアーレントが切り開いた〈フロネシス＝反省的判断力論〉議論の射程を、さらに拡張したと結論することができる。

結論

本書では、人間が善く生きるうえで想像力はいかなる役割を果たしうるのかという観点から、リクールの著作の読解を行なってきた。第I部では、人間にとって善く生きることが困難である理由をいくつかの観点から分析した。大まかに振り返るなら、第一章と第二章では身体的な非意志的なものが、第三章では善の多様性と複雑性が、第四章ではイデオロギーや良心が、自己と自己とのあいだの不調和を生み出す要因として明るみに出された。これらの要因は、人間に与えられている理性と時間の有限性という要因と組み合わさって、人間を自由や幸福から遠ざける。

第II部の議論が明らかにしたのは、みずからの不自由さや生の悪さに苦しむ人間がそれでも善き生を目指して生きようとするとき、心的現実の理解（規範や自他の行為の理解）を更新する能力として、また人生構想を不断に再構築する能力として、想像力（反省的判断力）が人間の探求を支えてくれるということである。第五章では、〈能動的受動性〉の姿勢に支えられた詩的作品の解釈の中で、読者の想像力が「自由な遊び」へと誘導され、読者はみずからの世界観に対して批判的距離を取る機会を与えられること、詩的作品の解釈は転移状況における追教育や反芻処理の作業と同様の機能を担いうることを論じた。第六章では、身体的な非意志的なものからの絶えざる干渉と、さまざまな意図を持つさまざまな他者からの働きかけを受けるなかで、人間の生は当初の構想とは異なる方向へと進んでいかざるをえないこと、行為や出来事の意味を事後的に共有し、他者と共に善く生きることを物語が可能にしていることを論じ、第七章では、人生についての理解が解釈学的循環のなかで獲得されること、リクールにとってフロネシスとは、過去の読み直しを通じて未来への期待を再構築する不断の物語的探求であることを明らかにした。生を物語ることにより、人間は自己と自己の身体、自己と他者、そして過去と未来を媒介することができるようになる。

ところでリクールは『他者のような自己自身』のなかで「自己性と結合した他者性」という着想を提示し、次のように述べているが、その内容は善き生の条件に関する我々の読解の正当性を裏付けるものであるように思われる。

> こうした観点から、私は作業仮説として、受動性の三脚、すなわち他者性の三脚とでも言うべき見解を提示する。第一の脚は、自己身体の経験に凝縮されている受動性、さらに言えば肉の経験に凝縮されている受動性である。自己と世界を媒介するのが肉であり、そこで世界はその都度さまざまな程度の実行可能性と疎遠性（異邦性）を備えたものとして把握される。第二の脚は、「自己とは異なる」という正確な意味で理解された異他的なものと自己との関係に含まれている受動性であり、それゆえ間主観性という関係に内在する他者性である。第三の脚は、もっとも隠された受動性、すなわち自己と「conscience」としての自己自身とのあいだの受動性であり、ここで「conscience」としての自己は「意識」ではなく「良心」の意味で理解されなければならない。
> [SA 368-9 三九二]

リクールは、人間の自発性や能動性を制約する「受動性」として身体、他者、良心をあげている。我々の人生は、いわばそれらに振り回される。ただし「脚」という比喩が用いられていることが示唆するように、それらはそもそも善き生の基盤でもあり、我々はそれらに立脚することなしに善き生を構想することができない。

初期の『意志の哲学』において、リクールは「倫理とは自己と自己固有の身体との和解、そして自己とあらゆる非意志的な力との和解である」［VI 501 七〇七］と述べ、身体的な非意志的なものへの「同意」を人間的自由の根本的な条件としていた。他方、後期の『他者のような自己自身』では、リクールは「正しい諸制度のもとにあり、他者と共に、他者のためにあるものとしての〈善き生〉を目指すことを〈倫理的目標〉と呼ぶことにしよう」［SA 202 二一三］と論じている。『意志の哲学』の情念論において、リクールはすでに人間の幸福が実質的に他者との協調的な人間関係を必要としていることに触れているが、他者との共生そのものが哲学的に主題化されるのは後期になってからである（『他者のような自己自身』のあと、リクールの思索は倫理学や政治学への傾斜を示すようになっている。たとえば『正義』や『承認の行程』などの著作はその成果である）。ただし、共生に関する考察においても、「同意」や「和解」の重視がリクール倫理学の基本的姿勢であることに変わりはない。我々は『意志の哲学』における「古いものを見出し、みずからを既にそこにある者として見出すことがなければ、私は新しいものを意志することができない」［VI 431 六一一］という一節を、アーレントの「行為とは自分で作ったのではない織物に自分自身の糸を縫いつけることである」［VA 226 二三二］という着想、また「私の人生の物語はつねに諸共同体の物語のなかに埋め込まれている」［AV 221 二七一］というマッキンタイアの着想と並んで、人間の共生をめぐる主張としても読むことができる。

なお、リクールにとって上記の一節は、「意志することは創造することではない」［VI 605 八五七］という見方と連動していた。「創造」ということで念頭に置かれているのは、無からの創造である。つまり、先行するアイデアや構想を現実化するために、新たに素材や道具が調達されるような制作のモデルを指している。これに対し、リクールは素材や材料の先行性、またそれらに潜在している作品の形態に注意を向け、与えられたものでうまくやっていくことを、善く生きるための方針として採用する。しかし、そのことは我々の善き生が創造性を欠いているということを意味しない。むしろ第II部の議論を通じて我々が理解したのは、既に与えられているものの潜勢力を即興的に探りあて、心的現実や人生構想の再構築へと繋げていく想像力（反省的判断力）の働きにこそ、リクールが創造性を認めているということであった。リクールの哲学において、善く生きることは、想像力に支えられて創造的に生きることであると結論してもよいだろう。

リクールが『意志の哲学』の第一巻である『意志的なものと非意志的なもの』を公刊してから七十年以上の時間が経った。身体のメカニズムをめぐる知見は爆発的に増大し、身体をコントロールする技術は飛躍的な向上を続けている。現代の我々にとって、同意しなければならない身体的必然性の領域は縮小し続けていると言えるだろう。我々は〈改善〉や〈エンハンスメント〉の名のもと、積極的に身体に介入し、場合によっては身体そのものを作り直そうとしている。もはや身体は、我々が和解し、それに基づいて生を構想すべきものではなくなってきているのかもしれない。それでもリクールに従ってとりあえず主張しうるのは、我々は何かを得るとき同時に何かを失っているということであり、失ったものが何であるかは時間が経ってから理解されるだろうということである。いずれ我々が身体と、あるいは身体を制圧してしまった自己自身と和解しなければならないときがやってくる。そして失われたものの大きさに気がついて我々が打ちひしがれているとき、〈手遅れ〉という言葉を知らない反省的判断力が、我々の未来への期待を再構築するべくその活動を強化しはじめるだろう。リクールの哲学はそのことを予見している。

文献略号一覧

リクールの著作の略号は以下のとおり（以下、すべてアルファベット順、西暦表記は初出年）。

[CC]: *Critique et la conviction*. 1995.
[CH]: *Herméneutique* [cours professé à Louvain]. 1971-2.
[CL]: "Creativity in Language: Word, Polysemy, Metaphor." 1973.
[DI]: *De l'interprétation: Essai sur Freud*. 1965.
[EC]: "Expliquer et comprendre." 1977.
[EH]: "Existence et herméneutique." 1965.
[ESD]: "Événement et sens dans le discours." 1971.
[FC]: *Philosophie de la volonté. 2. Finiude et Culpabilité*. 1960.
[FHD]: "La fonction herméneutique de la distanciation." 1975.
[HCI]: "Herméneutique et critique des idéologie." 1973.
[HPB]: "Herméneutique philosophique et herméneutique biblique." 1975.
[HSR]: "Herméneutique des symboles et réflexion philosophique." 1961.
[HV]: *Histoire et vérité*. 1955.

[IDA]: “L’imagination dans le discours et dans l’action.” 1976.
[IIP]: “ Individu et identité personnelle.” 1987.
[IN]: “L’initiative.” 1986.
[IT]: *Interpretation Theory: Discourse and the Surplus of Meaning*. 1976.
[LIU]: *Lectures on Ideology and Utopia*. 1975.
[MOH]: *La mémoire, l’histoire, l’oubli*. 2000.
[MPCH]: “La métaphore et le ploblème central de l’herméneutique.” 1972.
[MT]: “The Model of the Text: Meaning Action Considered as a Text.” 1971.
[MV]: *La métaphore vive*. 1975.
[NR]: *Ce qui nous fait penser: La Nature et la Règel*. 1998.
[PD]: “Le problème du double-sens comme problème herméneutique et comme problème sémantique.” 1966.
[PL]: “Philosophie et langage.” 1978.
[PMC]: “La psychanalyse et le mouvement de la culture contemporaine.” 1965.
[PR]: *Parcours de la reconnaissance*. 2004.
[PSL]: “La philosophie et la specificité du langage religieux.” 1975.
[QP]: “La question de la preuve en psychanalyse.” 1977.
[QT]: “Qu’est-ce qu’un texte?: Expliquer et comprendre.” 1970.
[RP]: “La raison pratique.” 1979.
[RSP]: “Le récit: sa place en psychanalyse.” 1988.
[SA]: *Soi-même comme autre*. 1990.
[SH]: “Structure et herméneutique.” 1963.
[SI]: “Science et idéologie.” 1974.
[SME]: “La structure, le mot, l’événement.” 1967.
[TNI]: “Technique et non-technique dans l’interprétation.” 1964.
[TH]: “La tâche de l’herméneutique: en venant de Schleiermacher et de Dilthey.” 1975.
[TR I]: *Temps et récit I: L’intrigue et le récit historique*. 1983.
[TR II]: *Temps et récit II: La configuration dans le récit de fiction*. 1984.

[TR III]: *Temps et récit III: Le temps raconté*. 1985.
[VI]: *Philosophie de la volonté I: Le volontaire et l'involontaire*. 1950.

アーレントの著作の略号は以下のとおり。

[CIC]: "The Crisis in Culture." 1960.
[EJ]: *Eichmann in Jerusalem*. 1963.
[HC]: *The Human Condition*. 1958.
[ID]: "Isak Dinesen 1885-1963." 1968.
[LK]: *Lectures on Kant's Political Philosophy*. 1970.
[LM]: *The Life of Mind*. 1978.
[OH]: "On Humanity in Dark Times: Thoughts about Lessing." 1959.
[OR]: *On Revolution*. 1963.
[PRU]: "Personal Responsibility Under Dictatorship." 1964.
[RV]: *Rahel Varnhagen*. 1958.
[SQ]: "Some Questions of Moral Philosophy." 1965.
[TaP]: "Truth and Politics." 1967.
[TM]: "Thinking and Moral Considerations." 1971.
[VA]: *Vita activa oder vom tätigen Leben*. 1960.
[WF]: "What is Freedom?" 1960.

マッキンタイアの著作の略号は以下のとおり。

[AV]: *After Virtue*. 1971.
[DRA]: *Dependent Rational Animals*. 1999.

カントの著作が収録されている全集（アカデミー版／岩波書店版）の巻は以下のとおり（なお、『純粋理性批判』『判断力批判』の邦訳については、第四巻と第八巻のみ参照した）。

Kritik der reinen Vernunft. 1781/1787.『純粋理性批判』III/IV ／全集四（・五・六）

Grundlegung zur metaphysik de Sitten. 1785.『人倫の形而上学の基礎づけ』IV／全集七
Kritik der Urteilskraft. 1790.『判断力批判』V／全集八（・九）
Beantwortung der Frage: Was ist Aufklärung? 1784.『啓蒙とは何か』VIII／全集一四
Die Religion innerhalb der Grenzen der bloßen Vernunft. 1793.『たんなる理性の限界内の宗教』VI／全集一〇
Anthropologie in pragmatischer Hinsicht. 1798.『実用的見地における人間学』VII／全集一五

フロイトの著作が収録されている全集（フィッシャー社／岩波書店版）の巻は以下のとおり。

Studien über Hysterie. 1895.『ヒステリー研究』GW-I／全集二
“Zur Einleitung der Behandlung.” 1913.「治療の開始のために」GW-VIII／全集一三
“Erinnern, Wiederholen und Durcharbeiten.” 1914.「想起、反復、反芻処理」GW-X／全集一三
Vorlesungen zur Einfühlung in die Psychoanalyse. 1916-7.『精神分析入門講義』GW-XI／全集一五
“Eine Schwierigkeit der Psychoanalyse.” 1917.「精神分析のある難しさ」GW-XII／全集一六
“Wege der psychoanalytischen Therapie.” 1919.「精神分析療法の道」GW-XII／全集一六
Das Ich und das Es. 1923.『自我とエス』GW-XIII／全集一八
“Das ökonomische Problem des Masochismus.” 1924.「マゾヒズムの経済論的問題」GW-XIII／全集一八
Selbstdarstellung. 1925.『みずからを語る』GW-XIV／全集一八
Die Zukunft einer Illusion. 1927.『ある錯覚の未来』GW-XIV／全集二〇
Das Unbehagen in der Kultur. 1930.『文化の中の居心地の悪さ』GW-XIV／全集二〇
Neue folge der Vorlesungen zur Einfühlung in die Psychoanalyse. 1933.『続・精神分析入門講義』GW-XV／全集二一
“Die endliche und die unendliche Analyse.” 1937.「終わりのある分析と終わりのない分析」GW-XVI／全集二一
Der Man Moses und die monotheistische Religion. 1937.『モーセという男と一神教』GW-XVI／全集二二

注

序論

（1）「フィクション物語」とは聞き慣れない用語かもしれないが、〈フィクショナルな物語〉や〈虚構の物語〉を意味しており、具体的には小説や神話のことを指している（映像作品もフィクション物語に含まれうるが、リクールが考察の中で念頭においているのは文学作品としてのフィクション物語である）。リクール研究の文脈では「歴史物語」との対照の中で頻用される語であるため、本書でもこの語を用いて議論を進めることにしたい。

（2）念頭に置いているのは、行動経済学者のリチャード・セイラーや法学者のキャス・サンスティーンによる「ナッジ」をめぐる議論である。サンスティーン（2015）およびサンスティーン（2020）を参照のこと。

（3）たとえば経済学者ハーバート・サイモンの「限定合理性」に関する議論や、哲学者クリストファー・チャーニアクの「最小合理性」に関する議論など。こうした議論に関して若松（2016）に多くを教わった。

（4）この点に関しては遠藤（2013）、信原（2014）を参照されたい。

（5）ただし倫理的配慮や美的配慮、理想や気まぐれなども選好に含めた上で、善き生と効用の最大化とを同一視することは可能であり、それはセンの立場と矛盾しないだろう。この点については、ハウスマン（2022）の第二章を参照されたい。

（6）信仰を持つ人間にとっては信仰こそ日常であるから、正確に言えばこの表現は不適切である。

第一章　意志論

（1）　たとえばリクールは「可能性のアプリオリな条件であり、現実のアプリオリな条件でさえあるような超越論的自我に基づいて自然や時間性を理念的に生成させることは、いかなる場合でも我々の記述的方法によって中断されている」［VI 55 五七］、「我々としては、事象を与えられるがままに把握しようという誓約に由来する純粋記述と、所与の超越論的構成の理論を切り離したいと思っている」［VI 77 九〇］と述べている。

（2）　詳しくは次のように言われている。「主体の身体としての身体と、非人称の経験的対象としての身体は一致しない。二つの対象を重ねることはできるが、コギトの一契機と一つの対象を重ねることはできない。生きられた身体は意志がとる〈態度〉と相関的である。だから、主体という全体から取り出されるならば、この身体は抽象的な部分である。対象－身体は部分ではなく、それ自身が一つの全体、つまり諸対象が構成する平板な系の中で他の全体と並んでいる一つの全体である。対象－身体は他の諸対象との横の関係のみを持ち、主体による統治への従属関係などもたない。したがって、〈我意志す〉が非意志的なものに対して持つ内在的な関係は、その本質から言って、対象のヒエラルキーのうちには対応するものを持たないのである」［VI 30 二三］。

（3）　詳しくは次のように言われている。「実践的言表と理論的言表のあいだの大きな断層の内側で、新たな区分が示される。「なされるべきこと」を実践的に指示するあらゆる作用のなかで、決意が二つの特徴によって識別される。決意は①断定的に、②自分自身の行為を指示する」［VI 70 八〇］。

（4）　リクールは次のように述べている。「事実、企投において、私は私自身を巻き添えにする。先取りされた行為は〈私によってなされるべき〉なのである。私は、未来においてなす者として自分自身を投げ出す。この企投された私を企投している私と同定することによって、私は未来の行為の責任を自分に負わせるのだ」［VI 183 二三六］。

（5）　リクールは「作者 auteur」という言葉も使っている。「私が拘束し、縛るのは私、世界におけるふるまいや変様の作者としての私である」［VI 70 八〇］。

（6）　身体的な非意志的なものとしての動機は「最上位の価値を含め、あらゆる価値の感情的共鳴器 résonateur affectif になっている」［VI 108 一三四］。それゆえ動機には生理的欲求だけでなく、規範や道徳も含まれる。

（7）　『意志的なもの』におけるこうした「情念」の理解は、『過ちをおかすものとしての人間』の情念理解とは完全には重ならない。この点については第三章五節を参照のこと。

（8）　『意志の哲学』の想像力論については、Amalric（2013）が詳細な分析を行なっている。また『過ちをおかすものとしての人間』の想像力論についいては、川口（2016）を参照されたい。

第二章　フロイト論

（1）　リクールは『解釈について——フロイト試論』の冒頭で、「論述の対象はフロイトであって精神分析ではない」［DI 7 i］と明言している。ただこれが意味するのは、フロイト以降も発展を続ける公共的な理論・実践としての精神分析（たとえばそこにはラカンやクラインやウィニコットが含まれる）については考察の対象として取り上げないということであり、我々がリクールによるフロイト思想の研究をフロイト精神分析の研究と言い換えることに問題はないだろう。本書ではフロイトの思想を「フロイトの精神分析」ないし「精神分析」と呼ぶ。特に断りがない限り、精神分析とはフロイトの精神分析を指している。

（2）　この論文集は、フランスのリクール協会が同協会のリクール文庫に収蔵されている論文や講演原稿をもとに編纂したものである。二〇一〇年には第二集『解釈学』が、二〇一三年には第三集『哲学的人間学』が、二〇一九年には第四集『政治、経済、社会』が出版されている。

（3）　リクールは問いかけのかたちで次のように述べている。「嘘をつく以前に——つまり他人を欺こうという意図を持つ以前に——、私が考え欲しているものが、私の意識には隠された意味を持っているということ、私がそれに与えているのとは別の意味を持っているということがありうるのだろうか。後催眠暗示の例が示唆するように、私の決意が偽りの決意であるということ、私が行為に与えている理由が、何らかの秘密の妨害のために意識にのぼらせることができない無意識の動機に関連している、偽の動機であるということはありうるのだろうか」［VI 469 六六五］。

（4）　次のようにも言われている。「したがって、心理学の言語と物理学の言語を結合し、因果律に基づいた一般宇宙論のうちに両者を統合しようと試みることは無意味であるように思われる。実際、経験的にとらえられた対象の平面では、因果的説明は限界を知らない。決定論は無欠である」［VI 96 一一八］。

（5）　リクールは無意識的な心的状態と意識的な心的状態の心的状態としての同一性について、次のように述べている。「フロイトは、意識という質を欠くほかは意識的思考と何ら変わるところのない思考として、無意識的なもののことを考えている。それゆえ、無意識的なものはまさに心的なものの本質であり、心的なものそれ自体であり、その重要な真実なのである」［VI 483 六八三］。

（6）　〈自己についての一人称的理解は無謬で特権的であるわけではなく、よりよく自己を理解するためには専門知や技術を有した他者の解釈を媒介する必要がある〉。リクールはそのように考えており、リクールにとって精神分析は他者との交流を通じた意識や自由の拡張の範例的実践であると言うことができる。「治療の真の意味は、意識を無意識によって説明することではない。解読者としての他者の意識を迂回することによって、意識がみずからに課せられた禁止に打ち勝つことこそ、治療の真の意味である」［VI 500 七〇七］。

（7）　この点については第一章四節の議論を参照されたい。

（8）　なお同じ引用で、病気の症状は形相（意味）として扱われているが、この形相は他の心的状態とは種を異にする特殊な形相であるだろう。たとえば「精神分析が我々に認めるように迫っているのは、これらの知覚以下の『印象』が対応する志向性から切り離され、非合理に思える見かけの意味をまとうような変質を被ることがありうるということである」［VI 485 六八六］という一節が示すように、病気の症状は「見かけの意味」であり、〈心的状態として意味づけることができないもの〉という意味を与えられている。

（9）　この場合の「知覚」には、外的現実の知覚だけでなく、身体的な非意志的なもの（欲求や情動）の知覚も含まれる。

（10）　「無意識的なものの実在論」という問題は、心的状態を物質的状態に還元することができるか――特定の脳状態や生理的状態にあることを根拠に主体に何らかの心的状態を帰属させることができるか――という、心の哲学の中心的問題の変奏として解釈することができる。『意志的なもの』からおよそ半世紀後、リクールは脳神経学者のジャン＝ピエール・シャンジューとの対談のなかで「心的志向は自然化できるのでしょうか peut-on naturaliser les intentions ?」［NR 76 八六］と問いかけ、その困難性を指摘しているのだが、そこでの説明は『意志的なもの』には存在しなかったものであり、かつ「無意識的なものの実在論」に対する正当な反論になりうるものである。ここで紹介しておくことにしよう。

> 人間においては、一つの機能がある観察可能な行動に還元されることはありません。むしろそれは言語的関係、要するに物語を前提としていますし、しばしばそれこそが〔機能の確定に〕大きな役割を果たすのです。［NR 76 八七］

> 心的対象は極めて複雑な操作の産物です。それは志向性の、意味作用の、コミュニケーションのネットワークのなかに挟み込まれています。そこに実体化の過程が加わるのですが、それは心的対象に固有の体験から対象を切り離し、根こぎにしてしまいます。［NR 137 一五三］

対話での発言ゆえに断片的な説明ではあるが、これらの発言が言わんとしているのは〈人間に特定の心的状態を帰属させるには、ある心的状態を、それが他の様々な心的状態と共に織りなしている意味のネットワークの内部に定位する必要がある〉ということだろう。リクールはこの意味のネットワークを「物語」と呼ぶ。物語には心的状態のみならず生理的状態なども含まれるだろうが――「心的なものについての言説がニューロン的なものを内含しているのであってその逆ではありません」［NR 53 六〇］――、そこで心的状態の特定は全体論的に行なわれ、特定の身体的状態（脳状態）のみを根拠にとして、人間に何らかの心的状態を帰属させることはできない。なお現代の心の哲学において、こうした見解は解釈主義と呼ばれている。その詳細については金杉（2014）を参照されたい。

（11） 同時期に書かれた別の論文（「解釈における技術と非 - 技術」一九六四年）でも、「精神分析は観察科学の諸基準を満たしておらず、それが取り扱う『事実』は、複数の独立した観察者によって検証可能ではない」［TNI 185-6］と言われている。

（12） グリュンバウムはまさにそのように誤解している。グリュンバウムは、神経症の発症に関する「因果説明」が、精神分析の理論としての固有性を構成していると考えており――「抑圧に関するフロイトの臨床理論においては、無意識の動機がさまざまな症状と因果的に関係しており、そのことによってみずからの存在を症状として発生させていると考えられているからこそ、無意識の動機に言及することが説明として機能すると考えられる」［Grünbaum (1984) 52 七三］――それゆえ彼からすれば、精神分析から「原因による説明」を取り除こうとするリクールの「解釈学的再構成」は、「抑圧を解除するという治療法の因果的根拠を切り捨て、さらには治療効果の原因帰属もやめてしまう」［Grünbaum (1984) 60 八三］ことであり、特定の悩みを抱える患者が精神分析家のもとを訪れるべき理由を説明不可能にすることでしかない。解釈学的再構成は「精神分析擁護論の新たな砦となるどころか、保護されるべき遺産に死の接吻を贈ること」［Grünbaum (1984) 58 七九］あるいは「精神分析を去勢すること」［Grünbaum (1984) 52 七三］なのである。ただ、こう批判したうえでグリュンバウムは、一九七七年の「検証論文」に触れ、「リクールが後の著作で考えを改めたことは歓迎しなければならないし、動機と原因の二分法を伴った日常言語学派的アプローチをフロイトの説明に持ち込むのを拒絶したことは、十分評価に値する」［Grünbaum (1984) 73 一〇〇―一］とも言っているのだが、リクールは『意志的なもの』から「検証論文」に至るまで、心的状態を説明項に用いた因果説明に精神分析の理論としての固有性が存していることを、一貫して認めているはずである（なおグリュンバウムは『意志的なもの』は取り上げていない）。『試論』では観察科学としての身分の否定や自己理解の文化依存性や間主観性、そして「転移」の強調という論点が加わっているために、そうではないように見えるというだけである。

　グリュンバウムの著作は影響力が大きく、たとえばラカン研究者である柵瀬宏平は、グリュンバウムの指摘を引き受けつつ、ラカンは「ポール・リクールのフロイト読解に抗して」、「精神分析を［因果説明を行なう］ガリレオ的な科学との関係において位置づけようとした」［柵瀬 (2017) 57］とコメントしている。筆者としては、このような図式化はラカンとリクールの不幸な関係をより不幸にするものでしかないと考える。

（13） ウェーバーの「理念型」概念の展開については向井（1997）を参照されたい。

（14） 合理的行為を考えるさいウェーバーは「経済人」を一つのモデルにしているが、この記述はウェーバー自身のものではなく、わかりやすさのために筆者が書き加えたものである。

（15） たとえば現代の日本社会で、若い女性が美容活動を積極的に行なわないというのは、客観的整合合理性の理念型から逸脱する非合理的な行為と見なしうる。こうした逸脱の原因として考えられるのは、自分らしさや女性としての自立を大事にしたいという行為主体に特有の生き方かもしれない。なお、すぐあとで確認するように、ここでの合理的／非合理的は行為の道徳的優劣を意味していない。

(16) ニーチェのルサンチマン論については本書第四章注8を参照のこと。

(17) リクールも次のように説明している。「解釈の伝達は、それを意識化の作業に組み込むことができてはじめて意義を持つ。あまり早くに行なわれるならば、伝達は抵抗を強化するだけである。治療の力学が存在するのであって、この力学に従えば、理解という純粋に知的な要因は、抵抗の解消の役に立ち、抵抗の解消に従属する限りにおいて、作業に組み込まれる」[DI 432 四三八]。

(18) 実際にはそれだけで済まない。患者に転移の成立それ自体を自覚させる「反芻処理」の作業が必要である。詳細は本書第四章二節を参照のこと。

(19) 本章一節四項で取り上げた引用のなかで、リクールは「我々は、ある見方とある方法を採用する限りで現出してくる諸事実と向き合っているのである」と述べている。

(20) この理解はおそらくギルバート・ライルの『心の概念』に由来するものだろう。ライルは傾向性について、「ある傾向性を持つということは、ある特定の条件が現実化したときには、必ずある特定の状態におかれるか、その状態におかれる見込みが高いということである。あるいは、そのようなときには、必ず特定の変化を被るか、そのような変化を被る可能性が高いということである」[Ryle (1949) 43 五〇]と述べつつ、「ある特定の行為の動機をある人に帰属させることは、目には見えない出来事を探し求めて因果の推論を行なうことではなく、エピソード命題を準‐法則命題のもとへ包摂するということである」[Ryle (1949) 87 一二〇]と論じている。

(21) より正確には、①精神分析が関与するのは「物的現実に匹敵する一貫性と抵抗性」を有した患者の「心的現実」であり、②その構成には「解読し、翻訳し、解釈しうる、意味としての欲望」が関わっており、③欲望とは「相互主観的」で「他者へと向けられた」ものであり、④性的欲望やトラウマ的体験を想起することは、それを意味と因果のネットワークとしての物語のうちに定位することであると言われている。記述が煩瑣になるのを嫌って注に回したが、この内容は概ね次の段落の中で説明されている。

(22) リクールはハイデガーを召喚して精神分析を擁護しようとしている。「ハイデガーは解釈学的循環を指して、課題となるのは循環を回避することではなく、循環のうちに正しく入り込むことであると言った。対策を講じさえすれば、循環は悪循環ではないということだろう」[QP 67]。こうしてハイデガーが持ち出されるということは、問題が精神分析だけではなく、解釈学的学問すべてに関わるということを意味しているだろう。リクールによれば循環は精神分析に特有の問題であるわけではなく、「あらゆる歴史学的‐解釈学的学問」に共通の問題である。

(23) グリュンバウムは、リクールの提示する基準について、それらがどのようにして満たされるのか「皆目見当がつかず」、その基準は「全く使いものにならない」と批判している[Grünbaum (1984) 69 九四]。グリュンバウムにとって、確証とは経験的検証による確証であるから（すなわち解釈学的循環を認めていないから）、たとえば〈よい精神分析の説明は理論と整合しなければならない〉という基準がその循環ゆえに批判されるのは当然である。

(24) リクールは次のように述べている。「解釈学のふるまいとは、あらゆる人間の理解が有限性の規定によって従わされているところの歴史的条件を承認する謙虚なふるまいである。イデオロギー批判のふるまいとは、人間のコミュニケーションの歪曲に対して挑戦する果敢なふるまいである。解釈学のふるまいによって、私はみずからが帰属していると知るところの歴史的生成へとみずからを位置づける」[HCI 399-400 三二五]。

第三章　悪論

(1) 『有限性と罪責性』の第二分冊である『悪の象徴体系』の記述の大半は、悪の象徴や悪の神話の類型論に割かれている。そこには後年の解釈学的思索を理解するうえで重要な記述も含まれているが、本章ではそれには触れない。また『過ちをおかすものとしての人間』は初期の著作であるが、リクールには中期と後期にも悪に言及した著作が存在する。それらを含めることなしに〈リクールの悪論〉論を名乗ることは僭称かもしれない。ただ、それでも『過ちをおかすものとしての人間』の考察が悪論の核をなすのは事実であるし、人間の善き生をめぐるリクールの思索を理解するうえで重要な意味を持つのは、本章が明らかにするリクールの「悪」理解である。それゆえ不完全性を自覚しつつ、本章のタイトルを「悪論」とした。

(2) それはリクールが、読者がすでに『人間学』に親しんでいることを前提とするような仕方でカントの議論を紹介しているからである。そしてこのことはリクールの論述一般に認められる事態である。

(3) 川崎(2017)は、リクールの悪論の出発点は「なぜこの世界に悪が存在するのか」という問いにあるとしたうえで、悪の出現を可能ならしめるものとして「人間の組成上の弱さ」=「過ちやすさ」を主題化し、さらに「人間の過ちやすさの原因」として「自己の自己に対する不調和」を指摘している(これは「過ち」とは何であるかの説明であり、「原因」の説明にはなっていないことに注意する必要があるだろう)。しかし、そこで情念が取り上げられることはなく、その結果、川崎自身が論文の包括的な問いとして設定している「私たち人間が悪を免れることができないとすれば、悪に対して私たちは何をなしうるか」という問いに対しても、有効な解答を提示することができていない。「悪を為したとしても再生の希望を捨てないこと」というのがその解答であるが、以下で論じるように、そもそも再生の希望を持つことそれ自体が〈自分は悪人である〉という判断を可能にしているのだから、これは対策として有効性を欠いている。別の言い方をすれば、むしろそうした希望を捨てることが、悪の苦しみから人を解放する術となりうること(本書ではこうした考え方を第四章で取り上げている)が見過ごされているのである。結局、「自己の自己に対する不調和」の意味するところを具体化し、人間が過ちを犯す原因をより分厚く記述することなしに、人間的な悪への有意義な対策を提示することはできないだろう。必要なのは「再生への希望」を捨てるべきではない理由、あるいは人間がそれを捨てることができない理由を明らかにすることである。そして私の見るところ、情念論はその糸口を与えてくれる。このとき長谷(1987)は、カントの情念論をリクールの悪論と結びつけて考察を進めている点で鋭い直観を示している。だが、情念論そのものの分析が不十分であり、情念の「謎」を「謎」のままにとどめているという憾みが残る。本章は長谷の論考に触発されつつ、その直観をより精確かつ充実した仕方で敷衍することを試みるものである。

（4）　たとえば、Bernstein（2002）を参照のこと。

（5）　カントとリクールのあいだにはジャン・ナベール（一八八一―一九六〇）の悪論が介在していることを忘れてはならない。ナベールの悪論はカントの『宗教論』と対決するなかで形づくられたものであり、悪の概念的可能性をめぐるリクールの議論はナベールのそれを踏襲している。カント、ナベール、リクールという三者の悪論の関係については今後の課題としたい。ナベールの哲学全体については越門（2007）を、またナベールの悪論およびカントとナベールの関係については杉村（2014）を参照されたい。

（6）　カント以後の悪の思想史を描いた著作としてJ・バーンスタインの『根源悪の系譜』はいまや定礎的な役割を果たしつつあるが、カントからナベールやリクールへと続く悪論の系譜はその眼にはとまらなかったようである。しかしバーンスタイン自身がカントの『宗教論』に内包する悪のパラドクスに焦点を当てていることをふまえるなら［Bernstein（2002）32-3 五〇］、両者への言及が欠落していることは瑕疵であり、考察の包括性を減じる要因となっていると言わざるをえない。

（7）　悪を自己からの疎外としてとらえる視点は、リクールがナベールから引き継いだものである。ナベールは次のように言っている。「悪人はみずからの過ちゆえにみずからを断罪するが、このとき悪人は、みずからの行為により深い原因性が加担していたこと、そしてこの原因性が、行為の原因性が純粋自我の原因性ではないということを証示する機会を狙っていたかのように見えることに動揺する。みずからの行為を前にして悪人が感じるのは、ある種の茫然自失である。この行為がみずからの自由に由来するものではないということはない。だが同時に、この行為はみずからの自由よりも遠くから到来し、それを逃れるような原因性を背負っている」［Nabert（1955）76-7 八八］。

（8）　悪論におけるこうした自由の理解と、『意志的なもの』における自由の理解のあいだには、不一致が存在しているように思われる。前者では別行為可能性と自由（悪の告白）が結びつけられているのに対し、後者では別行為可能性なしで、主体が選択した動機と現実の行為の合致によって自由が説明されているからである。もし必然性との一致が人間にとっての自由であるとするなら、我々は現実に起きたことに対して後悔するべきではなく、少なくとも後悔が成り立つとすれば、それは現実と一致できなかった我々の判断に対しての後悔ということになるはずである。本書ではこの問題を掘り下げることができず、今後の課題としたいが、とりあえず今言えることは、動機の選択の自由によって人間の自由をとらえようとする場合、「責任」や「善悪」を問うことができなくなってしまう可能性があるということである。

（9）　優れた理性的存在者であろうと思うばかりに、現実に有している諸能力の限界を超えてみずからを責め立てている人もいるだろう。悪の告白はときに尊大なものである。たとえば、ホームルームで担任が教室の花瓶を割った犯人を問い尋ねているとき、

「私の監督不行き届きによるものです、申し訳ありません」と立ち上がる学級委員のことを考えてみればよい。おそらくこの者はみずからの力能に対する不信や懐疑の念を抱いてはいないはずである。

(10)　この一節にはハイデガーの『存在と時間』からの影響を見てとることができる。本章との関連でとくに注目すべきは、良心論のくだり（第五四から第六〇節）であろう。ただし、ハイデガーがそこで主題化しているのは「道徳性一般とその事実的に可能な形態化を可能とする実存論的条件」である。これに対してリクールは、そのような条件が満たされた段階で、断罪という心のはたらきを論じている。言い換えれば、リクールの場合、過去の自己と現在の自己の同一性がすでに成立した段階で悪と自由の等根源的な創出が論じられているのに対し、ハイデガーは、そもそもそのような創出を可能ならしめているところの同一性の成立（自分自身の選択）を論じている。

(11)　カントは次のように述べている。「道徳的な意味において何者であろうと、また道徳的な意味においてどのような者になるべきであろうと、つまり善人にせよ悪人にせよ、人間はそのような存在に自分自身でなるに違いなく、自分自身でなったに違いないのである。善も悪も自由な選択意志の結果でなければならない。そうでないとしたら、善悪は人間に帰することのできるようなものではなくなってしまうし、したがって人間は道徳的に善であることもできなければ、悪であることもできないということになってしまうからである」[57: VI 44 五九]。

(12)　したがって、性癖という重荷を背負っているように見えながら、その実、道徳法則を選択する意志の能力に疑いの眼差しが向けられることはない。だからナベールはカントの道徳哲学について、そこでは「自由のイニシアチヴ」[Nabert (1955) 53 六〇] が保たれたままであり、「義務への違反が意識にみずからの動機を内側からとらえ直させるように促すなどということは決してない」[Nabert (1955) 64 七三] とコメントしている。ただしカントの『宗教論』には、みずからの悪に苦しむ人間に言及した一節もある。「我々は善から離反しているのではあるが、それでも我々の魂のうちでは、我々はより善い人間にならなければならないという命令がいぜん減衰することなく鳴り響いているからである。したがって、我々になしうることを尽くしたところで、より善い人間になるには足りないとしても、我々はより善い人間になりうるに違いないのである。そのことにより、我々は自分たちには究めがたい高次の助力を自分たちの方へ引き寄せる」[58: VI 45 六〇]。カントはこの「命令」を「道徳的感情」と同一視しているが、ナベールやリクールの悪論は、「道徳的感情」を出発点として、ボトムアップ式に道徳哲学を構築しようとする試みであると言うことができるだろう。

(13)　詳しくは次のように言われている。「道徳的格率を採用する第一の主観的根拠が究めがたいということは、格率の採用が自由である以上、採用の根拠（たとえば、なぜ私は悪い格率を採用して、善い格率を採用しなかったのか）は自然の動機のうちに求められてはならず、逆につねに格率のうちに求められなければならないということ、さらに、格率もまたその根拠を有していなければならないとはいえ、自由な選択意志の規定根拠として格率以外のものを取り上げるべきではないし、それ以外のものを取り上げることもできず、〔それ以外のものを取り上げれば〕人は第一の根拠に到達することができずに、主観的規定根拠の系列を無限に遡行させられるということ、これらのことによって既に予示されていたことである」［24: VI 21 二八］。

⒁　リクールは「人間における悪の可能性はいかにして現実のものとなるのか、言い換えれば、いかにして人間は可謬的であることから過ちへと移行するのか。宗教的意識によってなされる告白を追体験することにより、この移行をその過程の最中でとらえてみたい」［FC 205 八］と述べ、実際に第二分冊『悪の象徴体系』のなかでこの作業に従事している。

⒂　ここには西洋文化の古層を形成する神話群を取り上げることにより、西洋文化の内部で人間の再解釈を行なうという解釈学的な戦略を認めることができる。なお象徴言語が哲学を賦活するという発想は『生きた隠喩』にも引き継がれている。

⒃　ルターの考えでは、そのような悪を現実化させる理性のはたらきは人間理性の本来的なはたらきであり、我々が何かを意志する限り、我々は必ず悪に向かう運命におかれている。それゆえ、この運命から我々を救い出してくれるのは神の恩寵のみとされる。

⒄　リクールは次のようにも言っている。「私を隷属的にするのは私である。私が、自己に対する統制権を私自身から奪い去るという過ちを犯すのである。したがって、考えにくいことであるし、きわめて逆説的なことではあるのだが、我々は自由の根源的本性と、自由が隷属的状態におかれていることを、いわばオーバーラップさせて考える必要があるのである」［VI 29 四七］。

⒅　情念は〈わかっているのにできない〉という「心の病気」であるから、カントの道徳哲学の観点からすればそれを悪とみなすことはできないように思われる。悪は理性の統制がはたらいている限りにおいて成立するからだ。だがカントは『人間学』のなかで、「情念は、たんに激情と同じように多くの災いを孕んだ不幸な心の状態であるというだけでなく、例外なく悪しき心の状態であり」、「道徳的に忌まわしい」［189: VII 266 二二八］と述べている。現実の悪（道徳法則の軽視）の背後に、激情や情念といった非合理性が控えていることは容易に想像のつくことであるが、批判哲学の文脈の外部ではカントもまたそのように考えていたということだろう。

⒆　カントは「情念」と「激情」について次のように述べている。「主観の理性によっては制御することが難しい、もしくは制御することができない傾向性が情念である。これに対し、現在の状態における快不快の感情のうち、主観のうちに熟慮（その感情に身を委ねるか、それを拒むべきか、ということに関する理性の表象）の生じる余地を与えないものが激情である。激情や情動に支配されることは、両者によって理性の統制権が締め出されることなのだから、いつだってそれは心の病気であるに違いない」［169: VII 251 二〇五］。さらにカントは激情を「堤防を突き破る激流」、「卒中」、「寝て起きれば醒める酩酊」［170: VII 252 二〇七］など隠喩を用いて言い表しており、これらの隠喩から、激情において生じているのが一時的かつ急激な情動の高まりであることが理解される。そのような興奮状態にあって、主観は我を忘れ、選択能力を失ってしまう。他方情念は「河床を深く刻みこんでいく川の流れ」、「肺結核」、「服毒や発育不全による疾患」［170: VII 252 二〇七］などの隠喩で言い表されている。これらの隠喩からは、

情念が選択意志のはたらきをじわじわと蝕んでいくというイメージが伝わってくる。またカントは情念について「鎖が手足に癒合してしまっている」[189: VII 267 二二九]「魔法にかけられたかのように回復を拒否する」[188: VII 266 二二七] などという表現も用いている。これらの表現からは、人は一度情念にとらえられるや、そこから抜け出すことができなくなってしまうということが窺えるだろう。

(20) カントは『基礎づけ』のなかで、どのような行為をすべきなのかを人間に教える命法として、「巧みさの命法 Imperativen der Geschicklichkeit」、「賢明さの命法 Imperativen der Klugheit」、「倫理性の命法 Imperativen der Sittlichkeit」の三つの命法を挙げている。「倫理性の命法」は、理性的存在者としての人間という究極的な目的に基づき、道徳的義務を定言的に命じるものである。これに対し「巧みさの命法」は、所与の目的を前提とした上で、その目的を実現可能にする手段としての行為を指令する。そこでは目的の善さや悪さは問題にならず、目的として何が選ばれてもかまわない。

(21) ここからカントは「幸福は理性の理想ではなく、構想力の理想である」[42: IV 418 一一二] と言っている。

第四章 イデオロギー論

(1) 次のようにも言われている。「自分自身の外部で、自分自身からは離れたところで、自分が作ったわけではない慣習や規範による媒介を通じてのみ、人は自分自身のことを知ることができるのであり、そこで人は自分のことを、自分自身を制作する作者あるいは主体とみなすことができない」[Butler (2005) 28 五二]。

(2) 「権力を己有化する所作には、引き受けられ己有化された権力が、そのような引き受けを可能にしたところの権力に対抗して作動するというような、権力そのものの変質の契機が含む余地がある」[Butler (1997) 13 二二]。

(3) 次節では、「転移」状況における患者の自我変容(自我の教化・強化を通じた超自我への対抗)を軸にフロイトの神経症治療論を再構成している。同様の方向でフロイトの治療論を解釈している著作として、ギル(1982)をあげることができる。

(4) マートン・M・ギルは「歴史的観点から言って、わたくしは、精神分析の完成された技法は Freud が指示しての連想法を捨てて自由連想法を採択し、そしてカタルシス法を捨てて抵抗と転移の分析を採択した時点、間違いなく一九〇〇年までに確立されたと主張します。さらに、わたくしが主張したいのは、Freud は技法の上記のような本質的原則を運用面では改良してきましたが、一生を通じて技法そのものを変えはしなかったし、分析技法は彼の死後改良されてこなかったということです」[ギル (1982) 一四一] と主張している。本書もギルと同様の見解に立つが、ただしブロイアーとともにカタルシス法を採用していた『ヒステリー研究』(一八九五年)の段階においても、フロイトは抵抗の解除を焦眉の問題として理解しており、のちの技法論につながる重要な論述を認めることができると考えている(言い換えるなら、『ヒステリー研究』の時点で、すでにフロイトはカタルシス法から距離をとりつつあるということである)。それゆえ、以下の論述では『ヒステリー研究』からの引用も行なっている。

(5) フロイトはエディプスコンプレックスを文化論に拡張する場合にも、男児による陽性タイプをモデルにしている。

(6) ただしフロイトは超自我と自我理想を区別し、前者との緊張を罪悪感として、後者との隔たりを劣等感として区別する場合がある。

(7) 『モーセという男と一神教』(一九三七年)の次の一節は、以上の議論のまとめとして読むことができる。「我々はこのような快の獲得のメカニズムを理解していると考えている。超自我というのは、個人の行動を人生の初めの期間において監督していた両親(や教育者)の後継者であり代理人であって、両親(や教育者)が果たしていた役割をほぼそのまま引き継いでいる。超自我は自我をたえず服従させ、自我に対して恒常的な圧力を加え続ける。自我は幼年期と同じように、超自我という支配者の愛を得ることができるのかそれとも失ってしまうのかということを気にかけるのであり、超自我の承認を解放ととらえて満足をおぼえる一方、超自我の非難には疚しさをおぼえるのである。自我は、欲動の断念という犠牲を超自我に捧げるなら、その報酬として超自我によりいっそう愛されるようになるだろうと期待する。そして超自我の愛を受けるにふさわしい存在であるという意識が、自我にとって誇りと感じられる」[GW-XVI 224f. 一四七]。

(8) ニーチェは『道徳の系譜学』(一八八七年)において、「あるものに本当の意味で反応すること、すなわち行動によって反応することができないために、想像だけの復讐によって、その埋め合わせをする」[Nietzsche (1887) 26 五七] 人を、「ルサンチマン」の人と呼ぶ。想像による埋め合わせとは、自分はできなかったのではなく、あえてそれをしなかったと主張することで、自分の無力さを覆い隠すことを意味する。そして、そのような詐術を可能にするのが「道徳」にほかならない。すなわち、やろうと思えばできるが、すべきでないからやらなかったということである。道徳は「弱者の弱さが——すなわち、弱者の本質であり、働きであり、避けることも引き剥がすこともできない弱者に固有の全き現実としての弱さそのものが——自由意志の行使であり、意欲され選択されたものであり、一つの行為ないし一つの功績であるかのように」[Nietzsche (1887) 36 七五] とらえることを可能にしてくれる。いま論じている罪悪感というのも、そのような詐術の一環とみなすことができるだろう。ニーチェによれば、抑え込まれた「自由への本能」が、自己自身に対する攻撃へと転化したのが「疚しい良心 schlechte Gewissen」である [Nietzsche (1887) 81 一六一]。

(9) フロイトは共同体の記憶や共同体の無意識、共同体の超自我といった存在を措定し、宗教(ユダヤ教)の歴史に関する特定の理解を前提としたうえで、宗教共同体は本当に神経症に陥っているのだと説明している。それゆえ宗教神経症論は比喩などではなく、独自の検証を必要とする独立した理論である。

(10) 体験の言語化には、語りを通じた情動的再反応と、語りによる体験の再解釈(連想的思考作業)という二つの役割が期待されている。たとえば次のようにまとめられている。「誘因となる出来事の記憶を完全にはっきりと呼び覚まし、それに伴う情動をも喚起することに成功するならば、そして、患者がその出来事をできるだけ詳細に物語り、その情動に言葉を与えたならば、一つ一つのヒステリー症状は直ちに消滅し、回帰することもなかったのである」[GW-I 85 一〇]。

（11） フロイトは自伝『みずからを語る』のなかで、ブロイアーとの差異についてこのように語っている［GW-XIV 51 八六］。

（12） 一九三七年の「終わりのある分析と終わりのない分析」のなかでも次のように言われている。「エスのなかの、言葉の最も広い意味における〈抑圧されたもの〉を意識化することがなければ、治療の効果がもたらされることもない。我々はこの意識化のために、解釈および構築による方法を用意している。しかし、〔患者の〕自我がより以前からの防衛に固執し、抵抗を放棄できない限り、我々は被分析者のためではなく、ただ我々自身のためにのみ解釈を行なっていたのである」[GW-XVI 84 二七四]。

（13） 「想起、反復、反芻処理」（一九一四年）では次のように言われている。「解釈技術を利用して、それによって浮かび上がってくる抵抗を認識し、これを患者に意識させることが核心となった。〔……〕こうした技術の目指すところは本質的に以前と何も変わらない。記述的には記憶の欠落箇所を満たすこと、力動論的には抑圧抵抗を克服することである」[GW-X 126 二九六]

（14） 次のように言われている。「当然のことながら、〔人間に〕とりうる防衛機制をすべて利用することができる者などいない。そのうちのいくつかの選択肢だけを利用することができるだけである。しかしそれらは自我に固着する。それらは性格という規則的な反応様式となり、〔防衛機制がとられた〕原初の状況に似た状況が回帰するたび、生涯にわたって反復されることになる」[GW-XVI 83 二七三]。

（15） 「精神分析療法の道」（一九一九年）[GW-XII 189 九九]。

（16） また次のように言われる。「作業の決定的な部分は、医者との関係において、すなわち『転移』において、かつての葛藤の新ヴァージョンを創始することによって成し遂げられます。この新たな葛藤のなかで、患者はあの頃と同じようにふるまいたいと思いながらも、自由にできる心的力のすべてを総動員することにより、当時とは異なる決定をするように求められるのです」[GW-XI 472 五五一]。

（17） フロイトは科学そのものについて、科学的世界観では「世界の認識の源泉は、入念に検証された諸観察の処理以外にはありえない」[GW-XV 171 二〇八] などと述べるにとどまっている。

（18） たとえば Grünbaum (1984) を参照のこと。

第五章　詩的作品の解釈学

（1） 「世界のうちに散在している諸記号のほかに、存在しようとするはたらきをとらえる手立てなどないわけだから、反省は解釈となるよりない。かくして反省哲学には、人間の諸記号を解読し解釈しようとするあらゆる諸学の成果、方法、前提をそのうちに取りこむという必要が出てくる」[DI 57 五四]。

（2） 「文以上の単位も、文以下の単位と同じ構成を有している。物語の意味は、要素の配列そのもののうちにある。意味とは下位の単位を統合する全体の能力のうちに存するのだ。反対に、ある要素の意味は他の要素や作品の全体と関係をとり結ぶ能力を指す」[QT 167]。

（3）「構造分析によって担われる媒介の役割は、テクストへの客観的なアプローチを正当化することと、テクストへの主観的なアプローチを修正することとの両方に相当している」[IT 88]。

（4）詳細については、巻田（1997）を参照されたい。

（5）バンヴェニストによれば、「ディスクールの現働化」とは「話者がラングをパロールとして現実化する、離散的でそのつど固有の行為」[Benveniste (1966) 251］のことである。

（6）「彼［バンヴェニスト］にとって、ディスクールの言語学とラングの言語学とは異なる単位の上に構築されている。（音韻記号であれ語彙記号であれ）〈記号〉がラングの基本単位であるとすれば、〈文〉がディスクールの基本単位である。我々のテクスト理論の出発点となる出来事と意味の弁証法を支持しているのは、この文の言語学である」[FHD 116 一七八]。

（7）リクールは、ディスクールの産出が一回性の「出来事」であることを次の四つの特徴によって説明している。それらはディスクールがディスクールである以上備えているはずの特徴である。「ディスクールは一つの出来事であると述べることは、①まず、ラングの体系が潜在的で時間の外にあるのに対し、ディスクールは現在において時間のなかで実現されると述べることに等しい。［……］②さらに、ラングの次元では『誰が話しているのか』という問いが無効である以上、ラングは主体を持たないが、これに対してディスクールは、たとえば人称代名詞に代表されるような諸々の指示詞の集合を手段として用いることにより、その話者を指し示す。この意味で、ディスクールの現働化は自己指示的であると言えるだろう。［……］③また、次の第三の意味においてもディスクールは出来事である。すなわち、言語記号が同じ体系内の他の記号のみを参照し、結果としてラングは時間と主体性に加え世界を持たないのに対し、ディスクールはつねに何かについてのディスクールである。ディスクールはそれが記述し、表現し、再現しようとする一つの世界を指し示す。［……］④最後にラングがコミュニケーションの前提条件にすぎず、コミュニケーションに諸コードを供給するだけであるのに対し、まさにディスクールにおいてこそ、あらゆるメッセージが交換される。この意味において、ひとりディスクールのみが、世界に加え、他者を、他人を、その宛先としての対話者を持っている。この最後の意味において、出来事は交換という時間的現象であり、対話の創設である。それは成立することもあれば、延期されることも、中断されることもある」[FHD 116-7 一七八]。

（8）たとえば次のように言われる。「意味もしくは意義という語によって、私はここで命題内容のことを指し示している――私は命題内容を、同定と述定という二つの機能の総合として記述した。我々が理解しようとするのは、一過的なものである限りの出来事ではなく、あくまで持続するものとしての出来事の意味である」[IT 12]。

（9）リクールは、存在しないものについての命題は偽であるというラッセルの主張に対するストローソンの反論に依拠して、このような説明を行っている。

(10) たとえば次のように言われる。「ディスクールの精神性がエクリチュールによって明らかにされる。精神性は世界を開示することによって、つまり世界内存在の新たな次元を開示することによって、我々を状況の可視性や限界から解放する」[ESD 182 五四]。

(11) 「話された言語において対話が最終的に指示しているのは、対話者同士に共通の状況である。この状況とはすなわち、我々が差し出して示すことができ、指で指し示すことができる現実の諸相である。したがってその指示は『明示的』であると言える。書かれた言語において指示はもはや明示的ではない」[MPCH 106-7 一〇三]。

(12) この説明は現実の歴史的奥行きの構成に口頭伝承が関わっていることを否定するものではない。①オリジナルの発話者と直接かつ即座に問答を行なうことができない状況でディスクールが受け取り手に与えられていることと、②ディスクールが文字で書き留められていることがエクリチュールの基本的特徴であると言えるが、口頭伝承は前者の特徴を備えているがゆえに現実の歴史的次元の構築に寄与することができる。それでも口頭伝承は「引用」や「伝聞」という、いわば寄生的な仕方でのみこうしたことをなしうるのであり、それゆえエクリチュールとパロールを対比する限り、現実の歴史的次元の構成にエクリチュール的指示の本領があると考えることに問題はないだろう。しかし、一方でこうしたエクリチュールの機能は映像記録によっても十分に担われうること、また今後映像資料がその主力となっていくであろうことを見落とすべきではない。

(13) 次のようにも言われている。「記述的な説明における『あたかも〜のような』型の指示が含意する状況的指示と非状況的指示のあいだのギャップは、もはや架橋不可能となる。こうした事態が確認されるのがフィクション物語である。フィクション物語とは非記述的な報告であり、そこでは動詞の特定の時制によって表現される物語の時間が、明示的指示と非明示的指示に共通の時間－空間ネットワークへの接続を欠いた物語によって、物語の内部で表される」[IT 36]。

(14) 次のようにも言われている（なお原文では「s'élève」ではなく「s'enlève 取り外される」になっている。ただし後者では意味が通らず、英訳も日本語訳も「s'élève」の意味で理解している。本書も「s'enlève」を「s'élève」として訳出した）。「ミメーシスIの意味とはいかなるものであるのか、今や十分に理解される。つまり行為を模倣したり再現したりすることは、人間の行動がいかなるものであるのかを、言い換えれば人間の行動が有する意味論、象徴論、時間性がいかなるものであるのかをまずは先行理解することなのである。詩人と読者が共有するこの先行理解に基づいてこそ、筋立てが構築され、同時にテクストや文学のミメーシス性が打ち立てられる」[TRI 125 一一七]。

(15) 「文化に内在する規範に応じて、我々は行為を判定し、評価することができる。つまり我々は倫理的選好の体系にしたがって行為を判断することができる。こうして行為は相対的な価値を受けとり、この価値によってある行為は別の行為より望ましいと言われるのである。まずは行為に対して価値づけがなされるわけだが、価値づけは行為主体その人にも拡大可能である。つまり、この人はよいとか悪いとか、他の人よりよいとか悪いなどと言われる」[TRI 116 一〇九]。

(16)『時間と物語』において、フィクションの現実への指示は「生産的指示」であり、一般的な指示概念を超え出るものとして論じられている。そしてこの特殊性から、リクールは「再形象化」を「指示」という用語で説明するのをやめるべきであると主張する。こうした点にも七〇年代のフィクション論との相違を確認することができるだろう。もちろんこの主張は、フィクションの現実への回帰を否定するものではなく、再形象化が虚構世界と現実世界の交差を意味していることに変わりはない。「われわれはここで発見することと創出することが識別できない地点に達する。したがってその地点とは、指示の概念がもはや機能せず、おそらく再記述の概念も機能しない地点である。またそれは、カントの生産的想像力について言われる意味で生産的指示作用とでも呼ぶべきものを意味するために、再形象化の問題系が指示という用語法から決定的に切り離されなくてはならない地点でもある」[TRIII 285 二八八]。

(17)「たとえこの段階では、統合形象化の問題系が再形象化の問題系の引力を強く受けていることを認めなくてはならないとしても――それは言語の一般法則によるものであり、その法則によれば我々が何を言うかは、我々が何についてそれを言っているのかによって規定される――、我々は等しく力をこめて、作品世界がテクストに内在する超越にとどまっている限り、統合形象化と再形象化の間の境界は依然として越えられていないと断言する」[TRII 296-7 三〇一]。

(18)一見、このことはフィクション物語の読書においては行為理解を可能にする知識や能力の次元でミメーシスの循環が起きることを支持しているように思えるが、フィクション物語の読書により、特定の行為に関する具体的な理解の次元でミメーシスの循環が成立する可能性が排除されているわけではない。

(19)次のようにも言われている。「読者はその行為――読書行為――によって、ミメーシスIIを経由してミメーシスIからミメーシスIIIへと至る行程の一貫性を引き受ける代表的な操作子である」[TRI 107 一〇一]。

(20)こうした点については、"Moderate Moralism"のなかでノエル・キャロルが詳しく論じている。キャロルによれば、物語芸術作品の重要な目的は鑑賞者を物語に引き込み、夢中にさせることであり、鑑賞者の道徳理解や道徳感情を作動させることはこの目的を達成するための手段となる。「既に論じたように、物語的芸術作品は不完全な構造を有している。なかでも、物語的芸術作品は読者・観者・聴衆の道徳的反応によってその空所を充填される必要がある。読者の正しい道徳的反応を確保することは、筋の組み立てのような構造的要素と同じく、そのデザインの一部である。だから正しい道徳的反応を引き起こすことができないというのは作品のデザインにおける失敗であり、したがって美的な失敗である。物語を理解することはストーリーやキャラクターにふさわしい情動を現働化させることを要求する」[Carroll (1996) 302 cf. 298]。

(21)引用そのものは第一巻の「ミメーシスI」を論じている部分に含まれている。

(22)たとえばマルキ・ド・サドの作品などがこの典型だろう。こうした場合でも作品が読まれ続けるとすれば、それは作品にコミュニケーションへの意志が読み取られ、真摯な制作であることが理解されているからだと考えられる。

(23) リクールはこうした視点をイーザーと共有している。本章では、イーザーの議論およびリクールのイーザー理解について扱うことができなかった。機を改めて論じることとしたい。ここでは既存の日本語訳から一箇所引用しておく。「虚構の読者は、現実の読者に視点を提供する重要な叙述のストラテジーであることには違いない。読者が、テクストの意味を構成するにあたって、自己の慣習にではなく、テクストの条件に従うつもりならば、この役割〔虚構の読者〕になり切らざるをえない。結局のところ、テクストは読者に働きかけて、その慣習ないし行動様式に変更をうながす目的を持っており、既知の慣習などの再生産を行なうことはありえない」[イーザー(1976)二六八]。

(24) 「意図の誤謬」はこの語をタイトルにしたビアズリーとウィムザットの論文に由来する。

(25) 佐々木健一は「作品が作者と結びついているということ、作品が作者に向かって開いているという事実を、作品の構造契機として認めなければならない」[佐々木(1985)215]とした上で、この作者を「作品の創作主体として想定された存在であり、作品世界から帰納される作者である」[佐々木(1985)216]と述べている。

(26) サールは次のように説明している。「一般に、文を発話する際に遂行される一つ(ないし複数)の発語内行為は、当該の文の意味の関数である」[Searle(1979)64 一〇五]。

(27) サールは次のように説明している。「しかし、もしフィクション作品の中にあらわれる文が、その文字どおりの意味によって決定されるのとは全く異なる何らかの言語行為を遂行するために用いられているのだとしたら、それらの文は何かの別の意味を持っていなければならなくなるだろう」[Searle(1979)64 一〇五]。

(28) この点については清塚(2017)の第一章を参照されたい。

(29) たとえば次のように言われる。「辞書の中に隠喩は存在しない。多義性が語義化されているのに対し、隠喩は、すくなくとも創出された隠喩は語義化されていない。それが語義化されるとき、隠喩は慣用的な隠喩として多義性に加入することになる」[MV 206 一一九]、あるいは「我々が隠喩と呼ぶ意味の効果が、意味の変化として多義性の増大へと至るとき、隠喩はもはや生きた隠喩ではなく死んだ隠喩である」[MV 127 二一四]。

(30) ほかの詩人たちが同様の意味で「気まぐれな」という隠喩的表現を用いるとき、「隠喩は潜在的含意を現実化させるばかりでなく、それを基本的な含意として定着させる」[Beardsley(1962)302]ことになる。

(31) 「意味論的領野のあいだに衝撃を生み出すための手段としての述語の非関与性を私は強調する。我々が述語の新たな関与性──それが隠喩である──を産出するのは、意味論的衝撃から生じた挑発に応答するためなのである」[IDA 242]。

(32) カント自身は「純粋悟性の図式機能」というが、図式が構想力の所産である以上、理解としてまちがっているわけではないだろう。想像力に注目しているがゆえの語法であるとみなしうる。

（33）以下の議論は御子柴（2020）の解説に多くを負っている。
（34）リクールが「準感覚的なイメージ性」を先送りにしているのは、もっぱらイメージを心像としてとらえ、想像力を心像の再生にかかわる能力としてとらえるような想像力理解とは異なる想像力理解（解釈的想像力）を提示しようとしているからである。あとで見るように、再生的想像力の役割とその重要性が否定されているわけではない。
（35）「共鳴において我々は詩を聴く。反響において我々は詩を語り、詩は我々のものとなる」。次のようにも言われる。「実際、ただ一つの詩的イマージュの反響によって、読者の魂のうちにまで、詩的創造の真の目覚めを引き起こすべきなのである。その新しさによって、詩的イマージュはあらゆる言語活動を始動させる。詩的イマージュは我々を語る存在の起源におく」［Bachelard (1957) 7 一八］。
（36）リクールは次のように言うが、それは再生的想像力の働きを含む、全体としての想像力の働きを言い表したものだろう。「こうして〈と見る〉はきわめて正確に、空虚な概念と、盲目的な印象とを結びつける図式の役割を果たす。それは半分思考で、半分経験という性格により、意味の光を、イメージの充満に接合する。非言語性と言語性とはこうして、言語のイメージをつくる機能の中心で密接に結合する」［MV 270 二七四］。
（37）「意味論的領野のあいだに衝撃を生み出すための手段としての述語の非関与性を私は強調する。我々が述語の新たな関与性――それが隠喩である――を産出するのは、意味論的衝撃から生じた挑発に応答するためなのである」［IDA 242］。
（38）これはカントの「悟性と想像力の遊び」において想像力がもっぱら再生的想像力を意味するとか、リクールにおいて生産的想像力が悟性にとって代わるということではなく、生産的想像力は再生的想像力とも悟性とも隣り合わせであるために、どうしてもその職分が曖昧にならざるをえないということなのだと思われる。**表1**のように図式化することができるだろう。
（39）以下の議論は小田部（2020）の第Ⅸ章を参照し、多くを教わっている。
（40）リクールは『フロイト試論』で宗教的象徴を論じるさい、「理解するために信じ、信じるために理解する。これが〈合理的信仰〉の格率である。そしてこの格率は、信じることと理解することの解釈学的循環そのものである」［DI 38 三三］と述べ、「呼びかけられることへの期待 attente d'une interpellation」ないし「言語への信頼 confiance dans le langage」なしに象徴の真理の啓示はありえないことを論じ［DI 40 三四］、カントの『判断力批判』に言及して「象徴は考えさせる le symbole donne à penser」［DI 48 四四］と定式化している。議論の原型はすでに六〇年代には存在していたと言うことができるだろう。

第六章　物語的アイデンティティ論

（1）この論争については、伊勢田（2009）による整理を参照されたい。
（2）ミンクの議論はガリーの議論に対する批判という形をとっており、リクールの議論はガリーの歴史物語論とミンクの歴史物語論の調停という性格を有している。

(3) 「理解」の他の種類として、継起して生起する物事を法則や仮説の例化としてとらえる「仮説演繹的理解」ないし「理論的理解」と、継起する物事をカテゴリーの例化として（カテゴリーは超越論的な概念枠組の構成要素のこと）とらえる「カテゴリー的理解」があり、それらはそれぞれ自然科学と哲学に適合した理解のモードである［Mink (1960) 38-9］。ところで、本章では詳しく論じることができなかったが、リクールは物語が統合形象化によって「主題」や「説明効果」を持つようになることを、ホワイトの歴史物語論を参照しつつ指摘している。この説明効果は「物語の出来事を説明するのではなく、当の物語そのものを、それが属するクラスを同定することによって」［TRI 292 二七六］与えられると言われるが、こうした理解は上記の分類で言えば「カテゴリー的理解」に属するものだろう。

(4) この例はミンクが提示している例を改変したもの（ミンクの例には「電報」が登場する）。

(5) 物語文の定義は以下の通り。「少なくとも時間的に離れた二つの出来事を指示しつつも、そのうち初期の出来事のみを記述する（初期の出来事のみに関わる）文であり、ふつう過去時制をとる」［Danto (1965) 143 一七四］。

(6) そもそも神の認識は特定の出来事に焦点を合わせることもないのかもしれないが、それが不可能であるわけではないので、以下の部分では神による出来事の理解はどのようなものかという観点から説明を進めている。ボエティウスにおける「totum simul」については今後の研究課題としたい。

(7) 本論以下で参照するダントーもまた次のように述べている。「物語とは、始まりと終わりのあいだでの変化がどのようにして生じたのかについての記述であり、これを説明と呼ぶことにしよう。このとき始まりも終わりも被説明項の一部である」［Danto (1965) 234 二八二］。

(8) ここからリクールは「歴史家は裁判官と同じ立場にいる」［TRI 311 三〇六］と述べる。この類比は『記憶、歴史、忘却』でより詳しく掘り下げられるが、この点については川口 (2012) の第四章を参照されたい。

(9) この点については第五章三節三項の議論を参照されたい。

(10) フランスでは『近代人の条件』というタイトルで、英語版からの翻訳が行なわれた。リクールは一九八三年に公刊されたこの著作の仏訳新版に序文を寄せている。『人間の条件』の再読経験が『時間と物語』の議論の端々に有相無相の影響を及ぼしていると考えることができるだろう（リクールにとってアーレントは、自身に先んじてハイデガーと出会い、自身に先んじてシカゴ大学で教鞭をとっていた先輩哲学者である）。ところで日本では二〇一五年に、森一郎の手によってドイツ語版――英語版の独訳にアーレントが手を加えたもの――からの翻訳が公刊された。森の報告によれば、リクールの下で在外研究を行ない、自身にも『かたり』という著作のある日本人哲学者坂部恵は「リクールよりアーレントの方がずっとすごい」と述べていたとのことである［森 (2016)］。筆者にはどちらの哲学者の方がすごいのかはわからないが、人間の非合理性や弱さに注目しながら人間の善き生について思索を重ねたリクールの哲学には、アーレントの哲学にはない独自の意義と魅力があると考える。なお本書は、第七章においてもアーレントとリクールの比較を行なっている。

(11)『人間の条件』の「条件」は、第一義的には「制約」や「状況」であるが、ここで言われるような意味において「必要条件」としても理解することが可能である。

(12) アーレントは次のようにも言っている。「行為は、その人自身が自分の行為を始める能力を持っているような人に働きかける。だから、その人の反応というのは、単なる反作用である以上に、それ自体が新しい行為であり、それはそれで自律的に始められたものとして、他の人々に影響を及ぼすのである」[HC 190 三〇八]。

(13) 詳細については、野矢(2002)の議論を参照されたい。

(14) 厳密に言えば、質的同一性を根拠とした通時的な数的同一性や、時空的連続性を根拠とした通時的な数的同一性もそこには含まれるようになっているが、その中核が不変的・恒常的なものに担保された通時的な数的同一性であることに変わりはない。

(15) 当該の論文で「自己性」の概念を導入するさい、リクールはハイデガーとアーレントの名前を出しつつ、それが『誰』の問い」に関わること、また「自己性」においては「私について、私自身に何かを言う se dire du je」という事態が生じていることを説明している。

(16) 未来の時点が現在となったとき、〈この私〉は〈過去の時点においてそのような約束をし、約束によって拘束され、行為を履行する義務を負っている者〉として、自己を引き受けることになるだろう。

(17) ただしパーフィットの場合、同一性に関する思索(思考実験)の帰結から人間観の修正を要求しているように見える。パーフィットへのリクールの批判的応答の妥当性については機を改めて論じることにしたい。

第七章　フロネシス論

(1) 人間の生の善さを公的領域での卓越に求めるアーレントの倫理学は、〈生きるに値しない生〉をはからずも指し示すことになる。私的領域がジェンダー的に女性に割り当てられている社会のなかで、また新自由主義によって私的領域の安定性が掘り崩されつつ、それにもかかわらず「公」への寄与が社会福祉の条件となっている社会のなかで、彼女の卓越性の倫理はとかく評判が悪い(たとえば Walzer (1992)、Butler (2015) など)。アーレントの哲学がそうした批判に対する応答可能性を潜在させているかはともかく、リクールの物語的アイデンティティ論は、共同体主義的な立場を採りつつも、私的領域を視野に収めて人間の善き生を論じている点で、そうした批判に対する応答可能性を内在させているというのが本書の見立てである。

(2) アダム・スミスとカントの関係の詳細については、浜田(1981)および高田(2012)を参照されたい。

(3) ただし小田部胤久が指摘するように、アーレントが共通感覚論を道徳の文脈に差し戻すとき、共通感覚が感情であることの意義は捨象されている（アダム・スミスにおいて、立場の交換を通じて形成されるのは「共感」であった）。たしかにカントは共通感覚を論じるくだりで「拡張された考え方」という語を用いているが、それは参考のために引き合いに出された「普通の人間悟性の諸格率」のなかに含まれているものであることに注意する必要がある。詳細は小田部（2020）を参照されたい。

（4）　アーレントは「まったき政治的人間」としてのレッシングを顕彰する文章のなかで次のように言っている。「レッシングの偉大さは、人間の世界の内部では単一の真理など存在しえないという彼の理論的洞察に加え、そのような真理が存在しないことを、そしてそれゆえに人々のあいだの談論は人間が存在する限り終わりはしないことを彼が喜んでいるという点にも求められるのです」［OH 27 五〇］。

（5）　アーレントはいわゆる「永遠の生」の可能性を神ではなく、市民たちの水平的関係のうちに求めていると考えることができる。このような傾向は、アウグスティヌスを論じた彼女の博士論文（『アウグスティヌスの愛の概念』）のうちにも確認することができる。というのも、そこでアーレントは、アウグスティヌスにおけるカリタス（神への愛）の重視が、隣人愛をめぐる議論とはうまく整合しないことを指摘しつつ、なお隣人愛の意義を説明する理路を模索しているからである。この点については機を改めて論じることにしたい。

（6）　アーレント研究では二つの判断力論の対立や矛盾が問題となっている。たとえばアーレントのカント講義を編集し、そこに序文と論文を寄せているロベルト・ベイナーは、二つの判断力論のあいだの分断を指摘しつつ、観察者モデルの判断力を展開するなかで、アーレントは行為者モデルの判断力論を「否定」するに至ったという趣旨の解釈を提示している［Beiner（1982）］。いま〈本当に二つの判断力論のあいだに解消すべき対立が存在するのか〉、〈本当に行為者モデルの判断力論は否定されたのか〉といった問題に取り組む余裕はない。ただ二つの判断力の関係を考えることの重要性は認めつつ、私自身は両者のあいだに分裂や矛盾を読み取る議論には懐疑的であることを述べておきたい。この点については機を改めて論じることとし、ここでは分裂の解消を試みた日本語の論文として、宮﨑（2020）をあげておく。

（7）　「［観察者は高貴であるという］評価の背後にある第一の事実は、観察者だけが劇の全体を見ることのできる場所に立ちうるということです。これは哲学者には、コスモスを秩序ある均衡のとれた全体として見ることができるのと同じことです。俳優（行為者）は、全体の部分として、自分の役回りを演じなくてはなりません。俳優（行為者）とはその語義からして「役＝部分」ですが、俳優は個別的なものにもしばりつけられています。個別的なものとは、もっぱら全体の構成要素であるということにその究極的な意味と正当性を見出す存在のことです。それゆえ、直接に参加することなく競技会（生の祭典）の外側の場所へと退却することは、進行中の競技の判定者となり、判定を下すための条件であるばかりか、プレイの意味を理解するための条件でもあるのです」［LM 93-4 一一〇］。

（8）　筆者はカントの議論のなかで「共通感覚」概念と「反省的判断力」概念がどのような関係に立つのか十分に理解できていな

い（これには、序論で導入した「反省的判断力」という語を、カントが第一部では用いていないという事情も関係している）。場合によっては、二つの判断力論をいずれも共通感覚モデルあるいは反省的判断力モデルなどと呼ぶことができるのかもしれない。ただ、それぞれの判断力論においてアーレントの引用する『判断力批判』の場所が異なる——第四〇節と序論——のは事実であるし、たとえ同じ能力の働きに包摂されるのだとしても、能力が働く場面の違いを根拠に判断を二つのタイプに区別することは正当化されよう。以上をふまえつつ、ここでは観察者モデルの判断力論を反省的判断力モデルと呼んでおくことにしたい。

（9）　これに並行して、マッキンタイアは「意図は因果的かつ時間的な秩序に定位される必要がある」［AV 208 二五四］と述べている。意図を目的論的に秩序づけるさい、上位の意図は長期的な意図として、下位の意図は短期的な意図として理解されることになるだろう。それは諸意図が時間的な広がりと前後関係のなかで秩序づけられていることを意味している。またマッキンタイアにとって、行為の意図とは「行為者がそれとは別の意図を持っていたとしたら、その行為を遂行することはなかったであろうということが当てはまるような意図」［AV 207 二五三］にほかならない。したがって〈反事実条件的依存性〉の成立することが意図帰属の条件であり、この点で意図は原因としての地位を持つことになる。ただし、それは他方で、そのような意図が特定されないうちは行為の意味も特定されないということを意味している。

（10）　この例は、マッキンタイアの議論をもとに筆者が独自に作成したものである。

（11）　この論点についてはカント研究者クリスティーヌ・コースガードのアイデンティティ論に詳しい。Korsgaard（1996）を参照のこと。なお、物語的探究と善き生を結びつけるような議論への批判として Strawson（2009）がある。

（12）　『美徳なき時代』につづく『依存的な理性的動物』（一九九九年）のなかで、マッキンタイアは自身の徳の理解を修正している。すなわち、人間が「傷つきやすく」、他者に依存せざるをえない存在であることをふまえ、人間の善き生にとっては〈合理的な自立の徳〉に加えて〈承認された依存の徳〉が必要であることを指摘するようになっている。

（13）　リクールはマッキンタイアの「物語的統一性」ついて、そこでは人生物語と文学的物語の違いが真剣に受け止められていないと批判しつつ、〈人生物語は単一の作者をもたず、私はその共作者にすぎないこと〉、〈人生物語はいまだ完了しておらず、私の死は私にとって、私の物語の終わりにはなりえないこと〉、〈私の人生物語は他者の人生物語と絡み合っており、独立した作品になっていないこと〉、〈人生物語における過去の理解は未来への期待に結びついていること〉を指摘している［SA 187-193 二〇四—二一一］。これらの指摘は重要な知見を含んでいるが、前節で確認したように、最後の指摘はマッキンタイアには当てはまらないし、むしろそれはマッキンタイアの中心的な主張でさえある。

参考文献一覧

Abel, Olivier.（2008）: "Paul Ricoeur's Hermeneutics: From Critique to Poetics." In David M. Kaplan. *Reading Ricoeur*. State University of New York Press. 2008. pp. 183-196.

Amalric, Jean-Luc.（2013）: *Paul Ricœur, l'imagination vive: Une genèse de la philosophie ricœurienne de l'imagination*. Herman.

———.（2021）: "Le statut de l'utopie dans la philosophie de l'imagination de Ricœur." In Sébastien Roman. *Penser l'utopie aujourd'hui avec Paul Ricœur*. Presses Universitaires de Vincennes. 2021. pp. 37-55.

Arendt, Hanna.（1958）[HC]: *The Human Condition*. The University of Chicago Press. 1998.（志水速雄訳『人間の条件』ちくま学芸文庫、一九九四年）

———.（1958）[RV]: *Rahel Varnhagen: Lebensgeschichte einer deutschen Jüdin aus der Romantik*. Piper. 2021.（大島かおり訳『ラーエル・ファルンハーゲン』みすず書房、一九九九年）

———.（1959）[OH]: "On Humanity in Dark Times: Thoughts about Lessing." In *Men in Dark Times*. Harvest Books. 1970.（阿部齊訳「暗い時代の人間性　レッシング考」、『暗い時代の人々』ちくま学芸文庫、二〇〇五年）

———.（1960）[CIC]: "The Crisis in Culture." In *Between Past and Future*. Penguin Classics. 2006.（引田隆也・齋藤純一訳「文化の危機」、『過去と未来の間――政治思想への八試論』みすず書房、一九九四年）

———.（1960）[VA]: *Vita activa oder vom tätigen Leben*. Piper. 2010.（森一郎訳『活動的生』みすず書房、二〇一五年）

———. (1960) [WF]: "What is Freedom?" In *Between Past and Future*. Penguin Classics. 2006.（引田隆也・齋藤純一訳「自由とは何か」『過去と未来の間――政治思想への八試論』みすず書房、一九九四年）

———. (1963) [OR]: *On Revolution*. Penguin Books. 2006.（志水速雄訳『革命について』ちくま学芸文庫、一九九五年）

———. (1963) [EJ]: *Eichmann in Jerusalem*. Penguin Books. 2006.（大久保和郎訳『エルサレムのアイヒマン――悪の陳腐さについての報告』みすず書房、二〇一七年）

———. (1964) [PRU]: "Personal Responsibility Under Dictatorship." In *Responsibility and Judgment*. Schocken Books. 2003.（中山元訳「独裁体制のもとでの個人の責任」、『責任と判断』ちくま学芸文庫、二〇一六年）

———. (1965-6) [SQ]: "Some Questions of Moral Philosophy." In *Responsibility and Judgment*. Schocken Books. 2003.（中山元訳「道徳哲学のいくつかの問題」（同上））

———. (1967) [TaP]: "Truth and Politics." In *Between Past and Future*. Penguin Books. 2006.（引田隆也・齋藤純一訳「真理と政治」、『過去と未来の間――政治思想への八試論』みすず書房、一九九四年）

———. (1968) [ID]: "Isak Dinesen 1885-1963." In *Men in Dark Times*. Harvest Books. 1970.（阿部齊訳「アイザック・ディネセン 一八八五―一九六三」、『暗い時代の人々』ちくま学芸文庫、二〇〇五年）

———. (1970) [LK]: *Lectures on Kant's Political Philosophy*. The University of Chicago Press. 1982.（仲正昌樹訳『完訳　カント政治哲学講義録』明月堂書店、二〇〇九年）

———. (1971) [TM]: "Thinking and Moral Considerations." In *Responsibility and Judgment*. Schocken Books. 2003.（中山元訳「思考と道徳の問題」、『責任と判断』ちくま学芸文庫、二〇一六年）

———. (1978) [LM]: *The Life of Mind*. Houghton Mifflin Harcourt Publishing Company. 1981.（佐藤和夫訳『精神の生活』岩波オンデマンドブックス、二〇一五年）

Bachelard, Gaston. (1957): *La poétique de l'espace*. Presses Universitaieres de France. 1957.（岩村行雄訳『空間の詩学』ちくま学芸文庫、二〇〇二年）

Barthes, Roland. (1966): "Introduction à l'analyse structure des récits." In *Œuvres Complètes II*. Seuil. 2002. pp. 828-871.（花輪光訳「物語の構造分析序説」、『物語の構造分析』みすず書房、一九七九年、一―五四頁）

Beardsley, Monroe C. (1958): *Aesthetics: Problems in the Philosophy of Criticism*. 1958. 2nd edition. Hackett. 1981.

———. (1962): "The Metaphorical Twist." In *Philosophy and Phenomenological Research*. Vol. 22. No. 3. pp. 297-307.（相澤照明訳「隠喩のひねり」、佐々木健一編『創造のレトリック』勁草書房、一九八六年）

Beiner, Ronald. (1982): "Hanna Arendt on Judging." In Hanna Arendt. *Lectures on Kant's Political Philosophy*. The University of Chicago Press. 1982.

Benveniste, Emile.（1966）: “La nature des pronoms.” In *Ploblèmes de linguistique générale I*. Gallimard.

Bernstein, Richard J.（2002）: *Radical Evil: A Philosophical Interrogation*. Polity Press.（阿部ふく子・後藤正英・齊藤直樹・菅原潤・田口茂訳『根源悪の系譜』法政大学出版局、二〇一三年）

Black, Max.（1954）: “Metapor.” In *Proceedings of the Aristotelian Society*. Vol. 55. pp. 273-294.（尼ヶ崎彬訳「隠喩」、佐々木健一編『創造のレトリック』勁草書房、一九八六年）

Boyer, Alain.（2010）: “Le phénomène de l’hésitaion selon Paul Ricœur.” In *Revue Philosophique de la France et de Étranger*. T. 200. No. 4. pp. 479-494.

Butler, Judith.（1997）: *The Psychic Life of Power: Theories in Subjection*. Stanford University Press.（佐藤嘉幸・清水知子訳『新版　権力の心的な生』月曜社、二〇一九年）

————.（2005）: *Giving an Account of Oneself*. Fordam University Press.（佐藤嘉幸・清水知子訳『自分自身を説明すること——倫理的暴力の批判』青土社、二〇〇八年）

————.（2015）: *Notes Toward a Performative Theory of Assembly*. Harvard University Press.（佐藤嘉幸・清水知子訳『アセンブリ——行為遂行性・複数性・政治』青土社、二〇一八年）

Carroll, Noël.（1996）: “Moderate Moralism.” In *Beyond Aesthetics*. Cambridge University Press. 2001.

Crowley, Patrick.（2003）: “The Cocept of Narrative Identity.” In *Paragraph*. Vol. 26. No. 3. pp. 1-12.

Danto, Arthur C.（1965）: *Narration and Knowledge*（*including the integral text of Analytical Philosophy of History. 1965.*）. Columbia University Press. 2007.（河本英夫訳『物語としての歴史——歴史の分析哲学』国文社、一九八九年）

Foucault, Michel.（1976）: *Histoire de la sexualité I: La volonté de savoir*. In *Œuvres II*. Gallimard. 2015. pp. 615-736.（渡辺守章訳『性の歴史Ⅰ　知への意志』新潮社、一九八六年）

Freud, Sigmund. : *Gesammelte Werke*. S. Fischer.（『フロイト全集』岩波書店）〔詳細は「文献略号一覧」を参照〕

Gallie, W. B.（1964）: *Philosophy and the Historical Understanding*. Chatto & Windus.

Geniusas, Saulius.（2015）: “Between Phenomenology and Hermeneutics: Paul Ricoeur’s Philosophy of Imagination.” In *Human Studies*. Vol. 38. No. 2. pp. 223-241.

Greisch, Jean.（2001）: *Paul Ricœur: L’itinérance du sens*. Millon.

Grünbaum, Adolf.（1984）: *The Foundation of Psychoanalysis: A Philophical Critique*. University of California Press.（村田純一・伊藤笏康・貫成人・松本展明訳『精神分析の基礎——科学哲学からの批判』産業図書、一九九六年）

Hess, Gérald.（2004）: “L’innovation Métaphorique et la Référence selon Paul Ricœur et Max Black : Une Antinomie Philosophique.” In *Revue*

Philosophique de Louvain. Vol. 102. pp. 630-659.

Kearney, Richard.（2004）: *On Paul Ricœur: The Owl of Minerva*. Ashgate. 2004

Kant, Immanuel.（1781/1787）: *Kritik der reinen Vernunft*. Philosophische Bibliothek 505. Felix Meiner Verlag. 1998.〔詳細は「文献略号一覧」を参照〕

――――.（1784）: *Beantwortung der Frage: Was ist Aufklärung?*. Philosophische Bibliothek 512. Felix Meiner Verlag. 1999.

――――.（1785）: *Grundlegung zur metaphysik de Sitten*. Philosophische Bibliothek 519. Felix Meiner Verlag. 1999.

――――.（1790）: *Kritik der Urteilskraft*. Philosophische Bibliothek 507. Felix Meiner Verlag. 2009.

――――.（1793）: *Die Religion innerhalb der Grenzen der bloßen Vernunft*. Philosophische Bibliothek 545. Felix Meiner Verlag. 2003.

――――.（1798）: *Anthropologie in pragmatischen Hinsicht*. Philosophische Bibliothek 490. Felix Meiner Verlag. 2000.

Kaplan, David.（2008）: "Ricoeur's Critical Theory." In *Reading Ricoeur*. State University of New York Press. 2008. pp. 197-212.

Korsgaard Cristine.（1996）: *The Sources of Normativity*. Cambridge University Press.（寺田俊郎・三谷尚澄ほか訳『義務とアイデンティティの倫理学』岩波書店、二〇〇五年）

MacIntyre, Alasdair.（1971）[AV]: *After Virtue: A Study in Moral Theory*. The University of Notre Dam Press. 2007.（篠崎榮訳『美徳なき時代』みすず書房、一九九三年）

――――.（1999）[DRA]: *Dependent Rational Animals: Why Human Beings Need Virtue*. Open Court.（高島和哉訳『依存的な理性的動物』法政大学出版局、二〇一八年）

Mink, Louis O.（1960）: "Modes of Comprehension and the Unity of Knowledge." In *Historical Understanding*. ed. by Brian Fay, Eugene O. Golob, and Richard T. Vann. Cornell University Press. 1987. pp. 35-41.

――――.（1970）: "History and Fiction as Modes of Comprehension." In *Historical Understanding*. ed. by Brian Fay, Eugene O. Golob, and Richard T. Vann. Cornell University Press. 1987. pp. 42-60.

Nabert, Jean.（1955）: *Essai sur mal*. Presses Universitaires de France.（杉村靖彦訳『悪についての試論』法政大学出版局、二〇一四年）

Nietzsche, Friedrich.（1887）: *Zur Genealogie der Moral*. Philosophische Bibliothek 656. Felix Meiner Verlag. 2013.（中山元訳『道徳の系譜学』光文社古典新訳文庫、二〇〇九年）

Pierron, Jean-Philippe.（2016）: *Ricœur: philosopher à son école*. Vrin.

Reagan, Charles E.（1991）: "L'herméneutique et les sciences humaines." In *Paul Ricœur: Les métamorposes de la raison herméneutique*. ed. Jean Greisch et Richard Kerney. Cerf. 1991. pp. 175-183.

――――.（1996）: *Paul Ricoeur: His Life and His Work*. The University of Chicago Press.

Ricœur, Paul.（1950）[VI]: *Philosophie de la volonté I: Le volontaire et l'involontaire*. Seuil. Éditions Points. 2009.（〔三分冊〕：滝浦静雄・箱石匡行・竹内修身訳『意志的なものと非意志的なものⅠ　決意すること』紀伊國屋書店、一九九三年〔原著252頁まで〕／滝浦静雄・竹内修身・中村文郎訳『意志的なものと非意志的なものⅡ　行動すること』紀伊國屋書店、一九九五年〔原著425頁まで〕／滝浦静雄・中村文郎・竹内修身訳『意志的なものと非意志的なものⅢ　同意すること』紀伊國屋書店、一九九五年）

———.（1955）[HV]: *Histoire et vérité*. Seuil. 1967.

———.（1960）[FC]: *Philosophie de la volonté. 2. Finitude et Culpabilité*. Seuil. Éditions Points. 2009.（〔三分冊〕：久重忠夫訳『人間　この過ちやすきもの』以文社、一九七八年〔原著199頁まで〕／植島啓司・佐々木陽太郎訳『悪のシンボリズム』渓声社、一九七七年〔原著367頁まで〕／一戸とおる・佐々木陽太郎・竹沢尚一郎訳『悪の神話』渓声社、一九八〇年）

———.（1961）[HSR]: "Herméneutique des symboles et réflexion philosophique." In *Les conflit des interprétations: Essais d'herméneutique I*. pp. 387-446.

———.（1963）[SH]: "Structure et herméneutique." In *Les conflit des interprétations: Essais d'herméneutique I*. pp. 53-97.

———.（1964）[TNI]: "Technique et non-technique dans l'interprétation." In *Les conflit des interprétations: Essais d'herméneutique I*. pp. 247-270.

———.（1965）[DI]: *De l'interprétation: Essai sur Freud*. Seuil. Éditions Points. 1995.（久米博訳『フロイトを読む――解釈学試論』新曜社、新装版、二〇〇五年）

———.（1965）[EH]: "Existence et herméneutique." In *Les conflit des interprétations: Essais d'herméneutique I*. pp. 23-50.

———.（1965）[PMC]: "La psychanalyse et le mouvement de la culture contemporaine." In *Les conflit des interprétations: Essais d'herméneutique I*. pp. 175-223.

———.（1966）[PD]: "Le problème du double-sens comme problème herméneutique et comme problème sémantique." In *Les conflit des interprétations: Essais d'herméneutique I*. pp. 99-119.

———.（1967）[SME]: "La structure, le mot, l'événement." In *Les conflit des interprétations: Essais d'herméneutique I*. pp. 121-143.

———.（1969）: *Les conflit des interprétations: Essais d'herméneutique I*. Seuil. Éditions Points. 2013.

———.（1970）[QT]: "Qu'est-ce qu'un texte ? : Expliquer et comprendre." In *Du texte à l'action: Essais d'herméneutique II*. pp. 153-178.

———.（1971）[ESD]: "Événement et sens dans le discours." In *Paul Ricœur ou la liberté selon l'espérance*. ed. par M. Philibert. Seghers. 1971. pp. 177-187.（久米博訳「言述における出来事と意味」、『解釈の革新』白水社、二〇〇五年、四六―六三頁）

———.（1971）[MT]: "The Model of the Text : Meaning Action Considered as a Text." *Social Research*. pp. 529-562.

———.（1971-2）[CH]: *Herméneutique* [cours professé à Louvain, 1970-1], Institut Supérieur de Philosophie.

――――.（1972）[MPCH]: “La métaphore et le ploblème central de l’herméneutique.” In *Écrits et conférences 2: Herméneutique*. pp. 91-122.（清水誠訳「隠喩と解釈学の中心的問題」、『解釈の革新』白水社、二〇〇五年、八四―一一一頁）
――――.（1973）[CL]: “Creativity in Language: Word, Polysemy, Metaphor.” *Philosophy Today*. 17. 1973. pp. 97-111.（箱石匡行訳「言語における創造性――語、多義性、隠喩」、『現代思想』第七巻第一〇号、青土社、一九七九年八月、七四―八七頁）
――――.（1973）[HCI]: “Herméneutique et critique des idéologie.” In *Du texte à l’action: Essais d’herméneutique II*. pp. 367-410.（久米博訳「解釈学とイデオロギー批判」、『解釈の革新』白水社、二〇〇五年、二八八―三四四頁）
――――.（1974）[SI]: “Science et idéologie.” In *Du texte à l’action: Essais d’herméneutique II*. pp. 335-366.（久米博訳「科学とイデオロギー」、『解釈の革新』白水社、二〇〇五年、二五一―二八七頁）
――――.（1975）[FHD]: “La fonction herméneutique de la distanciation.” In *Du texte à l’action: Essais d’herméneutique II*. pp. 113-131.（久米博訳「疎隔の解釈学的機能」、『解釈の革新』白水社、二〇〇五年、一七五―一九七頁）
――――.（1975）[HPB]: “Herméneutique philosophique et herméneutique biblique.” In *Du texte à l’action: Essais d’herméneutique II*. pp. 133-149.（久米博訳「哲学的解釈学と聖書解釈学」、『解釈の革新』白水社、二〇〇五年、一九八―二一六頁）
――――.（1975）[LIU]: *Lectures on Ideology and Utopia*. ed. by George H. Taylor. Columbia University Press. 1986.
――――.（1975）[MV]: *La métaphore vive*. Seuil. 1997.（久米博訳『生きた隠喩』岩波書店、二〇〇六年）
――――.（1975）[PSL]: “La philosophie et la specificité du langage religieux.” In *Revue d’histoire et de philosophie religieuses*. 55. No. 1. 1975. pp. 13-26.（久米博訳「哲学と宗教言語の特殊性」、『解釈の革新』白水社、二〇〇五年、六四―八三頁）
――――.（1975）[TH]: “La tâche de l’herméneutique: en venant de Schleiermacher et de Dilthey.” In *Du texte à l’action: Essais d’herméneutique II*. pp. 83-111.（久米博訳「解釈学の課題」、『解釈の革新』白水社、二〇〇五年、一四三―一七四頁）
――――.（1976）[IDA]: “L’imagination dans le discours et dans l’action.” In *Du texte à l’action: Essais d’herméneutique II*. pp. 237-262.
――――.（1976）[IT]: *Interpretation Theory: Discourse and the Surplus of Meaning*. Texas Christian University Press.
――――.（1977）[EC]: “Expliquer et comprendre.” In *Du texte à l’action: Essais d’herméneutique II*. pp. 179-203.（久米博訳「説明と了解」、『解釈の革新』白水社、二〇〇五年、一七―四五頁）
――――.（1977）[QP]: “La question de la preuve en psychanalyse.” In *Écrits et conférences 1: Autour de la psychanalyse*. pp. 19-71.
――――.（1978）[PL]: “Philosophie et langage.” *Revue Philosophique de Louvain*. No. 4. 1978. pp. 449-463.（久米博訳「哲学と言語」、『思想』、岩波書店一九七八年一月号（通巻六四三号）、三二―五三頁）
――――.（1979）[RP]: “La raison pratique.” In *Du texte à l’action: Essais d’herméneutique II*. pp. 263-288.
――――.（1983）[TR I]: *Temps et récit I: L’intrigue et le récit historique*. Seuil. 1991.（久米博訳『時間と物語Ⅰ』〔新装版〕新曜社、二〇

〇四年）
———.（1984）[TR II]: *Temps et récit II: La configuration dans le récit de fiction*. Seuil. 1991.（久米博訳『時間と物語II』〔新装版〕新曜社、二〇〇四年）
———.（1985）[TR III]: *Temps et récit III: Le temps raconté*. Seuil. 1991.（久米博訳『時間と物語III』〔新装版〕新曜社、二〇〇四年）
———.（1986）: *Du texte à l'action: Essais d'herméneutique II*. Éditions Points. 1998.
———.（1987）[IIP]: "Individu et identité personnelle." In Paul Veyne [*et al.*]. *Sur l'individu*. Seuil. 1987. pp. 54-72.（大谷尚文訳「個人と自己同一性」、『個人について』法政大学出版局、一九九六年、七三―一〇〇頁）
———.（1986）[IN]: "L'initiative." In *Du texte à l'action: Essais d'herméneutique II*. pp. 289-307.
———.（1988）[RSP]: "Le récit : sa place en psychanalyse." In *Écrits et conférences 1: Autour de la psychanalyse*. pp. 277-289.
———.（1990）[SA]: *Soi-même comme autre*. Seuil. 1990.（久米博訳『他者のような自己自身』法政大学出版局、一九九六年）
———.（1995）[CC]: *Critique et la conviction*. Hachette Littératures. 1995.
———.（2000）[MOH]: *La mémoire, l'histoire, l'oubli*. Seuil. 2000.
———.（2004）[PR]: *Parcours de la reconnaissance*. Gallimard. 2005.
———.（2008）: *Écrits et conférences 1:* ed. *Autour de la psychanalyse*. par Catherine Goldenstein et Jean-Louis Schlegel. Seuil.
———.（2010）: *Écrits et conférences 2: Herméneutique*. ed. par Daniel Frey et Nicholas Stricker. Seuil. 2010.
Ricœur, Paul et Changeux, Jean-Pierre.（1998）[NR]: *Ce qui nous fait penser: La Nature et la Règel*. Odile Jacob. 2000.（合田正人・三浦直希訳『脳と心』みすず書房、二〇〇八年）
Ryle, Gilbert.（1949）: *The Concept of Mind*. Penguin Books. 2000.（坂本百大・宮下治子・服部裕幸訳『心の概念』みすず書房、一九八七年）
Sande, M. J.（2007）: *The Case against Perfection: Ethics in the Age of Genetic Engineering*. The Belknap Press of Harvard University Press.（林芳紀・伊吹友秀訳『完全な人間を目指さなくてもよい理由――遺伝子操作とエンハンスメントの倫理』ナカニシヤ出版、二〇一〇年）
Searle, John.（1979）: *Expression and Meaning: Studies in the Theory of Speech Acts*. Cambridge University Press.（山田友幸訳『表現と意味』誠信書房、二〇〇六年）
Sherwood, Michael.（1969）: *The Logic of Explanation in Psychoanalysis*. Academic Press.
Strawson, Galen.（2009）: *Selves*. Oxford University Press.
Thompson, John B.（1981）: *Critical Hermeneutics: A Study in the thought of Paul Ricoeur and Jurgen Habermas*. Cambridge University Press.

Villa, D. R. (1999): *Politics, Philosophy, Terror: Essays on the Thought of Hanna Arendt*. Princeton University Press.（伊藤誓・磯山甚一訳『政治・哲学・恐怖――ハンナ・アレントの思想』法政大学出版局、二〇〇四年）。
Walzer, Michael. (1992): "The Civil Society Argument." In R. Beiner (ed.). *Theorizing Citizenship*. State University of New York Press.
Weber, Max. (1913): *Über einige Kategorien der verstehenden Soziologie*. In *Gesammelte Aufsätze zur Wissenshaftslehre*. Mohr Siebeck. 1985.（海老原明夫・中野敏男訳『理解社会学のカテゴリー』未来社、一九九〇年）

イーザー、ヴォルフガング（1976）:『行為としての読書――美的作用の理論』轡田收訳、岩波書店、二〇〇五年。

ウェーバー、マックス（1904）:『社会科学と社会政策にかかわる認識の「客観性」』富永祐治・立野保男訳〔折原浩補訳〕、岩波書店、一九九八年。

ギル、マートン・M（1982）:『転移分析――理論と技法』神田橋條治・溝口純二訳、金剛出版、二〇〇六年。

サンスティーン、キャス（2015）:『選択しないという選択――ビッグデータで変わる「自由」のかたち』伊達尚美訳、勁草書房、二〇一七年。

――――（2020）:『入門・行動科学と公共政策――ナッジからはじまる自由論と幸福論』吉良貴之訳、勁草書房、二〇二一年。

セン、アマルティア（1987）:『アマルティア・セン講義　経済学と倫理学』徳永澄憲・松本保美・青山治城訳、ちくま学芸文庫、二〇一六年。

――――（2002）:『合理性と自由』若松良樹・須賀晃一・後藤玲子監訳、勁草書房、二〇一四年。

ハウスマン、ダニエル（2022）:『経済学の哲学入門』橋本努監訳、ニキリンコ訳、勁草書房、二〇二二年。

フレーゲ、ゴットロープ（1892）:「意義と意味について」土屋俊訳、坂本百大編『現代哲学基本論文集Ⅰ』勁草書房、一九八六年、一―四四頁。

ラプランシュ／ポンタリス（1976）:『精神分析用語辞典』村上仁監訳、みすず書房、一九七七年。

青山拓央（2016）:『時間と自由意志――自由は存在するか』筑摩書房。

岩田文昭（2001）:『フランス・スピリチュアリスムの宗教哲学』創文社。

伊勢田哲治（2009）:「歴史科学における因果性と法則性」、飯田隆ほか編『岩波講座　哲学11　歴史／物語の哲学』、九五―一二二頁。

遠藤利彦（2013）:『「情の理」論――情動の合理性をめぐる心理学的考究』東京大学出版会。

小田部胤久（1995）:『象徴の美学』東京大学出版会。

――――（2009）:『西洋美学史』東京大学出版会。

――――（2020）:『美学』東京大学出版会。

金杉武司（2014）：『解釈主義の心の哲学』勁草書房。

川口茂雄（2012）：『表象とアルシーヴの解釈学──リクールと『記憶、歴史、忘却』』京都大学学術出版会。

──（2016）：「リクールとハイデガー──カント『純粋理性批判』と純粋想像力の第三項性」、鹿島徹・越門勝彦・川口茂雄編『リクール読本』法政大学出版局、一二二─一三三頁。

川﨑惣一（2017）：「リクールにおける人間と悪」、『宮城教育大学紀要』五一巻、三七─四六頁。

木島泰三（2020）：『自由意志の向こう側──決定論をめぐる哲学史』講談社。

北村清彦（2003）：『藝術解釈学──ポール・リクールの主題による変奏』北海道大学出版会。

木前利秋（2008）：『メタ構想力──ヴィーコ・マルクス・アーレント』未来社。

清塚邦彦（2017）：『フィクションの哲学』改訂版、勁草書房。

久米博（1978）：『象徴の解釈学──リクール哲学の構成と展開』新曜社。

越門勝彦（2007）：『省みることの哲学──ジャン・ナベール研究』東信堂。

──（2016）：「序」、鹿島徹・越門勝彦・川口茂雄編『リクール読本』法政大学出版局、iii-vii頁。

櫻井一成（2011）：「リクールの想像力論──カント受容の観点から」、『シェリング年報』（一九）、八七─九六頁。

──（2011）：「リクールの解釈学──詩的言語から企投としての自己理解へ」、『美学』六二（二）、一─一二頁。

──（2012）：「物語と企投としての自己理解──リクールの「経験の前‐物語的構造」概念をめぐって」、『美学芸術学研究』（三〇）、七三─一一二頁。

──（2014）：「リクールの精神分析論──自己理解の解釈学の展開における因果性と客観性」、『美学芸術学研究』（三二）、一九─七二頁。

──（2014）：「人間の自由と物語──『意志的なものと非意志的なもの』と『時間と物語』の交叉的読解を通じたリクール哲学の研究」、『美学』六五（二）、一三─二四頁。

──（2016）：「リクールの悪論──情念と幸福の困難」、『美学芸術学研究』（三五）、七一─一〇一頁。

──（2019）：「アーレントの実存論と〈生の詩学〉は和解できるか──「活動的生」の類型論の批判的再構成」、『美学』七〇（一）、一三─二四頁。

──（2022）：「フロネシスと反省的判断──アーレントとリクールにおける美的判断力の再倫理化」、『美学芸術学研究』（四〇）、一─三八頁。

──（2022）：「啓蒙の方法としてのフィクション──フロイトの超自我論とリクールの解釈学」、『國學院雑誌』一二三（一一）、二五七─二七二頁。

柵瀬宏平（2017）:「因果的決定論から悲劇的行為へ――精神分析的主体をめぐって」、『表象』一一、月曜社、五四―六四頁。

佐々木健一（1985）:『作品の哲学』東京大学出版会。

清水和巳（2022）:『経済学と合理性――経済学の真の標準化に向けて』岩波書店。

杉村靖彦（1998）:『ポール・リクールの思想――意味の探索』創文社。

――（2014）:「訳者解説」、ジャン・ナベール『悪についての試論』法政大学出版局、二〇九―二六七頁。

――（2016）:「リクールから教えられたこと」、鹿島徹・越門勝彦・川口茂雄編『リクール読本』法政大学出版局、一七四―一七七頁。

鈴木生郎・秋葉剛史・谷川卓・倉田剛（2014）:『現代形而上学――分析哲学が問う、人・因果・存在の謎』新曜社。

高田純（2012）:『カント実践哲学とイギリス道徳哲学――カント・ヒューム・スミス』梓出版社。

西村清和（1993）:『フィクションの美学』勁草書房。

野家啓一（2005）:『物語の哲学』岩波現代文庫。

信原幸弘（2014）:「よみがえる情動の哲学」、信原幸弘・太田紘史編『シリーズ新・心の哲学Ⅲ　情動篇』勁草書房、一―二八頁。

野矢茂樹（2002）:『同一性・変化・時間』哲学書房。

長谷正當（1987）:『象徴と想像力』創文社。

浜田義文（1981）:『カント倫理学の成立――イギリス道徳哲学及びルソー思想との関係』勁草書房。

堀江宗正（1997）:「精神分析における物語行為」、『現代思想』一九九七年七月号、青土社、二九三―三一五頁。

――（2002）:「仕事=作品としての生――リクールとアーレントの行為理論・物語理論」、『聖心女子大学論叢』九八、八五―一〇〇頁。

巻田悦郎（1997）:『リクールのテクスト解釈学』晃洋書房。

御子柴善之（2020）:『カント　純粋理性批判』角川選書。

宮﨑裕助（2020）:「判断――政治的なものと歴史的なものの交叉」、三浦隆宏・木村史人・渡名喜庸哲・百木漠編『アーレント読本』法政大学出版局、一四一―一五〇頁。

向井守（1997）:『マックス・ウェーバーの科学論――ディルタイからウェーバーへの精神史的考察』ミネルヴァ書房。

森一郎（2016）:「リクールとアーレント――「赦し」を中心に」、鹿島徹・越門勝彦・川口茂雄編『リクール読本』法政大学出版局、一五三―一六二頁。

横路佳幸（2021）:『同一性と個体――種別概念に基づく統一理論に向けて』慶應義塾大学出版会。

若松良樹（2016）:『自由放任主義の乗り越え方――自由と合理性を問い直す』勁草書房。

あとがき

本書は、筆者が二〇二二年に東京大学大学院人文社会系研究科に提出した博士学位論文に基づいている。論文の審査では小田部胤久先生に主査をつとめていただき、三浦俊彦先生、吉田寛先生、杉村靖彦先生、堀江宗正先生にも加わっていただいた。出版に際しては、先生方から賜った御指摘を取り入れ、改稿を行なっている。本書がわずかなりとも誤りを免れているとすれば、それは先生方の厳密な査読のおかげである。本書に残っている諸々の瑕疵はひとえに私の力不足による。

筆者は卒業論文ではシュルレアリスムを扱い、リクール哲学の研究をはじめたのは修士課程に進学してからである。それでも本書の公刊に至るまで、およそ二十年の時が経っていることになる。非常に長い時間がかかってしまった。持ち前の怠惰さによるところが大きいが、研究者を志したときから、筆者には「本」を書きたい、「本」でしかできない議論を構築したいという強い思いがあり、そのことも博士論文の完成が長い時間を要した理由の一つである。

リクールの論述には独特の難しさがあり、寄り道をしながら、二十年間付き合ってようやくいろいろなことがわかってきたという実感がある。論文の執筆中にもさまざまな発見があったが（既刊論文での自分の誤解に気がついて青ざめたこともある）、あいかわらず不明な点も多い。それゆえ、可能ならばこのまま論文の改稿を続けていたいという気持ちが残っている。とはいえ物事にはタイミングがあり、このタイミングを逃せば、私がみずからの学位論文を一冊の本として公刊することは難しくなるだろう。ひとまずここで筆者の拙い研究成果を読者のもとに届けることにしたい。

私は研究書の「あとがき」、とりわけ博士論文に基づいた書籍の「あとがき」を読むのが好きである。書き手の人となりがわかるというだけでなく、書き手の思索が生い育った環境が可視化されることにより、論述をポリフォニックなドラマとして読むことができるような気がするからである。勝手な妄想にすぎないと言われればそれまでだし、たんに私がゴシップ好きということなのかもしれない。かつて自身の好みを表明したところ、全く共感してもらえず、気まずい思いをしたこともある。私と同じ好みを持つ先輩研究者もいたのだが、この人は自分の著作ではきわめて禁欲的に、なんら面白みのない「あとがき」を書いていた（本人に直接文句は伝えてある）。いよいよ私の番がまわってきた。私はみずからの好みに忠実に、博論本のあとがきらしい「あとがき」を書くことにしたい。

博士論文の出版に至るまでの道のりでは多くの方々のお世話になった。「個人的に賜った学恩には個人的に謝意を示すのが礼儀」であることは承知しているが、ここでは美学の研究者としての、また大学の教員としての私の形成にただならぬ影響を及ぼした方々への謝意を表明することをお許しいただきたい。

私は学部三年生から専修課程に進学する（いわゆる進振りの）さい、美学芸術学研究室とは別の研究室に所属することが決まっていたのだが、こんなに不勉強のまま専修課程に進んでよいものか不安になり、直前になって留年することを選んだ。一年間さまざまな本を読むなかで現代芸術に関心を抱くようになり、学べる内容の多様さにも魅かれて、最終的に美学芸術学研究室に進学することを決めた。雰囲気もわからず、どのような教員がいるのかも知らないまま所属先を決めたことになるが、私は自分の選択が最善の選択であったことを現在に至るまで一度も疑ったことがない。そのように思わせてくれた先生方、先輩方、後輩たちに心から感謝している。

小田部胤久先生は学部生時代からの私の指導教員である。だが（だからこそ）小田部先生との関係はうまく言葉にできない。あえて言うなら、小田部先生は私にとって学問の世界における「力学的崇高」であった。美学芸術学研究室の関係者のなかに、その圧倒的な力を否定する者はいないだろう。私はまだ二十世紀のフランス哲学を研究対象としているがゆえに、小田部先生の存在は「崇高」でありえ、学問的意欲を賦活し続ける憧憬の対象でありえたが、十八世紀の西洋哲学を研究対象とする学生にとって、その存在はみずからの研究を呑み込む危険な威力だったのではないかと推測する。そうした畏怖の念もあって、私は小田部先生に研究や論文の相談をしに行ったことはないし（先生も基本的には放任主義であった）、先生に研究に関する善し悪しの判断を求めたこともない。それでも私は、この学者のイデアであるかのような人間の精神を、たとえ一面ではあるにせよ自分が分有していることを確信していたからこそ、逸れることなくこれまで研究の道を歩み続けることができた。その一面とは、読解の対象となるテクストの空所を的確に見抜く能力、そしてテクストの曖昧さや多義性を決して放置せず、持てる学識のすべてを動員して可能な限り明晰判明な解釈を提示しようとする姿勢である。こうした精神を共有しつつ、能力や学識が段違いに異なっているがゆえに、私はいつまでも小田部胤久の弟子だろう。読者の方々が本書に「テクストと格闘する」精神を幾らかでも認めてくださるとすれば、私にとってこれ以上の喜びはない。

西村清和先生がいなければ、私は早々とリクール研究をやめていたかもしれない。私がリクール研究を続けることができたのは、西村先生が「リクールはつまらない」と言い続けてくれたからである。私はフィクション論からリクールの研究を始めたが、正直なところ私にとってもリクールのフィクション論はおもしろいものではなく、苦しい日々が続いていた。しかし、傲然と「リクールはつまらない」、「自分はフィクションから何かを学んだことなどない」と言い放つ西村先生を前に、なんとかこの人間の鼻を明かしてやりたいという思いを抱くようになり、先生にリクール哲学の意義や魅力を納得させることが研究の重要な動機となった。私は西村先生から、哲学的思索において論敵の存在がどれほど大事であるかを学んだと言ってよい。自分も決して物分かりのよい教員にはなるまいと心に決めている。後回しになってしまったが、「論文は読者を楽しませるものでなくてはならない」、「よい論文を書こうとするならリスクを引き受けなくてはならない」という先生の教えは、博士論文を書く上で重要な指針となったし、何より私が苦しんでいたときに幾度も励ましの言葉をかけていただいたことに深く感謝している。

安西信一先生から受けた影響も深い。私はある年の研究室旅行の際、安西先生に叱られたことがある。言われたのは「なぜお前は研究室の雰囲気を作り、メンバーを引っ張っていこうとしないのか、お前にはそれができるのではないか」ということだった。先生が酔っておられたこともあり、またそれなりに強い口調でもあったため、そのときは反発を覚えたが、気づけば安西先生の叱咤は「どこかで自分を見てくれている人がいる」という安心へと変化し、次第に私は「先輩風を吹かせる」ことを厭わないようになった。しかし安西先生は二〇一四年に急逝された。没後、私は先生の愛弟子である青田麻未さんから、安西先生が「櫻井はよい教師になる」と口にされていたことを聞き及んだ。今でも安西先生に見られている気がするし、先生の言葉は教員生活の心の支えとなっている。率直に言ってもう一度お会いしたい。

佐々木健一先生は私が美学芸術学研究室に進学する前の年に東京大学を退官され、学生として直接の指導を受けることは叶わなかった。二年生の後期に、単位認定制度を利用して、辛うじて美学概論の授業とヴァレリー『エウパリノス』の原典講読に参加することができただけである。しかし私は佐々木先生の著作から大きな影響を受けている。(先生の愛弟子である伊藤亜紗さんもいくつかの文章で指摘しておられることだが) 佐々木先生の著作に漲っているのは、自由で真摯な思索、そしてみずからの思索を読者と共有することへの使命感である。私は佐々木先生の著作を読むたびに勇気づけられ、自分も生き生きとした思索と学問的厳密さを両立させた本を書きたいという思いを新たにしてきた。本書がわずかなりともそうした雰囲気を湛えることができているとすれば、私は満足である。博士課程に進んだ頃、若手のディドロ研究者である吉成優さんに誘われて慶應義塾大学の美学概論の授業を聴講したとき、ようやく佐々木先生と直に交流する機会を得ることができた。爾後、先生からは多くのことを教わり続けている。現在、私は佐々木先生も奉職された日本大学の哲学科で教職に就いているが、そのことを名誉に思う。

日本大学哲学科の先生方、また学生たちにも大変お世話になった。そもそも高橋陽一郎先生からのご提案がなければ私は博士論文を完成させることができなかったかもしれない。ほとんど命の恩人である。国際的なショーペンハウアー研究者と同僚であることにより、私は今後も緊張感を失うことなく研究に取り組むことができるだろう。「哲学的美学」の隆盛に貢献することで少しでも恩義に報いたい。また隣室の鈴木生郎先生にも感謝している。優れた人格と知性を備えた（ただし少し意地悪な）分析形而上学者との襟契を得られたことは、私にとって僥倖以外の何ものでもない。穏やかで落ち着き払った鈴木生郎を前にすると、自分の情緒不安定と多動を否応なく自覚させられることになるのだが、それでも彼がいることにより、私は道を踏み外さずに済むだろう。今後も温かく見守ってほしい。最終校正では、哲学科の学生である中田敏弘さん、山下希愛理さん、石川美緒さん、牧岡莉子さん、山本美織さん、髙畑旦さんの助力を得た。どうもありがとう。誇りを持って生きてほしい。

本書は、東京大学の学術成果刊行助成（第五回東京大学而立賞）を受けて出版される。東京大学および匿名の査読者にこの場を借りて感謝申し上げる。また出版を快く引き受けてくれた水声社、そして編集を担当してくださった廣瀬覚さんにも心からの謝意を表したい。廣瀬さんにはその人柄の良さに甘えて多大な迷惑をかけてしまった。恩返しの意味でも、本書ができるだけ多くの読者の批判の目に晒されることを願っている。

最後に、私の放蕩を許し、いつ終わるともしれぬ私の学生生活を支え続けてくれた両親に最大の感謝を伝えたい。近頃よく思うのは、小学生の時分から続く母親との毎日の口論が、私の研究者としての基礎を形作っているのではないかということである。本書は両親に捧げる。

著者について——

櫻井一成（さくらいいっせい）　一九八一年、東京都に生まれる。東京大学大学院人文社会系研究科博士課程単位取得退学。博士（文学）。現在、日本大学文理学部助教。専攻、美学。主な著書に、『リクール読本』（共著、法政大学出版局、二〇一六年）、主な訳書に、『分析美学基本論文集』（共訳、勁草書房、二〇一五年）などがある。

装幀——宗利淳一

ポール・リクールの哲学――人間の善き生と想像力

二〇二五年三月二〇日第一版第一刷印刷　二〇二五年三月三〇日第一版第一刷発行

著者――櫻井一成

発行者――鈴木宏

発行所――株式会社水声社

東京都文京区小石川二―七―五　郵便番号一一二―〇〇〇二

電話〇三―三八一八―六〇四〇　FAX〇三―三八一八―二四三七

［**編集部**］横浜市港北区新吉田東一―七七―一七　郵便番号二二三―〇〇五八

電話〇四五―七一七―五三五六　FAX〇四五―七一七―五三五七

郵便振替〇〇一八〇―四―六五四一〇〇

URL : http://www.suiseisha.net

印刷・製本――モリモト印刷

ISBN978-4-8010-0849-6